普通高等院校经济管理系列规划教材

土地经济学

（第二版）

蔡文柳　赵艳霞　张晓凤
李亚莉　李金阳　编著

哈尔滨工程大学出版社
Harbin Engineering University Press

内容简介

本书以土地经济运行和土地资源配置效率为主线，对土地经济的主要方面进行深入的理论分析，分为土地经济基础理论、土地经济宏观分析、土地经济微观分析三部分，共十四章。第二版在原有体系的基础上，适当增加了土地资源利用的相关内容，删除了国外土地制度与土地估价的内容，并将有关的政策法规和数据进行了更新。

全书内容既包括了土地经济学的基本理论框架与基础知识，又注重结合当前土地问题的实际特点及制度背景等来进行分析，尤其注重案例教学、小组讨论和自主学习相结合的模式。

本书可作为高等院校经济管理类本科生、研究生相关专业土地经济学课程的理论教材，也可以作为相关专业人士的参考用书。

图书在版编目(CIP)数据

土地经济学/蔡文柳等编著. —2 版. —哈尔滨 ：哈尔滨工程大学出版社, 2022.5

ISBN 978-7-5661-3507-0

Ⅰ. ①土… Ⅱ. ①蔡… Ⅲ. ①土地经济学 Ⅳ. ①F301

中国版本图书馆 CIP 数据核字(2022)第 082015 号

土地经济学(第二版)

TUDI JINGJIXUE(DI-ER BAN)

选题策划 刘凯元

责任编辑 张 曦 丁 伟

封面设计 李海波

出版发行 哈尔滨工程大学出版社

社　　址 哈尔滨市南岗区南通大街 145 号

邮政编码 150001

发行电话 0451-82519328

传　　真 0451-82519699

经　　销 新华书店

印　　刷 哈尔滨市石桥印务有限公司

开　　本 787 mm×1 092 mm 1/16

印　　张 16.25

字　　数 410 千字

版　　次 2022 年 5 月第 2 版

印　　次 2022 年 5 月第 1 次印刷

定　　价 58.00 元

http://www.hrbeupress.com

E-mail:heupress@hrbeu.edu.cn

第二版前言

土地经济学是经济学的一个分支学科,研究土地资源利用活动中人地关系(生产力)和人与人关系(生产关系)的经济规律。由于土地是人类进行一切生产、生活的场所,因此对土地特性以及经济规律的研究在经济与管理科学中具有十分重要的作用。

自2015年《土地经济学》首次与读者见面至今,土地经济学领域出现了新的问题与变化,不管是土地供给、流转制度,还是土地金融、税收制度,都随着市场的发展在不断完善。

重新修订这部教材,我们综合考虑了市场的变化,在保持教材承接性的同时,对全书各章内容进行了反复研究。本书修订如下:第一,在原有知识体系的基础上,增加土地资源利用的相关内容,包括土地利用概论、土地区位利用、土地规模利用、土地集约利用、土地规划利用与土地可持续利用等内容;第二,删除了土地估价、国外土地制度两章内容;第三,在各章主干内容不变的情况下更新了有关数据和案例分析;第四,更新素材、修改错误。各章节的内容是按照最新的政策法规和数据进行修订的,参考了《全国国土规划纲要(2016—2030年)》、《中华人民共和国农村土地承包法》(2018年修正)、《中华人民共和国土地管理法》(2019年修正),以及2018年正式挂牌的自然资源部的相关规定。

本书编写分工如下:蔡文柳对全书的修订体系进行确定,并负责编写第三章、第十章至第十四章;赵艳霞负责编写第一章、第二章、第七章;张晓凤负责编写第四章、第五章;李亚莉负责编写第八章、第九章;李金阳负责编写第六章。

本书由华北理工大学资助出版。感谢华北理工大学各位领导和老师的支持与帮助。本书在编写与修订的过程中,参考和借鉴了国内外许多学者的著作和论文,在此对相关作者深表感谢。由于我们编写能力有限,书中难免有不妥之处,再次恳请各位专家和广大读者批评指正!

编著者

2022年3月

第一版前言

土地经济学是经济学的一个分支，其研究内容为土地资源经济、土地财产经济和土地资产经济问题，分别涉及土地实物、土地财产以及这二者的货币表现。土地经济学的研究对象是经济活动中的人与地的关系(生产力)和与此相关的人与人的关系(生产关系)，或土地经济运行，即与土地相关的生产力运行和生产关系运行。土地经济学应用经济学原理探讨土地问题产生的原因背景、演变过程及其对社会的影响，并研究解决途径，借此促进地利，增进社会福利，改善人们的居住环境，使其更能接近于理想的境界。

目前，土地经济学理论体系逐步完善，研究视角趋于多元化，土地经济学科的政策化、法治化、信息化和生态化倾向趋强，研究从短期性的应急对策转移到长期性的结构政策。随着经济社会的发展变化，以研究土地经济问题为中心内容的土地经济学，其学科任务是从国民经济和社会发展的整体视角及自然、社会经济和技术相结合的特点出发，研究和揭示各类产业在土地上的形成条件、内在联系及其发展变化的规律，探讨如何协调人地关系及相应的人与人之间的关系，合理组织土地利用的方向和模式。其实践任务是对各地区和各产业部门的土地资源进行调查、评价、开发、利用、整治和保护，建立并维护合理的土地制度，调节和合理分配土地收益。

从目前社会上对土地专业人才的要求来看，不仅注重从业人员的理论水平，同时还非常注重从业人员的实践操作能力和对行业状况的分析水平等。本书的内容既包括土地经济学的基本理论框架与基础知识，又注重结合当前土地问题的实际特点及制度背景等来进行分析，特别注重案例教学、小组讨论和自主学习相结合的模式。其中案例教学法是指在教材中引入含有问题和疑难情景的真实发生的典型事件，从而引导学生进行思考。它是一种教与学双方直接参与，共同对问题或疑难情景进行研究的一种开放、合作、互动的新型教学方式。具体来说，就是指在教师的指导下，根据教学目标和内容的需要，通过对具体情景的描述，引导学生对这些特殊情景进行分析、讨论与决策的一种教学方法。案例教学与小组讨论相辅相成，这种自主学习的模式有利于培养学生的自主性、创造性。

全书以土地经济运行和土地资源配置效率为主线，对土地经济的主要方面进行了深入的理论分析。全书内容分为土地经济基础理论、土地经济微观分析和土地经济宏观分析三部分，共十一章。本书重点讲述以土地价格为特征的土地经济属性和土地产权为特征的房地产社会属性，将土地估价的内涵、原则以及估价方法和程序作为特色部分引入介绍，对土地市场及其运行规律、管理制度和调控政策做了重点介绍，对中国现行土地制度与国外现行土地制度的对比在书中也做了较详细的介绍。本书作者在以此为研究成果的基础上，特别引入中国土地市场运行的相关内容，总结了中国土地经济理论研究的新成果，力求有所创新，帮助学生进一步加深对土地经济学的理解，提高其土地经济学的理论修养。赵艳霞对全书的体系进行了确定，主要编写了1~8章，张晓凤主要编写了9~10章，蔡文柳主要编写了11章。华北理工大学的朱星、张欢、张娜婉、郝芳芳等为案例和资料的收集做了大量工作。

在本书编写过程中，本书作者参考了部分教材、文献等资料，在此对相关作者表示感谢。由于本书作者水平有限、编写时间仓促等原因，书中难免有不足之处，在此也敬请广大读者批评指正。

编著者

2015年4月

目 录

第一章　导　　论

【内容提要】

本章主要包括以下内容：

1. 土地的概念和特性；
2. 土地的功能和分类；
3. 土地经济学的研究对象和研究方法；
4. 土地经济学的产生和发展。

【引导案例】

我国土地资源形势

随着经济社会的发展和人口持续增长，我国人均耕地面积减少、耕地后备资源不足、耕地资源约束进一步加大等问题日趋严重；城镇和农村居民点闲置低效用地占的比例比较高，生产、生活、生态用地结构失衡，人均城镇用地、人均村庄用地均超过了国家标准上限；经过多年高速发展，一些城市资源环境承载能力已明显减弱，水土资源不足、土地污染等问题凸显。而一些地方摊大饼、粗放式的发展方式依然没有改变，以过度消耗土地资源为代价的传统发展方式普遍存在，部分行业和领域超标准用地、浪费土地的情况依然突出，这些问题进一步加剧了土地供需矛盾和资源承载压力。

资料来源：《阜新日报》2018 年 6 月 26 日第 2 版

"有土斯有财""土地是财富之母"等谚语都说明了土地的重要性，无论社会经济如何发展，土地对人们的生产、生活都是不可或缺的资源。随着人类社会的不断发展，如何配置日益稀缺的土地资源显得越发重要。本章将从土地的几个基本概念入手，明确土地经济学的研究内容和研究方法。

第一节　土地的概念和特性

一、土地的概念

土地经济学研究的客体是土地，因此，研究土地经济问题，首先要弄清什么是土地，明确土地的概念。

对于土地，古今中外有很多解释。两千多年前的以管仲思想为核心的作品集《管子》中写道："地者，万物之本原，诸生之根菀也。"即土地是产生世界万物的根本，是各种生物汲取营养的地方。东汉时期，许慎在《说文解字》中对"土"的解释是："土者，吐也。"意为"土地生万物"。国外学者对土地也有不同的解释，如马歇尔认为："土地是大自然赐予人类的和有助于人类的在陆地、海洋、空气、光和热各方面的物质和力量。"①伊利等人认为："经济学上的土地是侧重于大自然所赐予的东西。"②

一些机构也对土地做了定义。原国家土地管理局在其1992年编的《土地管理基础知识》中这样定义："土地是地球表面上由土壤、岩石、气候、水文、地貌、植被等组成的自然历史结合体，它包括人类过去和现在的活动结果。"③联合国粮农组织对土地的定义为："由土壤、地貌、地质、水文、气候、植被等要素组成的，同时还包括人类过去和现在生产活动成果的自然历史结合体。"④

上述定义和理论从不同角度对土地进行了说明，具体来说，可以从物理属性、区位和产权三个方面认识土地。

（一）物理属性

物理属性是土地的根本，土地的物理属性包括土壤、地貌、地质、水文、气候、植被、空间范围等。土地的物理属性影响着土地利用的适宜性。

（1）土地即土壤，指陆地表面疏松的、有肥力的、可以生长植物的表层部分。

（2）土地即地球的纯陆地部分，不包括陆地的水面。

（3）土地即陆地及水面，也就是地球表面除了海洋之外的陆地，以及江河、湖泊、水库、池塘等陆地部分。

（4）土地即地球表面，地球的陆地部分和海洋部分都包括在内。

土地的物理属性使土地表现为一种自然综合体。正是土地的这种物理属性，使得人类可以在一定的空间范围内在土地上进行生产、生活，人类活动的持续使得土地又成为一种历史综合体。

（二）区位

从宏观层面看，土地覆盖了整个地球表面。对于承载具体人类活动的土地而言，每一块土地都有一个固定的空间位置。因而，对于具体土地的认识，还需要从区位上进行把握。区位不仅反映土地的空间位置，由于它是历史的综合体，还反映出这一区位与人类其他活动地点的相互关系及人类在此区位的经济活动状况。区位的优劣反映了该区位积累的人力资本、社会资本和经济资本的多寡。

---

① 马歇尔. 经济学原理[M]. 廉运杰，译. 北京：华夏出版社，2005：121.

② 伊利，莫尔豪斯. 土地经济学原理[M]. 藤维藻，译. 北京：商务印书馆，1982：19.

③ 国家土地管理局. 土地管理基础知识：上[M]. 天津：天津人民出版社，1993：3－4.

④ 希巴里斯. 多语种土地词汇手册：中文版[M]. 北京：中国财政经济出版社，2004：204－205.

(三)产权

从经济学角度看,产权具有三个方面的含义:第一,产权是一种排他性的权利,属于上层建筑的范畴;第二,产权是规定人们相互行为的一种规则,它强调相关人的权利、义务与责任;第三,产权是一组权力的组合。从法律角度看,产权即财产权,是指权利人对其所有的财产享有的占有、使用、收益和处分的权利。

具体到土地,产权则是指土地权利人对其所有的土地享有的占有、使用、收益和处分的权利,它由三个要素构成:第一,土地产权主体,即土地产权的拥有者,包括个人、组织、国家等;第二,土地产权客体,即土地财产关系客体,也即土地产权本身,包括所有权、使用权等;第三,土地产权束,即土地产权的整体组成以及不同产权的主体所拥有的产权客体的具体组成。

综上所述,我们可以说土地是由地球陆地一定高度和深度范围内的土壤、岩石、矿藏、水文、大气和植被等要素构成的自然综合体。

二、土地的特性

土地具有一系列与其他物质相区别的特性。正确认识并把握土地的特性,对于学习与研究土地经济学,合理利用和管理土地具有十分重要的意义。伊利就曾指出:“成功的土地利用是以对土地特性的认识为基础的。”①

土地的基本特性包括自然特性和经济特性。土地的自然特性是土地自然属性的反映,是土地所固有的,与人类对土地的利用与否没有必然的联系;土地的经济特性是人类在对土地的利用过程中产生的,在人类诞生以前尚未对土地进行利用时,这些特性并不存在。

(一)土地的自然特性

土地是自然历史形成的,存在以下四个自然特性。

1. 位置固定性

土地的空间位置是固定的,不能移动。在地球发展史上,虽曾出现过大规模的“沧海桑田”的变迁,但这早已成为历史的陈迹。目前,大陆漂移、岛屿隐现等对陆地面积和位置的影响,即使在几十年、几百年间也微不足道,没有很大的实际意义。从人类的生产活动看,虽然从理论上说部分土地表层的移动也是有可能的,但这不但数量有限,而且代价高昂,因而也没有很大的实际意义。所有这些变化都不能从根本上改变土地位置固定性的特点。土地位置的固定性要求人们就地利用各种土地。

2. 面积有限性

地球是自然形成的,其面积具有不可再生性。人类可以改良土壤,提高土地质量(由贫瘠变为肥沃),改变土地形态(由丘陵变成平原),但一般不能扩大(或缩小)土地面积。因

① 伊利,莫尔豪斯. 土地经济学原理[M]. 藤维藻,译. 北京:商务印书馆,1982:30.

此列宁说:"土地有限是一种普遍的现象。"①土地面积有限,迫使人们必须节约、集约利用土地资源。

3. 自然差异性

土地自身的条件(地质、地貌、土壤、植被、水分等)以及相应的气候条件(光照、温度、雨量等)差异,造成了土地之间巨大的自然差异性。这种差异性不仅存在于一个国家或一个地区的范围之内,即使在一个基层生产单位内也同样存在着。随着生产力水平的提高和人类对土地利用范围的扩大,这种差异性会逐步扩大,而不是趋于缩小。土地的自然差异性是土地级差生产力的基础。土地的自然差异性要求人们因地制宜地合理利用各类土地资源,确定土地利用的合理结构与方式,以取得土地利用的最佳综合效益。

4. 功能永久性

任何生产资料都会在使用中磨损,最后报废。然而,作为一种生产要素,"只要处理得当,土地就会不断改良"。② 在合理使用和保护的条件下,农用土地的肥力可以不断提高,非农用土地可以反复利用,永无尽期。这已为人类长期发展的历史所充分证明。土地的这一自然特性,为人类利用和保护土地提出了客观的要求与可能。

(二)土地的经济特性

土地的经济特性,是以土地的自然特性为基础,在人类对土地的利用中产生的。

1. 土地供给的稀缺性

在人类出现以前,没有对土地的利用和需求,当然也就无所谓土地供给的稀缺性。当人类出现以后,由于人口不断增加和社会经济文化的发展,对土地的需求不断扩大,而可供人类利用的土地又是有限的,因而便产生了土地供给的稀缺性。

土地供给的稀缺性,不仅仅表现在土地供给总量与土地需求总量的矛盾上,还表现在由于土地位置固定性和质量差异性导致的某些地区(城镇地区和经济文化发达、人口密集地区)和某种用途(如农业用地)土地供给的特别稀缺上。

土地供给的稀缺性日益增强,土地供求矛盾日益尖锐化,导致一系列土地经济问题的产生。土地供给稀缺性是引起土地所有权垄断和土地经营垄断的基本前提。由于土地供给稀缺,在土地私有,自由买卖、出租的条件下,出现地租、地价猛涨,土地投机泛滥等现象。

2. 土地利用方式的相对分散性

由于土地位置的固定性,对土地只能就地分别加以利用,因而土地利用的方式是相对分散的。这一特点在农用土地上表现得更为明显。农业(种植业)利用绿色植物从土地中吸取营养物质,将太阳的光、热能转化为生物能,生产农产品。没有一定面积的土地就不能转化一定量的光、热能,也就不能生产满足人们需要的农产品。因此,农业生产必须分散在

① 中共中央马克思恩格斯列宁斯大林著作编译局. 列宁全集:第五卷[M]. 2 版. 北京:人民出版社,1986:101.

② 中共中央马克思恩格斯列宁斯大林著作编译局. 马克思恩格斯全集:第二十五卷[M]. 北京:人民出版社,1974:880.

较大面积的土地上进行。在非农产业中，土地利用方式可以相对集中，但由于土地的固定性，不能将其重叠起来利用，只能分别加以利用，因而相对来说也是分散的。

土地利用方式相对分散这一特性，要求人们在利用土地时要进行区位选择，并注意搞好地区间的交通运输联系，以提高土地利用的综合区位效益。

3. 土地利用方向变更的困难性

土地具有多种用途，当其一经投入某项用途之后，欲改变其利用方向，一般来说是比较困难的。首先，土地利用方向受土地的自然条件所制约。如在我国北方寒冷地区不能改种热带和亚热带植物（如橡胶、柑橘等），在海拔几千米且缺乏水源的地区不能建设现代化工厂等，因为这些地区不具备做这种用途的自然条件。其次，在工农业生产上变更土地利用方向往往会造成巨大损失。在农业生产中，由于农作物生长周期较长，在生长周期没有结束时，改种其他作物或做其他用途，势必会造成巨大的经济损失；林木等多年生植物，生长周期更长，投入的资金和劳动更多，随意改变土地用途会造成巨大的经济损失。在建筑业和其他非农产业中，建筑物和其他设施使用周期也很长，如果在建成后随意改变土地利用方向，其经济损失也是十分巨大的。

土地利用方向变更困难这一特征，要求人们在确定土地利用方向时，一定要进行详细勘察，做出长期周密的规划，绝不能朝令夕改，任意改变土地用途。

4. 土地报酬递减的可能性

土地供给的稀缺性要求人们集约利用土地。由于“土地报酬递减规律”的存在，在技术不变的条件下对土地的投入超过一定限度，就会产生报酬递减的后果。这就要求人们在利用土地增加投入时，提高土地利用的经济效果，防止出现土地报酬递减的现象。

5. 土地利用后果的社会性

土地是自然生态系统的基础因子，土地互相连接在一起，不能移动和分割，因此，每块土地的利用，不仅影响本区域内的生态系统和经济效益，还会影响邻近地区甚至整个国家和社会的生态系统和经济效益，造成巨大的社会变化。如在一块土地上建设一座有污染的工厂，就会给周围地区带来环境污染；在一个城市中心的繁华地段建设一座占地面积大但单位面积收益不高的仓库、运动场等，不仅会使该地段的土地收益不能充分发挥，还会影响城市繁华地段综合效益的提高。

土地利用后果巨大的社会性，要求任何国家都要以社会代表的身份，对全部土地进行宏观的监督和管理。

6. 土地投资的增值性

土地是一种不同于其他一般商品的特殊商品。一般商品随着使用时间的推移，其价值会不断地折旧直至报废。而土地则不一样，一般来说，随着社会生产力的发展，人口的增加、产业的兴旺、人类生活水平的提高，人们对土地的需求也会不断增加，特别是面积大、条件好的地段，其土地的价值具有保值增值的现象。

7. 土地合并分割的可能性

每一宗土地都具有特定的所有者和使用者，但随着社会经济的发展，土地会因买卖、交换、赠予、继承、征用等行为而合并或分割。

第二节　土地的功能和分类

一、土地的功能

土地的物理属性、区位、产权等方面的特点决定了土地具有以下功能。

(一)生产功能

土地具有生产能力,可以生产出粮食、蔬菜、药材、果品等满足人类生活的物品。从“粮”的繁体字“糧”来看,左侧的“米”字表示粮食作物,右侧上部的“日”字表示太阳及气候(空气),右侧下部的“里”字表示地面的田地及土壤。它充分解释了农作物生长与土地等因素之间的关系。

(二)承载功能

土地是人类生产、生活的空间,人类获得各种所需的建筑物、构筑物都要落实在具体的土地之上。土地的承载功能具体表现在具有居住、交通、工业、水利设施等各种建设用途的建筑上。

(三)仓储功能

土地富含金、银、铜、铁等矿产资源,石油、煤、水利、天然气等能源资源,沙、石、土等建材资源。人类视土地为仓库,土地像一座宝藏,储存着许多资源,是人类的生产、生活必不可少的物质基础。

(四)生态景观功能

土地的构成与形态包括各种气候条件和自然景观,因此各类绿地、林地、风景旅游区等对其所在区域就具有了生态保护和景观功能。

(五)投资功能

由于土地数量的有限性和供给的稀缺性,土地自然而然地具有了保值增值的特点,成为一种较好的投资选择。对土地进行科学合理的开发,其改良物会为投资者带来巨额的收益。

(六)社会保障功能

中国农村实行集体所有制,土地可以为农民提供基本的生活保障、养老保障、失业保障和医疗保障。土地是农民工作、生活的重要场所和生存基础,在为农民提供基本的衣食保障的同时,让农民可以放心地从事非农业(如在城市打工)工作,而不用担心失业的风险。因为只要保有一份土地,农民在事业遭遇挫折时,就可以退而务农,使自己的劳动得以延续。而村集体可以通过集体土地流转获取一定的收益,用于村集体成员的养老保障和医疗保障。

二、土地的分类

土地的分类是指在研究、分析各类土地的特点及它们之间的相同性和差异性的基础上划分土地类型。其分类的目的是如实反映土地的利用现状,分析在土地利用方面存在的问题,为科学管理提供依据,其成果可直接用于生产和土地科学的研究。

我们前面已经介绍过,土地不仅具有自然特性,还具有社会经济特性。根据土地的特性及人们对土地利用的目的和要求不同,形成了不同的土地分类系统。我国主要采用三种土地分类系统:土地自然分类系统、土地评价分类系统、土地利用分类系统。土地自然分类系统主要依据土地自然特性的差异性分类,也可以依据土地的某一自然特性分类,还可以依据土地的自然综合特性分类;土地评价分类系统主要依据土地的经济特性分类;土地利用分类系统主要依据土地的综合特性分类。我国城镇土地的分类是根据土地用途的差异、利用的方式、经营的特点和覆盖的特征等因素进行的。

土地的分类标准有很多种,不同的分类标准满足不同的分类需要。土地按照地貌特征,可以分为山地、高原、丘陵、盆地、平原等;按照土壤质地,可以分为黏土、壤土、沙土等;按照土地(农用地)生产能力,可以分为高产田、中产田和低产田等;按照土地权属性质,可以分为国有、集体所有、私人所有等;按照实际用途,可以分为农用地、建设用地、未利用地等。

关于我国土地利用现状分类标准,1981 年 7 月中国农业区划委员会和土地资源调查专业组提出了《土地利用现状分类及其含义(草案)》。经过几年实践,于 1984 年 7 月进行修改与改善,并作为一章纳入了全国的《土地利用现状调查技术规程》。由于近年来城乡经济的迅速发展,这一技术规程已经不能完全适应实际工作的需要。经过研究与修订,原国土资源部于 2001 年 8 月 21 日印发了新的《全国土地分类(试行)》(国土资发〔2001〕255 号)标准。《全国土地分类(试行)》将原有两级分类变成三级分类,在一级分类中将全国土地利用现状分为三大类,即农用地、建设用地、未利用地,与《中华人民共和国土地管理法》衔接了起来。这一标准实行 6 年后,经过研究修订,中华人民共和国国家质量监督检疫总局和中国国家标准委员会于 2007 年 8 月 10 日发布了《土地利用现状分类》(GB/T 21010—2007),这一分类将全部土地分为 12 个一级类、57 个二级类。2017 年 11 月 1 日,原国土资源部又发布了《土地利用现状分类》(GB/T 21010—2017),将全部土地分为 12 个一级类、73 个二级类。如附录所示。

我国幅员辽阔,土地资源丰富,土地利用现状千差万别,因此要制定一个科学、实用的土地利用现状分类标准绝非易事,需要进行反复的调研和总结。要制定土地利用现状分类标准,就必须遵循科学准确、符合实际、便于操作的基本原则,并依据现实发展的需要及时进行修订完善。

第三节　土地经济学的研究对象和研究方法

一、土地经济学的研究对象

“对于某一现象的领域所特有的某一种矛盾的研究，就构成某一门科学研究的对象。”那么，土地经济学所研究的特殊领域及其特殊矛盾，即土地经济学的研究对象究竟是什么呢？

土地经济学的研究领域包括三个方面，即土地资源利用、土地财产制度和土地资产流转。

土地资源利用是指土地资源在国民经济各部门的分配与使用，具体包括土地资源的勘察、技术经济评价、土地资源利用的规划与计划、土地集约利用、土地区位利用、土地规模利用及土地可持续利用等方面的经济问题。其所研究的是人与土地之间的经济关系问题。

土地财产制度是指土地财产的权属制度，具体包括土地所有制、土地使用制，以及土地国家管理制度的建立、演变及其实施等方面的问题。其所研究的是土地利用中发生的人与人之间的经济关系问题。

土地资产流转是指土地作为资产，其权属的市场流转和随之产生的土地收益分配问题，具体包括土地市场的建立及其供求关系、土地使用权流转中使用者向土地所有者支付的地租、土地作为商品买卖形成的价格、以土地资产作为担保标的物形成的债务抵押关系以及国家参与土地收益分配的具体形式——土地税收等。土地资产流转所研究的也是土地利用中产生的人与人之间的经济关系问题，但它所涉及的仅是土地资产流转和土地收益分配中产生的人与人之间的经济关系问题。

以上三个方面是互相联系的有机整体。合理利用土地资源，满足人类生存与发展的基本需要，这是研究土地经济问题的根本目的；土地资源作为生产力的基本要素投入生产过程，必须在一定的财产制度下进行，因此，建立并维护适应经济发展需要的土地财产制度，是土地合理利用的根本保证；人们在土地利用中，必然发生土地资产流转及土地收益分配问题，因此，正确确定土地资产流转的条件与形式，合理分配土地收益，协调好土地所有者与使用者之间的利益关系，是保证土地合理利用的重要手段。

从土地经济学的研究领域来看，土地经济学的研究对象可归结为两个方面，即土地利用中的人与土地的关系和土地利用中形成的人与人的关系问题。

就土地利用中的生产关系而言，这种关系包括一切与土地有关的土地所有者、使用者围绕土地所有、使用、买卖、出租、抵押、课税和管理等发生的经济关系。任何社会都要依据生产力的发展和整个社会经济制度的要求，建立一定的土地关系，并在该社会制度所允许的范围内，采取必要的措施对土地关系进行适当的调节，以保证其协调与巩固，促进土地的合理利用与生产的发展。

然而，在一切剥削阶级统治的社会中各剥削阶级之间，剥削阶级与被剥削阶级之间，由于根本利益的对立，在土地关系上的矛盾是无法从根本上进行调和的。尽管如此，统治阶级仍然要在最大限度内采取措施缓和协调土地关系,以巩固其特定的土地制度。在社会主义制度下,国家要保障全体人民的根本利益和长远利益,必须正确处理社会各阶级、阶层在土地利用中发生的经济关系,以巩固与发展社会主义土地公有制度,调动各方面的积极性,切实管好用好社会主义公有土地。

综上所述,土地经济学的研究对象是:土地利用中的生产力组织和土地所有、使用与管理中的生产关系及其调节。因此,土地经济学就其性质来说,是一门研究人与土地及土地利用中人地关系的科学,是经济科学的一个独立分支。

二、研究方法

土地经济学是一门跨度很大、综合性很强的学科,涉及诸多领域,因此对土地经济问题必须采用多种方法进行研究。

(一)抽象思维的方法

抽象思维又称为抽象逻辑思维或逻辑思维。抽象思维就是利用概念、借助言语符号进行思维的方法。其主要特点是通过分析、综合、抽象、概括等基本方法的协调运用,从而揭露事物的本质和规律性联系。从具体到抽象,从感性到理性认识,必须运用抽象思维方法。运用抽象思维方法研究土地经济问题,就是深入调查土地利用和土地经济关系的实际,运用抽象思维能力进行分析加工,由此及彼、由表及里,从中找到土地经济问题发展变化的规律。

(二)系统分析的方法

就自然特征而言,土地隶属于地球这个大的生态系统;就经济和社会特征而言,土地经济又属于社会经济系统的基本子系统。因此,研究土地经济学应该采用系统的方法,而不能将土地孤立于地球、人类社会之外进行单独研究,必须将其纳入整个自然生态系统和社会经济系统中进行系统全面的分析,从中找出土地与整个自然生态系统和整个社会经济系统的内在联系,并探索其经济规律以及运行机制,这样才能找到解决土地问题、合理利用土地的具体方案和正确途径。

(三)定性与定量相结合的方法

所有事物都是质和量的统一,分析事物的本质特征,不仅需要通过观察和抽象思维得出定性的结论,同时也不能忽视量化分析方法。研究和解决任何一个土地经济问题都必须同时研究它的质和量两个方面,在定性分析基础上进行定量分析,就是利用数学方法揭示其数量规律、数量关系和数量变化。

(四)静态与动态相结合的方法

进行土地经济问题的研究,常常借助于大量的统计资料和实际调查材料,运用前人已有的研究成果,进行历史、现状分析和未来预测,这就需要采用静态分析和动态分析相结合的分析方法。所谓静态分析，就是对某一特定时间或时期的人地关系和土地利用状况的分析。这种分析方法的特点在于承认人地关系和土地利用的合理与否及其效益的大小，具有一定的阶段性和相对的稳定性。所谓动态分析，则是对某一历史阶段或整个历史长河中人地关系和土地关系所发生的变化的分析，以研究其演变和发展过程。这两种分析方法是互为前提、互为补充的，应结合运用，不能偏废。

（五）宏观与微观相结合的方法

土地经济问题既有宏观方面的问题又有微观方面的问题。所谓宏观分析，指研究的出发点和领域是针对宏观整体性而言的，一般理解为整个社会或国民经济总体上研究人地问题和土地关系形成与发展的过程，研究社会经济因素对人地关系的制约作用。所谓微观分析，指研究的出发点和领域是以组成国土总体中的局部小范围地区或个别农场为对象，研究人地关系和土地关系。宏观要以微观为基础，微观要受宏观的制约。因此，研究土地经济问题，既要从宏观角度进行分析，又要从微观角度进行分析，并把二者很好地结合起来。

（六）比较分析的方法

不同时期、不同地区，由于文化、历史、社会经济发展水平等因素的影响，土地经济问题也呈现出不同的特点，但也有共性问题。因此，应积极采取比较分析的方法，通过纵向和横向两个维度具体分析面临的土地问题。

此外，在土地经济学中，还应用了土地信息学的成果。土地信息学是陈述、采集、存储、管理、分析、处理、表达、应用和传播土地信息的理论和方法。它是以土地空间数据库为基础，采用土地分析模型和方法，提供多种空间的和动态变化的土地信息，为土地利用研究和土地利用决策服务的计算机技术系统。土地的空间属性使得土地经济问题呈现明显的空间特征，利用土地信息学的成果可以更直观、更形象地展示、分析土地问题，是解决复杂土地问题的重要途径。

上述研究方法应结合具体的土地问题使用，既可以综合应用，也可以分别采纳。

第四节　土地经济学的产生和发展

20 世纪 20 年代，土地经济学成为一门独立的学科。但在此之前，一些西方古典经济学家就对土地经济的若干问题先后进行了研究。17 世纪末，西方古典经济学家威廉·配第（William Petty）首次提出级差地租的概念，并对级差地租、土地价格等做了初步的阐述。尔后，杜尔阁（Turgot）、亚当·斯密（Adam Smith）、大卫·李嘉图（David Ricardo）等相继对若干土地经济问题进行了探讨。其中，李嘉图对级差地租理论做了完整系统的研究，为现代西方土地经济学的建立奠定了理论基础。到了 19 世纪中叶，马克思、恩格斯在批判地继承古典经济学理论的基础上，创立了科学的人口理论和土地肥力理论及地租地价理论，这实际上成为马克思主义土地经济理论的核心部分。其后，列宁的土地国有化理论等进一步完善和丰富了马克思主义的土地经济理论。

但是,这些研究大部分从属于政治经济学或其他学科。直到 1924 年,美国经济学家理查德·西奥多·伊利(Richard Theodore Ely)和爱德华·莫尔豪斯(Edward Morehouse)合著的《土地经济学原理》的出版,标志着土地经济学开始成为一门独立的学科。从此,土地经济学的研究不断深入和完善,一些大学也陆续开设了土地经济学课程。继伊利和莫尔豪斯之后,相继出版的有代表性的土地经济学专著有:[日]河田嗣郎著的《土地经济论》(1930)、[美]卜凯(J. L. Buck)主编的《中国土地利用》(1937)、[美]伊利和魏尔万(G. S. Werwein)合著的《土地经济学》(1940)、[美]雷纳(R. R. Renne)的《土地经济学》(1940)、[美]拉特克利夫(R. U. Rateclff)的《城市土地经济学》(1949)、[英]鲍尔钦(Raul N. Balchin)与克威(J. L. Kieve)合著的《城市土地经济学》(1977)、[美]巴洛维(R. Barlowe)著的《土地资源经济学——不动产经济学》(1978)、[加]歌德伯戈(M. Golaberg)与钦洛依(P. Chinloy)合著的《城市土地经济学》(1984)、[韩]朱奉圭著的《土地经济学》(1991)、[日]野口悠纪雄著的《土地经济学》(1997)等。

中国土地开发历史悠久,据史料记载,自周朝以后,随着农牧业的发展,土地的经济意义与日俱增,土地制度和土地利用等问题日益受到重视,各朝代的学者和当政者对土地经济的若干问题进行了许多研究、探索。早在两千多年前,《管子·乘马》中就曾精辟地指出,“地者,政之本也……地不平均和调,则政不可正也”。当然,当时对土地经济问题的研究还是分散的、不系统的。中国对土地经济问题的系统和专门的研究始于 20 世纪 30 年代。1930 年,章植的《土地经济学》出版,这是中国第一部土地经济学研究著作。随后相继出版的土地经济学的专著有:张丕介的《土地经济学导论》(1944)、刘潇然的《土地经济学》(1945)、朱剑农的《土地经济学原理》(1947)等。这一时期的著作主要是在介绍国外土地经济学理论的基础上逐步创立的中国的土地经济学,处于启蒙和初创阶段。

中华人民共和国成立后,逐步消灭了土地私有制,建立起社会主义土地公有制。当时不少人对此产生误解,以为土地公有制一经建立,土地经济问题就已全部解决,因而长期以来忽视对土地经济问题的研究。直到 1978 年改革开放以后,土地经济学才重新受到重视。1981 年成立的中国国土经济学研究会(2006 年更名为中国国土经济学会),陆续出版了《国土经济研究》(1982)、《国土经济学》(1986)等专著。1982 年出版了伊利和莫尔豪斯合著的《土地经济学原理》中译本。自 1986 年起,土地经济学的研究工作在北京、上海、广东等地逐步恢复,陆续出版了一批土地经济学著作。如,周诚主编的《土地经济学初编》(1986),张熏华、俞健主编的《土地经济学》(1987),张月蓉主编的《土地经济学原理》(1988),曹振良编著的《土地经济学概论》(1989),周诚著的《土地经济学原理》(2003)等。这些著作者力图以马克思主义的基本原理为指导,对中国的土地经济问题进行系统分析,为创立中国的土地经济学奠定理论基础。

在台湾地区,土地经济问题和地政管理一向受到重视,大学开设有地政专业和土地管理学系。很多专家学者对土地制度、土地政策、地租地价和土地金融与税收等土地经济问题进行了系统的研究,出版了不少专著,如:张德粹著的《土地经济学》(1981)、萧铮著的《土地经济学论文集》(1984)、黄通著的《土地政策原理》(1961)、林英彦著的《土地经济学通论(第五版)》(1999)等。

自土地经济学从一般经济学中分离出来成为一门独立的学科，经过近百年的发展，目前已经基本形成了一个较为完整的学科体系，对此学科的研究对象和研究领域，各国学者已有大体的共识。在这个学科的形成和发展中存在着若干引人注目的特点，其中主要有以下几点。

第一，国度和地域的差异性。如果将美国、日本、欧洲和中国等国家和地区的土地经济学教科书进行比较就会发现，其著作的体系及研究的重点等存在较大差异。产生这种现象的原因是土地经济学是一门部门经济学或要素经济学，属于实用学科，要求学科研究必须与该国或该地区的经济发展实际密切结合。而各国土地经济学学科研究重点和研究成果的差异性恰恰体现了各国经济发展实际的差异性。

第二，发展阶段的差异性。土地经济学研究要服务于社会实践，因此，随着各国社会经济的不断发展，土地经济学研究的领域和重点也在不断发展与变化。以我国为例，中华人民共和国成立之前的土地经济问题主要是落后的封建土地占有制度严重地阻碍着社会生产力的发展和土地资源的合理利用。因此，当时土地经济学研究的重点是如何进行土地占有制度的改革，实现“耕者有其田”以解放社会生产力，调动农业劳动者的积极性，促进土地合理利用。20 世纪 70 年代末至 90 年代初，我国主要对计划经济体制下形成的土地无偿使用制度进行改革，因此，这一阶段土地经济学学术研究的重点是关于地租地价与地产市场的理论，为土地使用制度改革以及开发土地使用权市场提供理论依据。近年来，随着我国经济发展速度加快，土地市场全面开放，加强土地产权制度建设、合理保护耕地资源、保证经济与社会的可持续发展成为土地经济学研究的热点和重点。

第三，土地经济学术研究日益深化和细化。这也是土地经济活动发展的客观需要。随着社会经济的不断发展，土地经济关系日益复杂化，土地经济的研究领域也在日益拓展。为了适应这种需要，研究人员对土地经济问题的研究日益深化和细化，目前已从土地经济学的一般原理中，分化出城市土地经济学、农村土地经济学、土地资源经济学、土地生态经济学、土地市场学、土地资产估价学和土地金融学等学科。

今后，我国土地经济学的学术理论研究，应当适应客观形势发展的需要，坚持以马克思主义土地经济学原理为指导，积极吸收和借鉴西方经济学土地经济方面的最新研究成果，紧密结合我国土地经济实践，对土地经济活动中的重大课题进行全面、深入和系统的研究，在发展和完善土地经济学学科体系的同时，为我国土地使用制度、管理制度的深化改革和土地合理利用提供科学的理论依据。

【核心概念】

土地，土地特性，土地功能，土地分类

【问题与探索】

1. 简述土地的概念。
2. 土地具有哪些特性？
3. 土地具有哪些功能？

4. 土地的具体分类有哪些?

5. 阐述土地经济学的产生和发展。

6. 描述土地经济学研究的对象和研究方法。

【案例分析】

世界土地资源浅析

1900 年世界人口约为 15 亿,平均每人占有的陆地面积约为 10 公顷①(150 亩),1987 年世界人口达到 50 亿,人均占有陆地面积仍有 3 公顷(45 亩)。这个数字从任何意义上来说都不能算小。但是,如果考虑到土地的质量属性,则这些数字必须打一个大大的折扣。所谓土地的质量,如果从农业利用的角度来看,它包括土地的地理分布、土层厚薄、肥力高低、水源远近、浅水埋深、地势高低和坡度大小等,这些性质对农业生产都有着不同的影响。如果土地用于工矿和城镇建设等,则还要考虑地基的稳定性、承压性能和受地质地貌灾害(如火山、地震、滑坡等)、气象灾害(如暴雨、山洪等)威胁的程度等。在土地质量诸要素中,还有一个很重要的因素,就是土地的通达性(accessibility),它取决于土地的地理分布,即离居民点的远近,以及道路、交通等情况,这些都影响劳力与机械通达该土地所消耗的时间和能量。

如果考虑到土地质量的上述因素,则陆地面积中大约有 20% 处于极地和各大陆的高寒地区,另有 20% 属于干旱区,20% 为山地的陡坡,还有 10% 为岩石裸露,缺乏土壤和植被。以上四项,共占陆地面积的 70%,在土地利用上存在着不同的限制性因素,地理学家和生态学家称之为"限制性环境"。其余的 30% 限制性较小,适于人类居住,称为"适居地",英语为 ecumene,意为可居住的土地,包括可耕地和住宅、工矿交通、文教与军事用地等。按上述人均 3 公顷的 30% 计算,人均占有量为 0.9 公顷(13.5 亩)。在全部适居地中,可耕地占 60% ~70%,折合人均 0.54 ~0.63 公顷(8.1 ~9.45 亩)。

据联合国粮食与农业组织和美国农业部 20 世纪 70 年代所提供的数据,全世界可耕地总面积为 29.5 亿公顷,其中最肥沃、通达性最好、最容易开垦的一半已被耕种,面积为 15.4 亿公顷;其余一半尚有开垦的潜力,但由于受土壤肥力、土地的通达性等质量因素的限制,必须采用灌溉、施肥和其他土壤改良措施,开垦的成本将大大增加。

思考:你的家乡所涉及的土地分类和土地功能有哪些?

---

① 公顷,公制地积单位,1 公顷 =0.01 平方千米。

第二章　土地的供给与需求

【内容提要】

本章主要包含以下内容：

1. 土地自然供给及其影响因素；
2. 土地经济供给及其影响因素；
3. 人口增长对土地的影响；
4. 土地的需求；
5. 土地的供需平衡。

【引导案例】

北京市居民食物消费的土地需求一直处于“供小于求”的状态，且2000年之后，由于北京市的耕地面积迅速减少，食物消费的土地需求缺口急剧扩大。2016年北京市居民食物消费的土地需求压力达到了14，即大约需要14倍的现有耕地和果园面积来满足其居民的食物消费。1995年之前，北京市居民食物消费的耕地压力相对稳定，为1～2。1995年之后，动物性食物消费的增加和耕地的减少，使得食物消费对耕地的压力迅速增大，到2016年，北京市大约需要18倍的现有耕地面积才能满足其粮食、蔬菜及动物性食物的消费。此外，北京市居民水果消费对其果园压力相对较小，但仍呈“供小于求”的状态。2016年，北京市居民的水果消费大约需要5.5倍的当年果园面积来满足。由此可见，北京市居民食物消费及其土地需求对外依赖十分严重。

资料来源：董佳静，赵旸，王重阳，等. 1980—2016年北京市食物消费的土地需求[J]. 资源科学，2019(7)：1350－1358.

第一节　土地的供给

利用土地的前提，是要有可利用的土地。地球上的土地并非全都可以利用，土地是否可利用是由其自身的使用价值决定的。土地的使用价值取决于土地的地理位置、成土母质、地形地貌、土壤质地、水文特性、海拔高度、植被、交通条件等。土地供给就是指可利用土地的供给，即地球所能提供给人类社会利用的各种生产和生活用地的数量。土地的供给通常分为自然供给和经济供给。

一、土地的自然供给及其制约因素

土地自然固有的可供人类利用的部分就叫土地的自然供给。因此，土地的自然供给又称为土地的物理供给或实质供给，它是指地球供给人类可利用的土地的数量，这个数量包括已利用的土地资源和未来可利用的土地资源，即后备土地资源。土地的自然供给是相对稳定的，不受任何人为因素或社会经济因素的影响，因此它是无弹性的。

土地的自然供给受下列因素的制约：(1)适合人类生产、生活的气候条件；(2)适合植物生长的土壤质地和气候条件；(3)具有可资利用的淡水资源；(4)具有可供人类利用的生产资源；(5)具有一定的交通条件。

(一)世界土地的自然供给

地球的表面积约为5.1亿平方千米，其中海洋面积约为3.61亿平方千米，占地球表面积的70.8%；陆地面积约为1.49亿平方千米，占地球表面积的29.2%。在陆地上，还有近50%的面积是永久冰盖地、干旱沙漠地、岩石、沼泽、高寒地区等目前难以利用和无法利用的土地。除此之外，尚有相当数量的土地存在各种障碍因素，如高山、石山、峭壁、陡坡、干旱缺水的土地等。这样，适合人类利用的土地只有7 000万平方千米左右。气象学家桑思韦特(Thornthwaite)把世界陆地分成8个气候带，认为可作为发展农业的地区是占陆地总面积51%的湿润区、亚湿区和半干旱区；占陆地面积15%的干旱地区，至多只能作为天然放牧场；而其余13%以上的水湿区、长期冰封地、苔原地和北极针叶林地区则不可能用来发展农业。另据美国地理学家贝克(Baker)的研究，世界约有占陆地面积17.5%的土地可作为耕地，现有耕地面积已达到10.1%。美国康奈尔大学的皮尔逊(Pearson)与哈珀(Harper)的研究表明，世界上最好的耕地只占陆地面积的7%，现在看来这一部分土地早已被人类利用。人类再新增加的耕地，会因自然因素的限制，而不能跨入最好耕地的行列。

土地自然供给在世界各国的分布存在很大的差异。例如，远东和欧洲25%以上的土地是可耕地，而大洋洲(澳大利亚、新西兰和太平洋岛屿)只有5.5%，拉丁美洲只有6.2%；同时大洋洲54.8%的土地是草原和牧场，而北美洲只有13.7%，远东地区只有15.3%；拉丁美洲的土地有46.4%是森林，而大洋洲只有10.2%。世界主要国家和地区的土地利用结构见表2－1。

表2－1　世界主要国家和地区的土地利用结构

国家和地区	土地总面积/千平方千米	耕地面积占土地总面积/%	永久性牧地占土地总面积/%(1994年)	森林面积占土地总面积/%
全世界	130 129	11	26	25
低收入国家	39 294	13	32	16
中等收入国家	59 884	10	23	33
高收入国家	30 951		24	21
巴西	8 457	8	22	65
加拿大	9 221	5	3	60

表 2 - 1(续)

国家和地区	土地总面积/千平方千米	耕地面积占土地总面积/%	永久性牧地占土地总面积/%(1994 年)	森林面积占土地总面积/%
中国	9 326	10	43	14
法国	550	35	19	27
德国	349	35	15	31
印度	2 973	57	4	22
意大利	294	37	16	22
日本	377	12	2	67
墨西哥	1 909	14	42	29
俄罗斯	16 889	8	5	45
南非	1 221	13	67	7
瑞典	412	7	1	59
英国	242	25	46	10
美国	9 159	21	26	23

资料来源:世界银行.1998 年世界发展指标[M].北京:中国财政经济出版社,1999:128 - 131.
注:土地总面积不包括陆地的水面。

(二)中国土地的自然供给

在中国 960 万平方千米土地中,从热量条件看,大部分地区属中纬度地带,热量条件优越。除占土地面积 1.2% 的寒温带以及占土地面积 26.7% 的青藏高寒气候带外,其余 70% 以上的地区农作物生长期的热量条件都较好。全年日平均气温≥10 ℃稳定期的累积气温,由北到南,无霜期自 120 天到全年无霜,农作物熟制从一年一熟到一年三熟。

从雨水条件看,中国东南部受季风影响强烈,气候温暖湿润。其中,湿润区占 32.3%,半湿润区占 17.3%,年降水量在 400 ~ 2000 毫米以上,干燥度不超过 1.5,全年降水量的 80% 以上集中在作物生长期,有利于作物生长。中国西北部为干旱和半干旱地区,分别占土地总面积的 30.8% 和 19.2%,年降水量在 400 毫米以下,干燥度在 13 以上。其中半干旱地区在无灌溉条件下,一般还可以种植旱作物,但收成很不稳定,且容易引起风沙和土壤侵蚀,因此,西北部地区大部分是牧业区。中科院"中国土地资源生产潜力及其人口承载力"课题研究表明:西北部干旱、半干旱地区和青藏高原区占全国总面积的 53.8%,但年生物产量仅占全国的 9.5%,承载能力占全国的 4.3%。这一地区也属于临界地区和越载区。

据初步估计,全国可供开垦的宜农荒地资源仅为 3 330 万公顷左右,其中 40% ~50% 为天然草地,主要适合种植牧草;另外,16% ~20% 分布在南方山丘地区,主要适合发展木本粮油;其余约 1 330 万公顷如全部开垦,仅可得净耕地 800 万公顷。不管这部分土地能否开垦出来作为耕地,中国土地的人口承载力已处于"临界状态",并将长期处于这一状态。从上述数据可以看出,中国土地的自然供给极其有限,我们要倍加珍惜每一寸土地,尤其是耕地。

二、土地的经济供给及其影响因素

(一)土地经济供给的含义

所谓土地经济供给,是指在土地自然供给的基础上,投入劳动进行开发以后,成为人类可直接用于生产、生活及各种用途土地的供给。开发新土地、用地结构的调整等活动都影响土地的经济供给。土地经济供给是个变量,也是有效供给。自然供给变成经济供给后,方能为人类所利用。

在人类利用土地的过程中,随着人口的增加和经济的发展,扩大土地经济供给的活动持续地进行着,成为人类利用土地的重要目标。土地经济供给的增加不仅包含总量的增加,还包含某种用途土地随着利用效益的提高在数量上的增长,以及一定面积土地上产出的增长。前两者是土地经济供给的直接增加,后者是土地经济供给的间接增加。

土地经济供给与自然供给既有联系又有区别:(1)土地自然供给是土地经济供给的基础,土地经济供给只能在自然供给的范围内变动;(2)土地自然供给是针对人类的生产、生活及动植物的生长而言的,而土地的经济供给则主要是针对土地的具体用途而言的,现在人们特别重视耕地或粮食用地的供给;(3)土地的自然供给在相当长的时间内是一定的、无弹性的,而土地的经济供给是变化的、有弹性的,并且不同用途土地的供给弹性是不同的,例如用于农作物生产的土地,因受自然条件的限制较多,其供给弹性较小,尤其是特种作物的栽培地,其供给弹性更小,而建筑用地的经济供给弹性则较大;(4)人类难以或无法增加土地的自然供给,但可以在自然供给的基础上增加经济供给。

(二)土地经济供给的影响因素

影响土地经济供给的因素有很多,其中基本因素有如下几种。

1. 各类土地的自然供给

某种用途的土地自然供给从根本上限定了该用途土地经济供给的变化范围,它是经济供给的基础和前提。

2. 利用土地的知识和技能

随着人类利用土地知识和技能的逐步提高,可以利用更多的原来未被利用的土地,或使利用效益不高的土地变为效益较高的土地,从而增加土地的经济供给。技术的发展使现有土地供给得到更充分的利用,并使新资源的发现及开发更加容易。有时,技术发展还能提供替代品,从而减少对某些土地资源的需求,即相当于相对增加土地的经济供给。

3. 社会需求

社会需求的变化能促进土地利用方向的改变,从而影响各种土地经济供给的数量,如食物结构的变化会影响土地利用结构,从而间接影响土地的经济供给。

4. 产品价格

某类社会产品价格上升,会导致该类生产所使用的土地的价格上升,从而会增加这类土地的供给。

5. 土地利用计划

大多数关于增加土地经济供给的计划，要求开发和利用新的、生产力较低的、位置较为不利的和难以开垦的土地。现在各国都比较重视制定土地利用计划，这类计划的实施，必然会增加土地的经济供给。

6. 土地供给者的行为

一个明智的土地供给者可以根据上述影响因素，结合当时当地的经济发展情况，理性地供给土地。我国政府就是最直接的各类建设用地的供给者，供给者的行为将直接决定建设用地的经济供给，怎样使供给者在遵守经济规律的前提下供给建设用地，仍是我国今后土地管理中的一个大课题。

（三）增加土地经济供给的措施

根据影响土地经济供给的因素，可以采取如下措施增加土地经济供给。

1. 扩大土地利用面积

这是增加土地经济供给最直接的办法。目前，在地球赋予人类可利用的土地中，还有少量尚未开发利用。土地开发利用的历史长，开发能力强，开发手段多，土地利用率大，垦殖指数就高，相对的可利用而未利用的土地资源就少。如非洲大陆仍有丰富的后备土地资源，现在其垦殖指数仅为6.1%，远低于世界平均数11.1%。

2. 提高集约经营水平

提高土地利用集约度是增加土地经济供给的重要手段。中国农业开发历史悠久、垦殖指数高、后备资源少，在已开发利用的土地上增加劳力、资金、技术的投入，提高土地生产率，可以达到间接增加土地经济供给的目的。

3. 建立合理的土地制度

合理的土地制度，尤其是合理的使用制度，可以调动人们珍惜土地、合理用地和有效开发土地的积极性。

4. 调节消费结构

土地因自然、经济条件的不同，都有适宜生产一种或数种产品的能力。如果适当调节人们的消费结构，使之与土地的适宜性相符合，那么，土地的最适宜性就能得以充分发挥，用较少的土地就能提供较多的产品，从而间接增加土地的经济供给。

5. 利用新技术

利用新技术发展新型工业，生产多种农产品的代用品，可以使土地利用转入更迫切需要的方面。例如，发展新型食品工业，提高粮食的利用率和在人体中的消化率，充分发挥粮食的营养作用，也等于增加粮食用地；发展新型建材工业，使农民住房逐步从平房向楼房发展，少占用土地；用煤渣和工业废料制砖，少用耕地泥土。这些措施都可间接扩大土地的经济供给。

6. 保护土地资源

保护和恢复土壤的良好物理和化学性质、生态环境、水分和温度条件，使现有耕地和其他土地能持久地、高效率地为人类服务，永续利用。例如，把建设用地的表层熟土、肥土运到贫瘠的土地上，以提高农地的肥力水平，这也等于提高了耕地的经济供给。

第二节　人口增长对土地的压力

土地需求的本质，即人口增长对土地的需求，因此，土地供求最基本的关系就是人与土地之间的关系。人与土地之间的关系既是一种社会关系，又是一种自然关系。正确处理人地关系，就是为人类通过合理利用土地生产物质财富满足自身的需要创造基本条件。人地关系很早便被世人所重视，但把这种关系上升为理论，并自觉地调节这种关系，还是近代的事。

一、人口的增长与展望

（一）世界人口的增长与展望

1. 第二次世界大战前世界人口增长的特点

从人类出现到20世纪中叶，世界人口的增长具有以下不同于当代的特点。

（1）高出生、高死亡、低增长率的人口再生产占主要地位。但进入资本主义社会后，人口再生产转变为高出生、低死亡、高增长率类型。由此看来，人口再生产是与科学技术和生产力水平密切相关的。

（2）增长速度缓慢。旧石器时代前期，世界人口平均每千年增长率还不到1%；旧石器中期平均每千年增长率为3%；旧石器后期平均每千年增长率为8%；中石器时代平均每千年增长率为15%；新石器时代平均每年增长率为0.03%。公元初到1000年，世界人口年平均增长率为0.02%；1000—1299年的年平均增长率为0.1%；1300—1399年人口减少；1400—1499年的年平均增长率为0.2%；1500—1599年降至0.06%；1600—1649年又升至0.3%；1650年后有所加快；1850—1900年的年平均增长率为0.6%～0.8%。

（3）人口密度低。按目前地球面积计算，史前时期每平方千米不到1人；公元元年每平方千米不到2.4人；1000年每平方千米不到2.5人；1500年每平方千米为3.28人。

2. 第二次世界大战后人口增长加快

第二次世界大战后，人口出现了高速增长，从20世纪40年代末到70年代初，世界人口每年的增长速度一直接近2%。现在人口翻番的时间大大缩短。史前时期，人口翻一番需要几百个世纪；进入16世纪后，资本主义的发展使得人口翻一番的时间以百年计；而第二次世界大战后则缩短为40年左右。从表2－2可以看出，世界人口每增加10亿人需要的年份在不断缩短。

从表2－3、表2－4的数据可以看出，世界人口总数持续增长，而平均增长速度有所下降。

表 2-2　世界人口每增加 10 亿人需要的时间

	达到的时间	增加 10 亿人口所需时间
第 1 个 10 亿	1800 年	近 300 万年
第 2 个 10 亿	1930 年	约 100 年
第 3 个 10 亿	1960 年	30 年
第 4 个 10 亿	1975 年	15 年
第 5 个 10 亿	1989 年	14 年
第 6 个 10 亿	1999 年	10 年

资料来源:邬沧萍. 世界人口[M]. 北京:中国人民大学出版社,1983:41.

表 2-3　1950—1989 年世界人口总数增加情况　单位:亿人

年份	1950 年	1960 年	1970 年	1980 年	1989 年
世界总人口	25.13	30.27	36.34	44.15	50

表 2-4　1950—1989 年世界人口年平均增长速度

时期	1950—1955	1955—1960	1960—1965	1965—1970	1970—1975	1975—1980	1980—1989	1950—1989
年平均增长速度(%)	1.78	1.98	2.01	1.68	1.77	2.16	1.39	1.78

注:根据邬沧萍主编的《世界人口》第 40 页资料计算。

3. 世界人口预测

根据 2022 年 7 月 11 日联合国发布的《世界人口展望 2022》,世界人口在 2022 年 11 月 15 日这天达到 80 亿。过去的 200 年里,人口数量的增速越来越快。而在接下来的几十年里,依然还会呈现增长的趋势,只不过这个增长趋势是在放缓的。

根据估算:2030 年,全球人口数量将达到 85 亿;2050 年,全球人口数量将达到 97 亿。未来人口总数到底为多少,还要看各国的人口政策和物质生活水平的变化,以及世界战争与和平的局势。

(二)中国人口的增长与展望

根据中国科学院中国国情分析研究小组的《生存与发展》研究报告,中国人口增长的历史与世界各国相比,有两个显著的特点。

1. 中国人口增长具有周期性的大起大落,呈现若干次循环

在中国历代封建王朝初期,新当政的统治者往往采取休养生息政策,重新划分土地,轻赋薄敛,经济繁荣,社会安定,则人口激增;封建王朝中期,人口增长达到循环曲线的顶点,人均耕地面积达到最低点,土地经若干代分家析产之后,渐趋零散化;封建王朝末期,社会人口规模已超过社会的经济负荷能力,加之土地兼并剧烈,赋役苛重,农民濒于破产,揭竿

而起,饥饿、瘟疫、战争等使人口锐减,人口增长进入循环曲线的谷底。人口是朝代兴亡的加速器,战争与动乱是人口的调节器。

2. 中国人口增长在经过较长的停滞时期后,都呈台阶式的倍增

第一个台阶是由先秦的1 000万~2 000万人陡升到封建社会前期西汉的6 000万人,到明末清初,大体仍在6 000万人以内;第二个台阶是清代"康雍乾"时期到封建社会晚期,总人口由6 000万骤然增长到3亿,1840年已突破4亿大关;第三个台阶是在中华人民共和国成立以后,总人口数由1949年的5.4亿增长到1989年的11.12亿,翻了一番。目前正处在增长阶段的中点,在2030年才能达到顶峰,那时人口至少15亿。

1950年以来,中国人口的年平均增长率在不同时期也有区别:1950—1980年为1.96%;1980—1985年为1.15%;1985—1989年为1.57%;1950—1989年为1.81%。中华人民共和国成立后,人口增长率除了在1980—1985年较低外,其他时期都很高。

中国的人口压力已成为经济发展的沉重负担。控制人口数量,提高人口素质,寻找人口与土地资源平衡的办法,是中国必须迅速落实的生存和发展大计。

二、人地关系的演变

自人类出现就存在着人地关系问题。人地关系主要分为两类:一类是人口与一般土地的比例关系;另一类是人口与耕地的比例关系。人地关系是在不断变化的。根据人类对土地的作用程度,大致可分为四个阶段。

(一)依赖大自然恩赐的渔猎阶段

这一时期持续到新石器时代之前。其特点是,人类处于原始阶段,生产工具极其简单落后,人口稀少,过着被动地适应自然的生活,完全受大自然的支配。

据古人口学家推测,旧石器时代末期地球上只有近300万人,他们通过狩猎和采集获得食物,只利用了30亿~35亿公顷的土地,占陆地面积的20%。在其后1 000年的中石器时代,人口增长到1 000万;到新石器时代人口增加到5 000万。

在这一阶段,人口密度极低,但因人类还没有开始耕种土地,所以人均占有耕地面积为零。

(二)利用大自然的初始阶段

在新石器时代,人类开始制作简单的生产工具,如磨光了的石器、装有木柄的石斧和弓箭等,并利用植物种子发展种植业,同时开始饲养捕获的过剩的动物,发展家畜饲养业。但因生产工具落后,不可能大规模开垦土地。这时出现的耕地还不稳定,常受到人类迁移和自然灾害的影响,人类还没有依赖耕地而生活,故人均耕地面积不仅小,而且对当时的人类生活意义也不大。此时的人口密度有所提高。

(三)较大规模和大规模开发利用土地的阶段

这个时期,农业已进入真正的耕种阶段。耕地面积与人口数量同步增长。因后来人口

增长过快，而耕地受到其他非农用途的蚕食而减少，使二者向相反方向变化。相应地，人口密度一直呈上升趋势。

1750 年，世界人口密度每平方千米只有 5 人；经过 200 年到 1950 年增加了 2 倍多，达到 16 人以上，1980 年为 29 人，1989 年达到 33 人。中国人口密度增速更快，1953 年每平方千米是 64 人，1989 年是 116 人，而到 2000 年时则为 135 人。

世界人均耕地面积由 1950 年 0.56 公顷下降到 1983 年的 0.27 公顷；而中国人均耕地面积则由 1950 年的 0.182 公顷下降到 1983 年的 0.073 公顷。其后，中国每年要减少耕地面积 10 多万公顷，故现在人均耕地面积已大大低于 0.073 公顷（按原统计数）了。

上述人口密度和人均耕地理论层面变动可用图 2－1 描述。

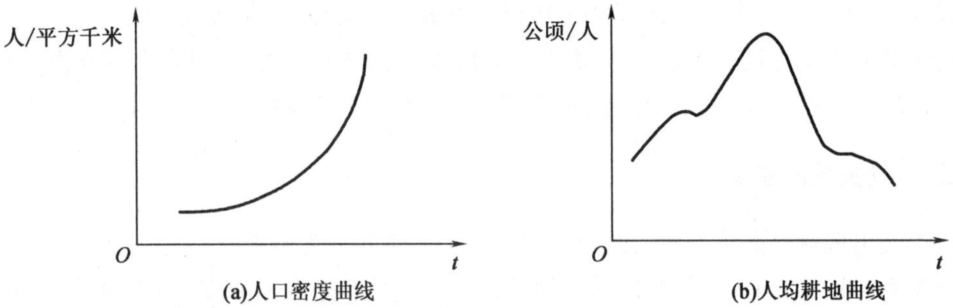

图 2－1　人口密度、人均耕地理论层面变动

（四）开发利用土地与保护土地相结合的阶段

人类在大规模地开发利用土地之后，也逐渐受到大自然的“报复”，频繁的自然灾害使人类开始反省自己过度的开发利用行为。古代一些有远见的学者早就提出，开发利用土地要适度。但那时，这些提议还只停留在理论层面。时至近代，人类面临着人口、资源、能源、粮食、环境污染等五大问题。20 世纪 90 年代至 21 世纪初，中国在人口、资源和环境等方面面临着以下七个值得关注的重大问题。

1. 人口总量、劳动适龄人口、老龄人口的三大高峰期的重叠出现，将给中国资源、环境和经济带来巨大的压力

65 岁及以上人口的比重 1982 年为 4.9%，1990 年达到 5.6%，2000 年上升到 7% 左右，估计 2040 年将达到 16%。按国际标准，到 21 世纪初，中国即进入老龄化社会。中国人口老龄化速度比世界发达国家都要快，老年人口比重由 7% 增加至 14% 经历的时间长度，瑞典为 85 年，英国为 45 年，日本为 26 年（1970—1996 年），而中国比日本还要短。问题在于中国人口老龄化是在经济发展尚未达到发达水平的情况下出现的，上述发达国家在 1981 年人均国民生产总值已达 10 000 美元以上。

2. 北方地区和沿海城市发展受水资源的严重制约

中国耕地面积的 64% 分布在北方地区，绝大部分是旱田，农作物的丰歉受气候影响较大。山东半岛在实现 2000 年底发展目标时，在考虑节水和可能增建的一些供水工程的前提

下，水的保证率只有66%。辽中南地区2000年估计缺水26亿立方米。在2000年前后，上述两个地区缺水已成定局。

3. 耕地资源不足，人均耕地面积减少，粮食供给压力增大

2000年，中国人均耕地面积下降到0.093公顷左右（按土地资源详查数）。目前，世界上第二人口大国印度，耕地面积占土地总面积的55.6%，人均耕地面积0.21公顷；美国土地总面积9.36亿公顷，耕地占20%，人均耕地面积0.77公顷。在人均耕地面积减少的同时，中国的粮食需求量却在增大。

4. 主要矿产资源对国民经济发展保证率下降

这些资源包括石油、天然气、铁矿石、锰矿、铬铁矿、铜矿等。

5. 森林资源缺口很大

2000年全国需木材2亿~2.1亿立方米。而可能生产的木材约1.3亿立方米，缺口达0.7亿~0.8亿立方米，扣除薪炭林缺口，生产和建筑用材缺口约0.6亿立方米。

6. 工业生产的污染负荷日趋加重

二氧化硫污染和酸雨危害日趋严重，2018年，全国二氧化硫排放总量达100亿吨，同比增长2.3%。工业粉尘和工业废水排放量难以降下来，酸雨危害范围会进一步扩大。

7. 农业生态环境日趋恶化，水土流失和土地沙漠化形势严峻

20世纪80年代以来，土地沙漠化发展速度在逐年递增，平均每年扩大面积已接近2000平方千米。如维持目前土地利用结构，在不采取任何治理措施的情况下，中国沙漠化土地面积2030年将上升至33万平方千米。

上述严峻形势表明，合理开发利用土地与保护土地是中国乃至全世界生存与发展的基本任务与永恒主题。

第三节 土地的需求

所谓土地需求，即人类为了生存和发展利用土地进行各种生产和消费活动的需求。时至今日，人类已不满足于一般的生存，怎样生活得更舒适，已成为人类所追求的目标。为此，土地在人类的生活中起着更为复杂的作用。但不管怎样变化，人类对土地的需求不外两大类：农业用地需求和非农业用地需求。

一、农业用地需求

人类需要农业用地，就是需要农业土地的热、水、动物、植物、微生物及土壤等为人类提供食物、衣料及其他原料，其中最重要的还是食物和衣料。随着现代化纤工业的出现与发展，人类从土地上直接获取衣料的需求降低了，当然，还不能根本消除。这样，人类对农地的需求就主要落在食物上。现在人类从土地上获得的食物主要分为两大类：农作物产品和畜产品。

据有关专家研究，平均每公顷土地因用途不同，为人类提供的能量、蛋白质等也不同。从能量转化率看，首先是农作物和蔬菜，其次是水果，最后才是畜产品。这也符合能量转化

规律，即在食物链中，能量每流转一次，就要损失90%。而食物对人类而言，最基本的就是满足能量需要。所以，对中国来说，最重要的就是耕地。

影响耕地需求的因素主要有人口、土地生产率、国民经济状况等。人口增长，自然就要求增加食物，进而要求增加耕地，如果土地生产率提高了，就可以部分缓解对耕地的需求。随着国民经济的发展，人类的需求增加，需要有相应的耕地来满足新的需求。如人民生活水平提高，需要更多的动物性食品；新型加工行业的出现，要求有更多的耕地为此提供原料。总的来讲，人类对耕地的需求是不断增加的，但耕地的数量却一直在减少。原因之一就在于，耕地的自然状况一般比较好，其他各方面对土地的需求都往往在耕地上打主意。所以，保护耕地，控制耕地占用速度，成为中国土地管理工作的当务之急。

人类对林地的需求，主要取决于以下两点：一是对木材的需求。现代技术尽管能生产一些木材的替代品，但还不能完全替代，所以在严格控制木材砍伐量、节约使用木材的同时，要发动全社会植树造林。二是林木的生态功能。在自然界中，森林是最大的生态因子，它在调节生态系统平衡方面起着不可替代的作用，表现在降低风速，涵养水源，消除空气污染，调节大气环流，减少干旱、洪涝等自然灾害。1981年和1998年长江流域的特大洪灾就主要与这些地方乱砍滥伐森林、破坏植被有关。实践证明，越是对人类生活起作用的生态林，距人类的居住地就越近，因此，就越容易占用耕地。可见，林地与耕地也存在一定矛盾。

草地在人类的生活中也不可忽视。人类对草地的需求，不只因为它能提供畜产品，更重要的还在于它能保护土地资源，维护生态平衡。草地在城市及耕地周围主要起着维护生态平衡的作用，在山区及草原地区，还承担着为人类提供畜产品的任务。因此，人类对草地的需求也必须保证。

二、非农业用地需求

人类为了生存和发展还有工业、商业、交通、科学教育、文化娱乐及住宅等多项需求，满足这些需求也需要有足够的土地。随着人口数量的增长，建房、修路及各种设施用地会大量增加。农村建房和筑路都较分散，占地总量虽多，但不易一下被人们所重视。在中国农村，农民建房每户占地一般都在350平方米左右，其人均占地水平远远高于城市。正因为如此，“城市化”已成为社会发展的趋势。“城市化”也就是“人口集中化”，它不仅能节约用地，更重要的是它能节约社会劳动，提高社会劳动生产率。中华人民共和国成立初期，城市人口只占9%，现在已达到30%以上。中国城市化的方针是：严格控制大城市规模，合理发展中等城市和小城市。

非农业用地需求会随着社会生产力水平的提高而增加。这主要是由于社会生产力水平提高了，人们用于生产生活必需品的劳动所占比重减少，而相应增加了对发展、娱乐等方面的劳动，前者主要是对农用土地的需求，后者则主要是对非农用土地的需求。

总之，人类对土地的需求是不断增加的，而在土地总量一定的条件下，各类用地之间又存在互竞问题，此消彼长，即农用地增加了，非农用地就相应地减少了。而且，土地用途一经改变，再想恢复原来的用途，要花费大量的劳动。如农用地变为城市建设用地后，欲再恢复为农田，不仅非常困难，土地肥力也会大大降低。因此，在实践中，调整产业结构和改变土地用途,都必须经过慎重考虑,周密规划,才能付诸行动。

三、经济发展对土地需求的影响

下面我们将把土地作为一种生产投入,纳入经济发展的模式加以研究。经济发展包括经济规模的扩大和产业结构变化,前者将引起对土地总量的需求,后者则导致对土地需求结构的变化。

经济发展必须以一定的投入为基础,从资源经济角度可以把投入分为两大部分:一部分是土地资源;另一部分是非土地资源,如资金、物资、劳动与技术等。在一定的经济水平下,上述两部分投入通过一定的组合就形成该经济水平下应得的产出。当一部分投入减少时,必须增加另一部分投入,才能保持产出不变,如图 2－2 所示。

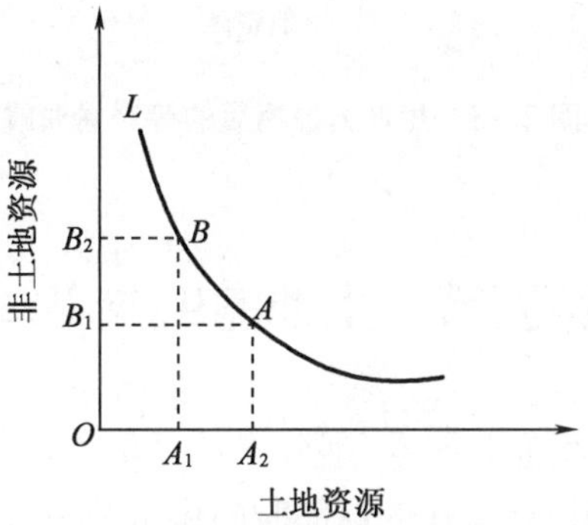

图 2－2 资源投入等产出曲线

在一定的生产力水平下,土地资源和非土地资源经过多种有机组合,可以拟合出一条等产出曲线 L,在 B 点时,需要 B_2 单位的非土地资源和 A_2 单位的土地资源;而在 A 点时,则只需要 B_1 单位的非土地资源,而需要 A_1 单位的土地资源。例如中国要实现人均 450 千克粮食目标,只有两个途径:要么继续扩大耕地面积;要么在耕地面积继续减少的情况下,增加农业的非土地资源投入,如资金、劳动力等,以提高单位耕地面积的粮食产量。前一措施在中国不太现实,只有增加农业非土地资源投入、实行集约经营才是根本出路。城市建设也面临这样的情况,要获得一定面积的住宅和工商业用房,也有两条途径:要么走低层建筑、多占土地的道路;要么走高层建筑、少占土地的道路。尽管后者成本高,但面对土地资源的严重稀缺,投资者们也只能选择这道路。

当生产力水平提高、经济向前发展时,社会总产出进入更高水平,尽管经济效益提高了,但相对总需求而言,仍需非土地资源和土地资源有相应的增长,如图 2－3 所示。

产量曲线由 L 移动到 L'时,如果保持非土地资源投入不变,则需增加较多的土地资源投入。如以生产 A 单位产品的非土地资源去生产 D 单位产品时,土地资源则需由 E 单位增加到 F 单位。在现实生活中,这两类投入是同时增加的。因土地资源有限,而且其价格越来越高,所以,非土地资源投入的增长幅度往往大于土地资源投入的增长幅度。正因为这样,近代生产都趋向于劳动密集型、资本密集型和技术密集型。另外,产业结构的变化也影响土地资源需求。一方面，各产业及其内部各行业的用地标准和用地数量不同，对土地的需求数量也不同；另一方面，各产业在发展初始阶段、发展兴盛期和衰退期对土地的需求也不完全相同。这些都需要视具体情况区别对待，合理分配土地资源。

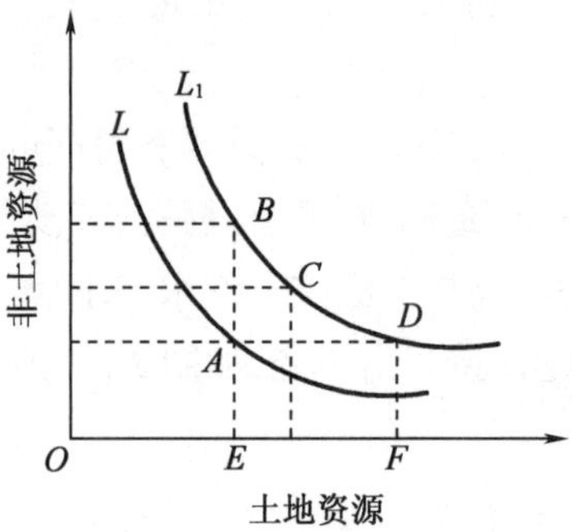

图 2－3　生产力提高后的等产量曲线

第四节　土地的供求平衡

随着中国土地使用制度改革的深入，部分土地已进入市场，土地使用权按商品经济规律进行流转。因此，有必要探讨土地作为商品时的供求关系及其平衡。

一、一般商品的供求关系

（一）需求及需求曲线

按照西方经济学观点，需求有两个条件：第一，消费者愿意购买；第二，消费者有支付能力。仅有第一个条件，只能被看成欲望或需要，而不是需求；仅有第二个条件，对商品的价格也不能产生影响，因为它未使购买行为发生。这两种情况在现实生活中都是存在的。第一种情况比较普遍，而第二种情况则比较少见。一般商品的需求量，随商品价格上升而下降，随商品价格下降而上升。

（二）供给及供给曲线

供给是指一定时间内生产者所提供的商品数量，它必须具备两个条件：一是生产者能接受的价格；二是在此价格条件下可供出售的商品数量，包括新提供的商品和已有的存货。一般情况下，价格越高，生产者愿意提供的商品就越多；相反，价格越低，生产者愿意提供的商品就越少。

（三）需求与供给规律的例外

所谓需求规律的例外，即指人们对某一商品的需求，并不因其价格低需求就多，价格高需求就少；而是反其道而行之，价格越高，需求越多，价格越低，需求越少。若价格小幅度升降，需求按正常情况变动；若价格大幅度升降，人们则持观望态度。

供给规律的例外也是这样，商品价格低时，其持有者积极出售；当价格上升时，反而认为该商品很值钱，就待价而沽，不出售商品。

在实际工作中，既要研究商品供求一般规律，又要研究其特殊性，这样才会在经济工作中少走弯路。

（四）均衡价格

所谓均衡价格，就是指一种商品的需求价格与供给价格相一致时的价格，也就是这种商品的市场需求曲线与市场供给曲线相交时的价格，如图 2－4 所示。

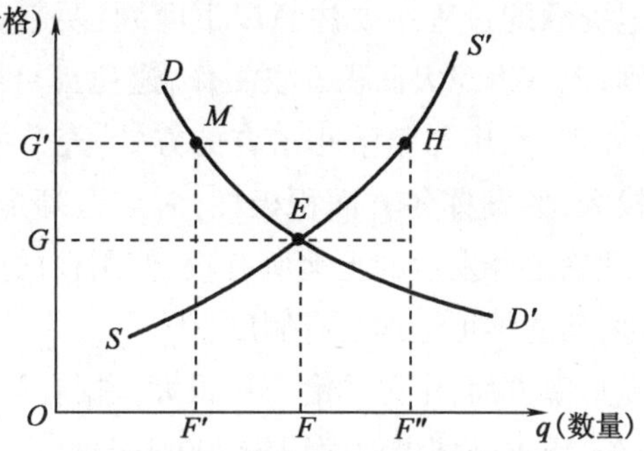

图 2－4　均衡价格图

图中 SS' 是供给曲线，DD' 是需求曲线，E 点是供需均衡点。Op 表示商品价格，Oq 表示商品数量。$EF=OG$ 表示价格均衡，$EG=OF$ 表示数量均衡。若数量小于 OF，如 OF'，则表示供不应求。供不应求就会导致价格上升，供给量增加，数量向 OF 靠拢；若数量大于 OF，如 OF''，则表示供过于求，这时，商品价格下跌，供给量减少，也会向 OF 移动。商品的供求就是这样围绕着均衡点左右摇摆的。

二、土地供求平衡

土地作为一种特殊商品，既受一般商品供求规律的制约，又有与一般商品不同的特殊供求形式。土地供求平衡是相对的、暂时的，而土地供求不平衡是绝对的。从实践看，土地供不应求是绝对的、普遍的，而供过于求是暂时的、个别的。正因为这样，地价总的趋势是上升的。

（一）耕地供求关系

研究耕地供求关系，其基点在于人口对粮食的需求及满足程度。因为耕地买卖频率很低，所以对耕地供求关系的研究，主要应从实物形态着手。现在世界各国都在注意保护耕地，尽量防止耕地急剧缩减。由于农业劳动力在不断向外转移，加上农产品的供需弹性不大，所以，耕地投机行为较少发生。

耕地的供求变化主要受人均占有粮食数量的影响。如果人均占有粮食数量超过其需求，则耕地的供给就有可能减少。如美国就曾多次采取抑制耕作的政策，减少耕地供给，以保护农场主的利益。要让农民自觉珍惜耕地，尽量提高土地生产率，利用耕地多生产粮食，就必须让农民从种粮中获得平均利润，这样才能缓解中国耕地紧张的供求关系。

面对耕地不断减少的严峻形势，原国家土地管理局于1996年提出了“实现耕地总量动态平衡”的战略思想，其目的就是要保证中国有足够的耕地解决中国人的吃饭问题。为了实现这一战略目标，我们必须从以下几方面采取对策。

（1）通过退林还地、退渔还田等措施恢复一部分耕地，今后的生态林、经济林不再占用好耕地。

（2）鼓励农民和其他社会力量对荒山、荒地、海涂、河滩以及工矿废弃地进行复垦以增加耕地面积。在开垦荒地资源的过程中要注意以下问题：要制定统一规划，坚持总体开发与区域开发相结合的原则；统一组织大面积开发工作，避免盲目性和混乱状态；遵循生态平衡规律，坚持开发与保护并重、利用与整治相结合的方针，充分发挥土地资源的综合效益；适当增加国家对垦荒的投入，并发挥各方面积极性，多渠道筹集资金，实行谁开发谁受益，谁使用谁补偿的原则；合理确定开发后的土地所有权、使用权的归属和利益关系，做到既能鼓励土地开发者的积极性，又能维护土地公有制度。

在提高废弃土地的复垦率方面，中国的潜力还很大。据有关部门估算，截至1987年，全国国营工矿累计挖损、塌陷、压占破坏土地面积约200万公顷。目前仍以每年2万～3万公顷的速度增加。世界上许多国家对土地复垦工作十分重视，如德国和加拿大，土地复垦率都在50%以上，美国复垦率达85%。中国如能将已经废弃土地的30%复垦为耕地，就可以扩大耕地面积近70万公顷。

（3）提高耕地利用率和生产能力，间接增加耕地面积。首先，是改造中、低产田。中国耕地面积中，中低产田占70%以上，增产潜力很大。从高、中、低三种类型耕地的投资实践效果来看，中产田投资效果最高。因为高产田的单产已接近极限，而低产田的改造费用太高，一般要高于中产田的两倍以上。因此，在近期应集中力量主攻中产田，有计划地改造低产田。据有关部门试验，采取综合农业增产措施，粮食单产可以提高4～7倍，等于增加相应倍数的耕地面积。其次，是增加复种指数，提高耕地利用率。中国目前的复种指数只有153%左右，根据中国的热量、光照条件，复种指数可以达到170%～180%。据有关部门测算，复种指数每增加1个百分点，相当于增加100万公顷耕地。如将复种指数由目前的153%提高到170%，增加17个百分点，就相当于增加耕地1 700万公顷；若能提高到180%，增加27个百分点，就相当于增加耕地2 700万公顷。

（4）加强用地的行政管理，消除“空心村”“空心镇”，把村庄和城镇中占而未用的土地利用起来，以减少对耕地的占用量。

（5）政府制定地价等方面的优惠政策，鼓励投资者多用城市建成区土地，少占用耕地。

（6）进行土地管理体制改革，探索出一条适合中国国情的、有利于控制耕地占用速度的土地管理体制。

（二）工业、商业和住宅用地的供求关系

随着中国工业、商业和住宅用地使用制度改革的深化，这部分土地已经逐步进入商品的行列，遵循着商品经济规律进行市场流转。

当社会经济长期处于稳定发展状态时，这些土地的供求也遵循一般商品的供求规律，尤其是在新开发的工业区、商业区、住宅区，在一定范围内，土地的供求都有一定的弹性，其供求平衡关系如图 2－5 所示。

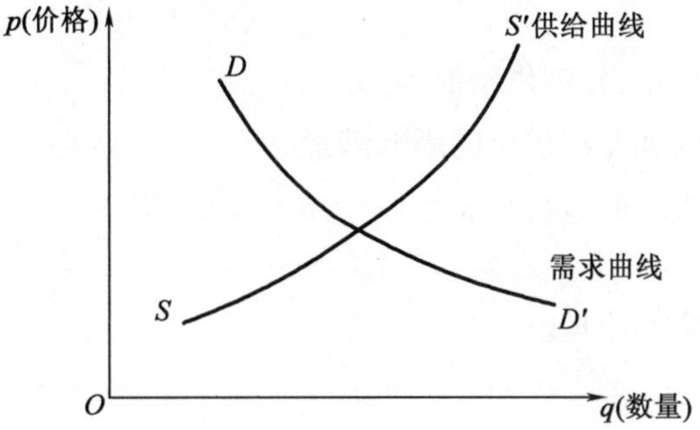

图 2－5　一般状态下的土地供求平衡关系

在一般情况下，土地交易也遵循一般商品的供求规律：地价上升，则供给增加，需求下降；地价下降，则供给减少，需求增加。香港特区政府也正是根据这一规律，在其地价高涨时，批租较多土地以达到平抑地价的目的。

土地作为一种特殊商品，在许多方面都有其特殊性：其位置固定不变，自然供给不变，经济供给弹性也是有限的，买卖双方不能自行决定土地的位置和用途，土地价格受当时社会和政治局势稳定与否以及经济的繁荣与衰退等因素的影响极大，所以工业、商业、住宅用地有时又表现出供求的特殊性。

土地在一定范围内也遵循一般商品供给规律，即价格上升，土地的供给也增加。但土地自然供给总量是有限度的，超过这个限度，不管价格如何上涨，也不能再增加土地的供给。

价格很低的土地，在短时期内难以再卖出好价钱，所以没有人买，或者买者很少；相反，价格很高的土地，如市中心地段，容易卖出好价钱，尽管价格上涨幅度大于其他地区，只要经济持续稳定发展，定能获大利，所以买者仍很多。

土地供求关系的另一特殊形式就是有价无市，即只有土地供给及价格，没有需求者；或只有对土地的需求及地价，没有土地供给。这两种情况，都不能实现土地交易，所以无市，这在经济萧条时期是很常见的。1993 年之后，在中国许多地方就出现过有价无市的情况。

随着中国的城市化和经济的发展，工业、商业和住宅用地的需求会不断增加，但这类土地的供给量非常有限，最终必将导致这类土地在高价位下的供求平衡，针对中国的经济水平还不很高的情况，中国各级人民政府需要积极参与对土地供求关系的协调，把普通住宅用地价格严格控制在居民可以接受的水平上，同时，对其他用地的价格也不能放任自流。

具体地说，要在尽量减少占用农用地的条件下实现非农用地的供求平衡，应采取以下主要措施：①搞好城市规划，实现城市土地合理功能分区，提高城市土地利用规模效益；②实行城市综合开发建设，提高城市土地利用率；③抓紧进行旧城区拆迁改造，充分利用城区闲置土地和利用率低下的土地；④向城市土地空间发展，实行城市土地的立体利用。

【核心概念】

土地供给，土地需求，土地供需平衡

【问题与探索】

1. 理解土地的自然供给、经济供给的内涵。
2. 掌握土地自然供给和经济供给的影响因素。
3. 了解人口增长对土地的影响。
4. 掌握土地的需求。
5. 理解土地供需平衡的原理。

【案例分析】

一线城市供需下降幅度较大

各线城市土地供给面积在 2 月出现环、同比下滑。中国指数研究院数据显示，2021 年 2 月，全国 300 个城市新推出土地 1 658 宗，合计总面积为 6 305 万平方米，环比减少 33%，同比减少 10%。其中，住宅类用地面积 1 965 万平方米（约为总面积的 31%），环比减少 40%，同比减少 15%。

一线城市 2 月新增土地供应面积环、同比减少最多。数据显示，一线城市新增土地供应面积 163 万平方米，环比减少 74%，同比减少 34%。其中，广州新增土地供应面积 80 万平方米，为一线城市中最多，其次是上海的 62 万平方米。在新增住宅用地供应方面，上海为一线城市中最多，达到 21 万平方米，其次是广州的 11 万平方米。

二线城市新增土地供应面积 2 198 万平方米，环比减少 26%，同比减少 23%。三线城市新增土地供应面积 3 944 万平方米，环比减少 31%，同比减少 0.003%。值得注意的是，2 月济南、天津等城市新增土地供应面积超过 100 万平方米。其中，济南 2 月新增土地供应面积高达 204 万平方米。

各线城市土地成交面积在 2 月亦出现环、同比下滑。中国指数研究院数据显示，2021 年 2 月，全国 300 个城市共成交土地 1 279 宗，成交土地面积 4 967 万平方米，环比减少 35%，同比减少 19%。其中，住宅类用地成交面积 1 805 万平方米，环比减少 26%，同比增加 8%。

一线城市 2 月土地成交面积 281 万平方米，环比减少 44%，为各能级城市中环比下滑幅度最大；二线城市 2 月土地成交面积 1 572 万平方米，同比减少 24%，为各能级城市中同比下滑幅度最大。在住宅类用地成交方面，上海成交面积 74 万平方米，为一线城市中最多,其次是广州的26万平方米。二线城市中,武汉、长沙表现突出,住宅类用地成交面积分别达到了70万平方米、67万平方米。

易居研究院智库中心研究总监严跃进表示,供应面积、成交面积虽然代表着土地市场的活跃度,但是不应该完全孤立地看待每个月的数据。比如,1月推出的土地直到2月才成交,造成1月供应面积远高于成交面积或者2月成交面积远高于供应面积。所以,以一个相对长的周期来研究土地供需数据更具有价值。当然,每个月的土地供需数据也能够提供市场基本面,为未来走势提供判断依据。

资料来源:王建业.土地市场观察:供给需求双回落 热点城市迎新政[N].中国建设报,2021-03-10(7).

思考:一线城市和二线城市在供需方面有什么区别?

第三章　土 地 市 场

【内容提要】

本章主要包括以下内容：

1. 土地市场概述；

2. 中国土地市场体系；

3. 中国土地市场的管理；

4. 城镇土地市场；

5. 农村土地市场。

【引导案例】

“十四五”时期土地市场体系改革的建议

“十四五”是经济高质量发展的关键时期，土地市场体系应通过深化改革和创新适应新的发展需求，要以促进土地资源高效利用、土地管理适度分权为突破口，以土地产权保护与土地要素市场化为中心，以积极推进农地三权分置与农地整理，推动集体土地渐进式进入住宅用地市场、完善土地增值收益分配格局与土地税收体系为改革创新重点，促进土地市场健康高效发展，持续释放增长活力，为高质量发展提供支撑。

（一）推进“三权分置”与农地整理

以落实集体成员权时点和量化集体资产为核心，在党的十九大报告提出的“承包经营权再延长三十年”的基础上，确保农村土地承包关系长久不变，按照“做实承包权、放活经营权、体现所有权”的改革方向，深入推进“三权分置”改革。针对农地细碎化问题，各地在确权实践中，已经有不少“小块并大块，一户一块田”的零星实践。互换并田可显著提高确权效率，也利于将来流转与规模经营。但是土壤肥力差异等造成最初的土地细碎化的原因仍然影响互换并田的进行，部分地区采取“二轮抽签”的方式决定“大块”的权属。由于“蛋糕”没有做大，重新分配过程中仍有新的矛盾产生。“十四五”期间，建议在农地整理基础上再进行地块调整，则不仅有利于农业生产，更可以通过“做大蛋糕”全面缓解农地市场出现的各种矛盾，促进农业实现适度规模经营，提高农业竞争力。

（二）推动集体土地渐进式进入住宅市场

推动集体土地进入住宅市场，加快“十四五”期间城乡二元土地市场并轨。在符合相关规划和用途管制的前提下，扩大农村集体土地的入市范围，允许其进入住宅用地市场，真正形成住宅用地的多元供给。为保障改革的平稳进行，可采取渐进式改革策略，分两个阶段实施：第一阶段是过渡阶段，即目前已经展开的集体土地进入租赁住房市场，扩大试点范围，探索有效的利益平衡机制；第二阶段是集体土地在符合规划与用途管制的前提下，进入商住用地市场，真正形成商住用地的多元供给体系。需要指出的是，集体土地租赁房建设应优先选择区位好的城中村和城郊村，可将城中村、城郊村改造与租赁住房建设联动改革。政策界与学术界不少人士担忧集体土地进入住宅用地市场后，政府的土地财政将受到很大冲击。笔者认为，上述改革对地方土地财政真正可用财力影响不大。近年来，土地财政的净收益不断收窄，2018 年土地出让收入相关支出甚至超过了土地出让收入。考虑到土地市场的区域差异，除少数特大城市外，垄断非农建设用地市场不再能够获取超额“利润”，放权于集体建设用地所有权人，将有效地降低部分地区土地财政收支倒挂的压力。

资料来源：王瑞民，邵挺.“十四五”土地市场体系发展：挑战与建议[J].发展研究，2020(1)：20－24.

第一节　土地市场概述

一、土地市场的含义

什么是市场？从人类经济发展史来看，市场的形成是与商品经济发展联系在一起的。无论什么性质的社会，只要有商品经济，就必定存在着市场，而且市场的范围和作用随着商品经济的发展而发展、扩大。“从本质上讲，市场是物品买卖双方相互作用并得以决定其交易价格和交易数量的一种组织形式或制度安排。”①

按市场上流通的商品的属性来划分，除了一般的商品市场以外，还存在着特殊的商品市场，如金融市场、劳动力市场、土地市场、技术市场和信息市场等。土地市场是中国社会主义市场体系的重要组成部分，其含义有狭义和广义之分。狭义的土地市场是指进行土地交易的专门场所，如土地交易所、不动产交易所等。广义的土地市场则是指在土地流转过程中发生的一切经济关系的总和，包括土地市场的主体、客体、运行机制、土地市场模式等要素。本书采用的是广义的土地市场的概念。

二、土地市场的特征

美国当代土地经济学家雷利·巴洛维(Raleigh Barlowe)在其所著的《土地资源经济学——不动产经济学》一书中指出，不动产市场有如下几个特性：①只是针对待售财产总供给量的一部分而言的；②关注的是产品位置的固定性；③产品具有非标准化和异质性；④存在影响不动产交易的特别法律条例；⑤对当地供求状况存在依赖性；⑥绝大多数交易是高额交易；⑦习惯上采用信贷方式来补充多数买者自有财产的不足；⑧普通买者不经常参与

① 高鸿业.西方经济学[M].4 版.北京：中国人民大学出版社，2018：152.

市场活动;⑨存在广泛的经纪服务。

一般而言,土地市场的运行呈现出以下特征。

(一)土地的不可移动性

土地是不动产,其位置具有固定性,固定于某一地段,不可移动。因而土地市场具有强烈的地域性特点,它与周围环境的关系极为密切,往往表现为地域性市场。各地域性市场之间相互影响较小,不同地区的土地市场价格相差较大,一般难以形成全国性的统一市场。

(二)土地交易的低效率性

土地市场属于地方性市场,其参与者相对较少,市场信息的获得比较困难,土地市场的竞争不充分,加之不同区域同一用途土地的替代性较小,这就导致了土地交易的低效率。

(三)土地供给的特异性

土地供给的特异性表现为两个方面。一是土地供给的弹性较小。土地供给包括自然供给和经济供给两种,土地自然供给没有弹性,土地经济供给的弹性也相对较小。在同一地域市场内,土地价格主要由土地的需求来决定。二是土地供给具有滞后性。土地供给是根据前期的土地需求来确定的,当土地需求发生变动时,土地供给者难以立即调整供给量以适应当期的土地需求。

(四)土地市场的多层次性

土地产品的形成经历了征地、开发等一系列过程,相应的土地市场就有土地所有权变更、土地使用权出让、土地租赁及土地抵押等多种交易方式,与此相对应的土地市场就包括土地使用权出让市场、土地使用权转让市场等。从这个意义上说,土地市场本身就是一个多层次的市场体系。多层次土地市场的互相衔接、配套,构成了一个市场统一体。

(五)土地市场的垄断性

土地市场还具有垄断性。土地资源的稀缺性决定了土地市场往往表现为卖方市场,是不完全竞争市场。在一些国家,由于特殊的土地制度,土地市场甚至表现出很强的垄断性,这也就决定了土地市场的投机性。

(六)交易的投机性

有市场、有商品交换必然会有投机,土地交易也是如此,且土地交易中的投机更为普遍和强烈。

土地交易中的投机主要是由土地增值引起的。一般来说,以下因素会导致土地增值:①土地供给的有限性和需求的无限性,使土地价格不断上涨;②社会进步及社会经济的向前发展,土地投资的不断追加、道路的建设及城市基础设施的日益改善等,使土地不断增值。

土地投机者就是利用土地价格不断上涨的总趋势,其土地交易的目的不是开发建设,而是通过土地交易从中获取暴利。之所以会产生土地投机,其原因是多方面的。

1. 开放了的土地市场是产生土地投机的经济条件之一

我国实行市场经济体制后,开放了土地市场,使土地进入市场流通。因此,作为市场主体的自然人或法人能够买卖土地使用权,并有可能利用土地价格在市场中的变化从事土地投机活动。

2. 土地使用价值和交易方式的特点是产生土地投机的内在因素

土地的使用价值和交易方式有以下几个特点。

(1)土地资源量的有限性和稀缺性,使土地资源无供给弹性。随着土地需求的增加,土地价格呈刚性上涨趋势,因而通过土地交易从中获取暴利成为土地投机者追逐的目标。

(2)土地使用价值的多样性和可变动性,使土地经营者可以通过改变土地用途来增加收益,如将工业用地改为商业用地,使土地经营者获得较高的经济收益。土地投资者正可以利用土地的这一特点从事土地投机活动。

(3)土地交易是一种契约交易,土地市场中用于交易的并非土地本身,而主要是土地的各项权利,土地交易双方只要签订土地契约并按契约规定支付完地价或地租款,土地交易也就实现了。土地交易的这一特点,正好可为投机资本所利用并进行投机性交易。

(4)土地投资效益的外在性正好为土地投资者所利用。土地投资效益具有外在性,它不仅能使土地投资者直接获得其效益,更能使整个投资地区(包括非投资者)也获得其投资效益。如在一块土地上建设一个商贸服务大楼,这不但使这个大楼的投资者直接获得其投资效益及经营效益,而且由于其对周围地区产生的影响,其经营者增加收益。土地投资效益的外在性使其外溢到非土地投资者,因而土地投机者可坐享社会投资或他人投资给其带来的效益。

(5)土地价格的波动性促使土地交易过程中产生土地投机行为。在市场经济条件下,土地价格变动的总趋势是逐步上升的,但由于受经济周期及其他一系列因素的影响,土地价格存在波动性,有时价格的波动性还很大,土地投机者正是利用地价波动的这一特点,从事土地投机活动,并通过地价波动从中牟取暴利。

3. 土地管理体制的不完善和税制的不健全等是产生土地投机的又一个重要因素

我国的土地管理体制实行双轨制。如对同类企业用地有的实行行政划拨制,有的实行有偿出让制,前者以较低的价格取得土地使用权,后者要以较高的价格才能取得土地使用权,土地双轨制使得同类用途的土地有两个不同的价格,再加之土地交易税制的不健全和不完善,对土地投机缺乏强有力的扼制机制,从而产生土地投机行为。

(七)土地市场的较强政府管制性

土地是一个国家最重要的生产资源,其分配是否公平、效率如何,直接关系到经济的发展和社会的稳定,因而各国政府对土地的权利、利用、交易等都做了较多的严格限制。在中国,人多地少、人均土地资源严重不足,这就决定了中国必须合理利用和切实保护耕地,实行最严格的土地用途管制制度,严格限制农用地转为建设用地,控制建设用地总量,对耕地实行特殊保护。

三、土地市场的组成及结构

当事人之间在土地权利交易过程中发生的各种经济关系及场所构成了土地市场的内容。土地市场与其他商品市场一样，具有一个完整的结构。土地市场结构是指构成土地市场的各个有机组成部分及其相互关系所组成的有机统一体。土地市场主要由以下要素组成：固定的交易场所、土地市场的主体、土地市场的客体、中介服务机构，以及土地市场管理政策、制度及交易规则。

（一）土地市场的组成

1. 固定的交易场所

固定的交易场所是一个有形市场形成所必需的基本要素。一般的商品都有其固定的交易场所，如农贸市场、服饰商场、家电商场等；一些特殊的商品如股票、证券、期货的交易也有其固定的交易场所。在场所内，买卖双方展开公开、公平、公正的竞争。

原国土资源部《关于建立土地有形市场促进土地使用权规范交易的通知》对土地市场的建设有明确的要求，即建立有形市场，是要通过设立固定场所，健全交易规则，提供相关服务，形成土地使用权公开、公平、公正交易的市场环境。

建立有形市场，是土地管理改革、转变政府职能的大事，是积极推进依法行政、建立政务公开的有力措施，也是加强廉政建设、接受社会监督的重要举措。

2. 土地市场的主体

土地市场的主体是指参与土地交易的双方当事人，一般可分为供给主体、需求主体两部分。土地供、需主体在土地一级市场和土地二级市场中是各不相同的，如表 3 – 1 所示。

表 3 – 1　我国土地市场的主体

土地市场类型	土地供给主体	土地需求主体
土地一级市场	政府	土地使用者
土地二级市场	土地使用者	土地使用者或政府

土地一级市场是政府垄断的市场。政府根据市场的需要有计划地以多种方式向市场供地，有用地需求的土地使用单位或个人在市场上以相应方式取得土地使用权。土地二级市场是全面开放的市场。土地使用单位或个人均可能成为土地市场的供需主体，政府也可根据需要通过土地二级市场收回土地使用权。

3. 土地市场的客体

土地市场的客体是土地交易存在的基本条件，如果没有土地市场客体，土地市场也就成了无源之水、无本之木。土地市场客体即土地交易的对象，主要指用于土地交易的各项土地权利。

土地市场客体在土地一级市场中主要表现为有期限的国有土地使用权；在土地二级市

场中，则主要表现为有期限的国有土地使用权及其衍生出的各项权利。

4. 中介服务机构

中介是事务联系的纽带，是相互沟通的桥梁，是发展变化的环节。土地市场中介服务是指为土地市场交易主体的交易活动提供各种中介代理和相关服务的行为。一个完备的土地市场中介服务体系由设计、监理、评估、经纪、策划、测量、会计、广告、法律、仲裁、咨询、管理、劳动等一系列中介服务机构所组成。我国法律规定的土地市场交易中介服务包括土地价格评估、交易代理、地产咨询策划和地产经纪等。这里主要介绍与地产经营有关的几种中介服务机构。

(1)土地价格评估机构

土地价格评估是指地价评估人员根据估价目的，按照估价程序采用科学的估价方法，并结合估价经验，通过对影响土地价格因素进行分析，对土地最可能实现的合理价格做出推测与判断。土地价格评估的主要业务范围包括：①国有土地有偿出让、转让中地价的评估；②有关地产买卖、租赁、交换、拆迁补偿、分割、赠予等价格的评估；③金融保险业务对土地使用权抵押、投保、贷款等所必需的价格评估；④企业承包、合股、合资经营、兼并、破产、清算中的土地价格评估；⑤有关法律纠纷、诉讼的土地价格评估；⑥有关地产开发投资价格评估；⑦征税价格咨询等地价评估。

(2)地产经纪机构

地产经纪机构是指为地产交易提供洽谈协议、交流信息、可执行性等代理服务业务的组织。地产经纪活动是指经纪人受交易主体委托，从事地产交易的中介服务并收取佣金的行为。地产经纪的性质是交易居间代理，即受交易一方或多方委托，为委托人提供交易中介代理。地产经纪机构的业务范围是为进行地产开发、转让、抵押、租赁、调换、典当的当事人有偿提供介绍、代理、咨询等服务的营业性活动。

(3)地产咨询机构

地产咨询机构是指从事地产开发、地产转让、地产抵押和地产出租等咨询业务的组织。具体来说，地产咨询机构主要承担地产开发企业、有关部门、企事业单位、公民个人需要咨询的有关地产业的方针、政策、法律、市场信息、项目评估、价格等情况，土地使用权的取得条件和取得方式，国家对地产开发的原则要求和具体条件，地产交易的条件及程序等。

5. 土地市场管理政策、制度及交易规则

国家对土地市场的宏观管理政策、管理制度及土地市场内的土地交易规则等的制定与完善，是一个完备的土地市场结构所必需的组成部分。只有这样，才能在土地市场中形成公开、公平、公正的市场竞争机制与环境，促进土地市场的健康发展。

(二)土地市场的结构

三级市场结构是我国目前土地市场的基本构成。

1. 土地一级市场

土地一级市场主要是土地使用权的出让市场。

2. 土地二级市场

土地二级市场主要是土地使用权的转让市场。

3. 土地三级市场

土地三级市场是指土地使用者之间的土地转让、租赁、抵押、交换等。

四、土地市场的功能

土地市场除具有一般市场的功能之外，由于土地的特殊性，土地市场还具有特殊的功能及其表现形式。

（一）合理分配土地资源，优化土地资源配置

要实现土地最佳利用，取得最高的利用效益，首先必须合理分配土地资源，实现土地资源优化配置，即把每幅土地都用于最佳的行业，交给最优的使用者。长期实践证明，单一的行政划拨、无偿使用的制度，会造成许多城市市中心繁华地段大片土地被非营利的单位长期占用，土地资源配置相对不合理。近几年我国进行土地使用制度改革，实行土地有偿使用制度，开放地产市场，不少城市的非经营性单位主动搬出市中心繁华地段，并把这些地段出让给商业服务单位。这是地租（地价）规律和市场机制促进土地资源优化配置的明显例证。

（二）调节地产供求，实现地产供求平衡

地产由于具有供给有限性和需求无限性的特征，所以从长远和根本上说，地产的供给与需求是不能平衡的。但在特定的区域和特定的时间之内，通过市场竞争和价格机制的作用，可以实现地产的暂时平衡。

均衡是指需求与供给相等。土地的供求均衡是相对的、暂时的，不均衡是绝对的。土地的供求由不均衡向均衡运动，趋向于均衡或达到均衡，然后再由均衡向不均衡运动。一般而言，土地供不应求是经常的、普遍的，供过于求是短暂的、个别的。因此，地租或地价的总趋势是上升的。

土地供求的均衡与不均衡主要是由三部分组成的：土地供求的瞬间均衡、土地供求的短期均衡和土地供求的长期均衡。

1. 土地供求的瞬间均衡

土地供求的瞬间均衡，即地价仅由需求决定，而需求又是仅对价格做出反应，也称单一市场的均衡。

这时，土地供给表现为一条垂直向上的直线，土地需求表现为一条向右下方倾斜的曲线，它是由地段的市场价格决定的。均衡价格是由供给与需求曲线的交点决定的。

2. 土地供求的短期均衡

在短期内，土地供给虽然弹性不足，但仍具有一定弹性。在土地供给数量没有超过自然供给量时，均衡由供给和需求共同决定。均衡地租和均衡土地数量既取决于供给，又取决于需求。

3. 土地供求的长期均衡

在较长的一段时间,土地供给弹性增大,供给曲线更为平缓地向上倾斜。均衡地价和均衡土地数量由需求和供给的交点决定。

地价既取决于需求,又取决于供给。如果较高的地租保持的时间很长,土地拥有者会增加更多的机器设备,订立更多的开发契约,会有更多的人加入土地所有者或开发者行列,提供的土地会比短期的更多。

(三)调整产业结构,促进生产结构优化

一个国家的国民经济要持续、协调、高速发展,必须有合理的产业结构,并随着科技水平的提高和社会生产力的发展,不断调整产业结构,使其日益优化。

产业结构的调整及其优化,需要有多方面的条件,而为产业结构调整、发展新型产业及时提供必要的地产是最基本的条件之一。开放地产市场,将地产进入市场流转,有利于为产业结构调整、新兴产业的发展及时提供地产条件。我国近几年许多城市迅速发展的第三产业和高新技术开发区建设所需的用地,有相当一部分都是由地产市场提供的。

(四)实现地产价值,促进房地产业的健康发展

房地产业是以房产和地产作为商品进行开发、建设、经营、服务的综合产业。通过对土地的开发、建设,形成房地产商品,通过经营、销售与服务获得收益、回收资金,然后再去开发经营,往复不断循环,资金不断回收增值,同时又为社会不断创造出新的房地产产品。其中地产市场对房地产商品的销售(出租)是房地产业发展的中心环节。没有房地产商品的市场销售(出租),房地产商品的价值和使用价值便不能实现,房地产业的发展也就失去了基本的前提。

(五)健全市场体系,实现国民经济的宏观调控

发展商品经济必须有完备的市场体系,无论是资本主义商品经济还是社会主义商品经济,都是如此。按市场客体来划分,完备的市场体系包括消费品市场、生产资料市场、资金市场、劳务市场、技术市场、信息市场及地产市场。地产市场作为基本的生产要素市场,在完备的市场体系中处于先导和基础的地位。任何产业的发展,首先必须有一定的经营场所和活动空间,即房产和地产,而在市场经济的体制下,这个经营场所和活动空间只能通过发展房地产业,在地产市场上获得。可见,在完备的市场体系中,地产市场是绝对不可缺少的。

正因为地产是任何产业、任何生产消费活动都不可缺少的基本要素,所以在地产市场上,通过对地产商品分配、流转的调控,就可以实现对整个国民经济产业结构、各部门发展规模和速度的强有力的宏观调控。

(六)合理分配地产收益,正确调节各方利益关系

地产收益的分配,涉及地产所有者、经营者和使用者的利益,也涉及国家、单位(企业)

和个人的利益，在中外合资、合作企业中，还有中方与外方利益关系，这是一个十分敏感的问题。在市场经济体制下，地产收益的分配主要是通过市场来实现的，在地产所有者、经营者、使用者之间，在国家、单位（企业）和个人之间，以及中方与外资之间分配土地收益。因此，通过地产市场调控地租、地价、利率和税收标准，就可以实现正确调节各方土地收益分配关系，促进地产合理有效地利用。

五、土地市场的运行机制

土地市场的运行机制是指在土地市场系统中各种市场要素之间的相互联系、相互依存、相互作用以及市场运动的内在机理。一般来说，土地市场运行机制由价格机制、供求机制、竞争机制和风险机制组成。

（一）价格机制

土地价格机制是指土地价格在土地市场中使土地供求达到均衡的机理和功能。价格机制是土地市场运行机制的核心。土地价格机制由四个层次构成：土地价格形成机制、土地价格运行机制、土地价格约束机制和土地价格调控机制。

1. 土地价格形成机制

土地价格是由土地的供给与需求共同决定的。在土地市场上，当土地价格持续上升时，土地供给量增加，需求量减少，最后该市场的土地供给量就会超过需求量，出现过剩，从而会使部分土地卖不出去，土地价格就会下降；相反，当土地价格持续下降时，土地需求量就会增加，供给量会减少，最后该市场的土地需求量就会超过供给量，出现短缺，从而会使土地价格上涨。需求与供给二者相互作用，最终会使二者在某一价格上相等。这时，既没有过剩，也没有短缺，出现了市场均衡，这时的价格就称为均衡价格。

2. 土地价格运行机制

土地价格的运行与土地价格的形成产生于同一个过程。在土地市场上，土地价格的运行过程是一个土地供求由均衡到不均衡再到均衡的过程，是土地市场结构由不合理到合理的动态过程。在这个过程中，土地供求关系与土地价格相互作用，即供不应求时价格上涨，供过于求时价格又会下跌，需求均衡时才会出现土地均衡价格。而价格上涨则会导致更多的土地资源暂时闲置，土地供给减少，最终导致供不应求，均衡价格出现时才能实现土地供求关系的均衡。价格运行机制能够及时为土地供给者、需求者提供真实反映供求关系的价格信号，把有限的土地资源优化配置到社会再生产的各个环节，使得土地利用的效用最大化。[①]

3. 土地价格约束机制

土地价格约束机制可防止出现土地价格过分波动、土地投机、土地盲目供给等土地市场失灵状况。价格约束机制主要通过经济立法为土地市场竞争和价格运行提供保障，对非

---

① 大连物价研究课题组.建立市场价格机制的构想[J].价格理论与实践，1995(8)：37－40.
李东方.论社会主义市场价格机制[J].财经问题研究，1994(9)：30－31.

法勾结、合谋操纵、价格歧视等市场行为实行限制和惩罚,使各种市场活动有法可依,有章可循,通过法律的强制功能建立完善的土地市场,维持健康的土地市场秩序。

4. 土地价格调控机制

土地价格调控机制是一种很好的调节经济结构、实现土地供求总量平衡的重要手段。国家可以通过调整土地这一基本生产要素的价格来调整土地供求关系和生产要素的使用成本,从而实现整个国民经济持续、稳定、健康发展。

(二)供求机制

土地供求机制是指土地供求关系与土地价格、市场竞争等因素之间相互制约、相互联系,从而发挥作用的机制。供求关系受价格和竞争等因素的影响,而供求关系的变动又能引起价格的变动和竞争的展开。一般而言,土地供求机制是土地市场运行机制的主体:它既可以调节土地供求总量的平衡,即供不应求时土地价格上涨,从而吸收更多的土地资源进入市场,供过于求时土地价格下跌,从而使部分土地资源暂时闲置或退出市场,实现供求总量平衡;它也可以调节土地供求的结构,即通过"看不见的手"使土地资源在不同部门之间合理转移,在不同用途之间合理转换,从而实现土地供求结构的平衡;它还可以调节土地供求时间,即通过供求机制的作用,把现在的土地供给和需求与未来某一时间的土地供给和需求互相转换,从而满足现在或未来的需要,实现时间上的平衡。

(三)竞争机制

竞争机制是土地市场机制的基本要素,是土地市场机制发挥作用的基础。竞争机制对市场经济的运行和发展具有重要作用。竞争机制是土地市场的动力机制,不仅给土地供给者以动力,也给土地需求者以导向。竞争的结果是优胜劣汰,实现土地资源的最优配置和土地资源与其他生产要素的优化组合,实现最大的经济效益。

在竞争机制这个问题上,土地市场的竞争机制不同于一般市场,一般市场的竞争主要发生在供给者之间,围绕需求者进行。而土地市场的竞争机制则不同,土地市场的竞争主要体现在三个方面。一是土地供求双方围绕土地交易条件而展开的讨价还价。土地交易的一般过程是:土地供给者"要价"—土地需求者"还价"—土地供给者继续"要价"—土地需求者继续"还价",直至成交。在土地交易过程中,土地供求双方的竞争主要表现为"议价力量"的较量上。二是土地用途之间的竞争,就是土地区位选择最佳用途的竞争。由于在同一区位上,不同用途的土地获得的收益是不同的,同一用途的土地在不同区位上所能获得的收益也有较大的差异,因而土地需求者具有选择最佳区位和最适宜的用途进行生产营业的动机,各用途土地区位的竞争必定会产生"土地的高价利用有排挤土地的低价利用的趋势"①。三是土地供给者之间的竞争和土地需求者之间的竞争。一般而言,土地供给者之间的竞争可能导致土地价格的下降,而土地需求者之间的竞争可能会导致土地价格的上涨。不过,上述三类竞争主要发生在二级市场上,在一级市场则不同:城市政府是土地唯一

---

① 伊利,莫尔豪斯. 土地经济学原理[J]. 滕维藻,译. 北京:商务印书馆,1982:56.

供应者,没有竞争,竞争主要发生在需求者之间。

(四)风险机制

风险,是指经济运行中不确定性因素给经济主体(投资者、经营者)造成经济损失的可能性。风险的产生,或者是由于外部经济环境的变化,使投资者、经营者处于不利的困境并遭受损失;或者是由于投资者、经营者本身投资行为和经营行为不当,决策失误,造成无可挽回的损失——投资行为不当,投资决策失误,会导致投资方向脱离市场供求,资源配置机构不合理;而经营行为不当,又降低了现有资源的利用效率。无论是资源配置失误还是资源的低效率使用,都会使企业因产品不符合市场需要或生产、交易成本过高而产生经济损失,从而导致风险的产生。但是,经济风险反过来又作用于经济主体的行为。经济风险可能使经济主体遭受损失,使之面临着破产、倒闭的命运,进而可能影响经济主体的决策和选择行为,影响资源配置的状况与效率。这就是风险机制的作用。[①]

土地市场风险机制是指土地市场上风险的产生及其对土地资源配置与效率和土地经营者的作用。土地市场的风险对防止土地生产经营者决策失误和土地资源错误配置起到了“防火墙”的作用,是土地资源合理配置的安全保障线。但是,过高的风险又会阻碍人们的创新活动,使得人们因回避风险而不愿投资于新技术、新产品的研究和开发,从而妨碍土地资源向利用效率较高的行业或部门流动,妨碍产业结构的调整和升级。这说明,土地市场上风险的存在,也有不利于优化土地资源配置的一面。这就是土地市场风险对土地资源配置的二重影响。[②]

风险对土地资源配置的二重影响,决定了健全有效的土地市场风险机制,既包括迫使经济主体正确决策与选择的风险约束机制,又包括保护创新的风险分散、转移机制。前者是土地市场风险机制的核心,它表现为土地市场风险的存在迫使土地投资者、经营者努力回避和降低风险,在客观上促进了土地资源的合理配置和充分利用;后者是对前者的补充和校正,是政府为鼓励创新、促进高科技新兴产业的发展而降低、转移、分散创新过程中的风险的手段。[③]

六、土地市场的运行模式[④]

目前,西方经济发达国家的土地市场运行模式归纳起来可分为两类。一类是以美国、日本、法国为典型的、以土地私有制为基础的市场模式。在这类国家中,土地是私有的,土地可以在市场上自由买卖,价格由土地供求关系和竞争程度决定。另一类是以英国和英联邦国家或地区为代表的、以土地国家所有制为基础的市场模式,土地所有权属于政府,但若干年的土地使用权以有偿、有期限、有条件方式通过市场“批租”出去,政府拥有最终业权和

---

① 李敬湘. 论风险机制与资源配置[J]. 广西大学学报(哲学社会科学版),1999(6):35-39.

② 同上

③ 同上

④ 毕宝德. 土地经济学[M]. 5 版. 北京:中国人民大学出版社,2020:254-255.
王克强,王洪卫,刘红梅. 土地经济学[M]. 上海:上海财经大学出版社,2005:127-129.

支配权，并通过市场调节土地的利用。

(一)两种模式的共性

这两种土地市场运行模式存在许多共性。

1. 土地市场的基础是市场经济体制

这两类国家的经济制度都是市场经济体制，都通过市场机制的作用来配置资源和交换商品。土地是一种商品，在市场上可以自由买卖、租赁、抵押和赠予等。土地市场是整个市场体系的有机组成部分，它与商品市场、资本市场、劳务市场、金融市场一样，是市场经济体系中的一个子系统，是市场体系不可分割的一部分，其运行要受到整个资本主义市场体系的制约。

2. 土地有形市场和土地无形市场相结合

土地有形市场是指土地交易的场所，在这种市场上，买卖双方在固定的场所进行土地交易。土地无形市场是指没有固定的交易场所，通过广告、中间商(房地产经纪人)及其他交易形式实现土地的交易。这两类国家的土地市场都经历了从早期的无形市场向有形市场的转变。土地有形市场的产生，为土地交易提供了更便捷的场所，适应了市场经济和房地产业的发展。

3. 土地价格由土地的供给与需求共同决定

在这两类国家中，土地价格完全由土地的供给与需求共同决定。土地市场的价格机制和供求机制相互作用，供过于求，价格上升；供不应求，价格下降，最终达到土地的均衡价格。另外，一定的价格水平反过来又通过市场机制决定土地的供给与需求。政府对市场价格的干预是通过各种政策措施影响土地的供给和需求，从而间接影响土地价格的。

4. 土地市场的准入与退出是自由的

这两类国家多是市场经济比较发达的国家，市场化的程度比较高，准入与退出的壁垒较少，自由度较高。土地市场作为市场的一个子系统，任何土地所有者、使用者和经营者只要有买卖土地的意愿且有能力买卖的，都可以自由进入市场。即使是外国企业或公民，也可在土地市场上自由买卖和租赁土地。

5. 政府都对土地市场进行干预

市场不是万能的，也存在着“失灵的状况”。这就决定了市场离不开政府的干预。就像对其他市场的干预一样，政府也对土地市场进行干预。由于土地资源的稀缺性以及土地在国民经济中特殊的地位和作用，各国政府特别重视如何有效地管理土地市场。这两类国家干预土地市场的措施主要有：对土地进行收购、储备和出售；制定土地利用计划和规划；对公共用地实行征用制度；实行土地交易登记、申报制度；制定相应法规等。如日本针对20世纪六七十年代城市地价的迅速上涨，于1962年制定了第一个全国综合开发计划，1969年制定了第二个全国综合开发计划，1974年又制定了《国土利用计划法》，同时采取了“公告地价”“申报地价”等措施。

(二)两种模式的差异性

当然，这两种土地市场运行模式也存在不同之处。

1. 名义上的土地所有制不同

以美国、日本为代表的完全市场模式,尽管也有部分土地属于国家所有或地方政府所有,但其土地所有制度主要是土地私有制。在美国,私人土地占国土面积的58.1%,印第安人土地占2.3%,联邦政府土地占32.7%,州政府土地占6.0%,城市和县政府土地占0.9%。在联邦政府和州政府所有的土地中,绝大部分是矿山、森林、草地、水域、沼泽、荒地等。而在英国,全部土地在法律上属于英王所有,即国家所有,土地使用者只能从英王那里取得土地。因此,英国的国家土地所有权又称绝对土地所有权,从英王那里取得的土地权利也具有排他性,称保有土地所有权,或永业权。

2. 可供交易的客体不同

在以私有制为基础的土地市场模式下,土地市场可供交易的客体是土地所有权以及由其派生出来的土地使用权、土地抵押权、空间权、地下权、地役权、租赁权等;而在以土地国有制为基础的土地市场模式中,土地市场可供交易的客体是除土地所有权以外的其他一切土地权利。

3. 市场竞争程度不同

虽然两种土地市场的竞争程度都很高,但在土地国有制条件下,土地使用权的获得有机会通过政府以"批租"的方式取得,土地市场受政府控制较多,因此其竞争程度和完整程度不如以土地私有制为基础的市场模式。

尽管两种土地市场模式存在着差异,但它们的运行都是同样有效率的,不存在其中的一种模式比另一种模式更好、效率更高的问题。只要国家的经济制度基础是市场经济,市场机制对资源的配置发挥基础性作用,那么这个国家土地市场的运行就是有效率的。这对中国土地的市场化改革也有一定的借鉴意义。

第二节　中国土地市场体系

一、中国土地市场体系的特点

中华人民共和国成立以后,逐步建立了社会主义计划经济体制。城市土地属于国家所有,实行行政划拨、无偿、无限期使用制度。农村土地主要属于农村集体所有,实行集体统一使用制度。随着20世纪80年代以来国有土地使用制度的改革,市场经济体制逐步建立,土地资源的市场配置已被经济发展的巨轮推上了舞台,中国土地市场体系逐步完善起来。

中国土地市场体系的特点可以概括为政府推动、城市主导、围绕土地使用权建立三个方面。

(一)政府推动

所谓政府推动,是指与西方发达国家土地市场自发形成和发展不同,中国土地市场的形成主要是政府自身改革的结果,政府也对一级市场价格的形成起到主导作用。随着中国经济向市场经济体制的转化,传统计划经济体制下的以行政划拨、无偿、无期限为特征的土地使用制度的弊端日益凸显，土地资源的浪费非常严重，土地市场流转已成为经济发展的必然要求。1987 年，中国政府决定借鉴中国香港、新加坡的土地市场模式，在保持城市土地国有的前提下，允许国有土地使用权通过拍卖、招标、协议等方式进行出让和转让，从而逐步建立起具有中国特色的中国土地市场体系。在中国土地市场的建立和发展的过程中，市场机制并没有自发地发挥作用，价格还不能通过土地市场的供给与需求来自发地确定。政府对进入土地市场的主体、客体都有严格的规定。这时的土地出让价格绝大多数是由政府来确定的。

（二）城市主导

在中国土地市场体系中，二元化是一个比较显著的特色。所谓城镇主导是指城镇土地市场始终占据主导地位，相对比较规范，而农村土地市场仍很不发达。近些年来，中国政府重点加强了城镇土地市场的培育与管理，而农村土地市场仍处于探索与试验阶段，理论研究相对滞后，政策法规也不规范统一，土地产权关系比较模糊。因此，如何加强农村土地市场建设，从而建立城乡一体化的土地市场，已成为中国政府必须直面的重大课题。

（三）围绕土地使用权建立

中国实行土地的社会主义公有制、全民所有制和劳动群众集体所有制。城市市区的土地属于国家所有，农村和城市郊区的土地，除由法律规定属于国家所有的以外，均属于农民集体所有；宅基地和自留地、自留山属于农民集体所有。在中国土地市场上，任何单位和个人不得侵占、买卖或者以其他形式非法转让土地，土地使用权可以依法转让。因此，中国土地市场流转是围绕土地使用权（国有土地使用权和集体土地使用权）建立起来的，市场流转的客体只能是土地使用权以及由其产生的其他土地权利。城市土地市场流转的是国有土地使用权；农村土地市场流转的是特定的集体土地使用权。土地所有权的流转是被严格禁止的。

中国土地市场是围绕土地使用权建立的、由多种市场构成的市场体系。按照地域不同，可以分为城镇土地市场和农村土地市场。城镇土地市场又可进一步划分为一级（出让）市场和二级（转让）市场。农村土地市场又可进一步划分为农地（耕地）使用权市场、集体建设用地使用权市场和其他市场等。

二、中国建立土地市场的必要性

20 世纪 50 年代以后，中国逐步建立了社会主义计划经济体制。城市土地属于国家所有，实行行政划拨、无偿无限期使用制度。农村土地主要属于农村集体所有，实行集体统一使用制度。这种资源配置方式适合于行政计划经济，而不适应市场经济。

我国建立土地市场的必要性主要体现在以下几个方面。

（一）土地市场是合理配置土地资源的有效途径

土地资源的配置方式分为行政划拨方式和市场方式。单一的行政划拨方式效率低下，极易造成土地资源的巨大浪费。土地只有通过以市场为主的方式来进行配置，才能满足人类生产、生活的需要，才能使土地资源配置优化。

（二）土地市场是社会主义市场经济的有机组成部分

市场机制只有在一个完整的市场体系中才能充分发挥作用。完整的市场包括：生产资料市场、消费品市场、劳动力市场、资本市场、技术市场、房地产市场等。土地是人类的基本生产要素，只有实现以市场配置为主，才能健全社会主义市场体系，最大限度地发挥市场机制的作用，实现全部生产要素的最佳组合。

（三）土地市场在经济增长中的重要作用

除了两个主要方面，我国建立土地市场的必要性还包括土地市场在经济增长中的重要作用。

正如前面所提到的，土地市场最基本的作用就是有效配置土地资源。但对于我国这样一个正由计划经济向社会主义市场经济转型的发展中国家而言，土地市场的构建还将在经济体制转型、产业结构优化和经济利益分配等多个方面对经济增长产生影响。

1. 现代市场经济形成的基础

现代市场经济的基本内容就是发挥市场在社会资源配置中的主导作用。因此，现代市场经济体系不仅仅是指一般意义上的消费品和生产资料等商品市场，还应该包括土地、资金和劳务等要素市场。其中，土地市场又是各种商品市场和要素市场的基础。众所周知，土地是人类进行生产活动所必要的物质条件和自然基础。在整个人类社会的发展过程中，土地都扮演着重要的角色，做出了巨大的贡献。可见，缺乏了土地市场，其他商品市场和要素市场都是不完整的、残缺的市场。不仅如此，由于土地的不可再生性，土地市场也是不可替代的。因此，在发展现代市场经济的同时，必须建立土地市场，否则必然使其他商品和要素的市场化配置发生偏差，从而影响整个市场经济体系的有序运行。

2. 优化产业结构，实现宏观调控

从一些发达国家的经验来看，土地市场的宏观调控作用并不亚于税收、价格等经济政策手段。众所周知，合理的产业结构对经济的持续快速发展有着重要的作用。土地市场的发展为产业结构的调整提供了有力的杠杆，并以此来影响国民经济的运行。目前，在我国产业结构发展不尽合理的情况下，通过建立土地市场，发挥土地市场的调控机能，可以较为有效地发挥杠杆作用，促进对不合理产业结构的调整。

3. 产生和传导土地供求信息

土地市场运行所遵循的基本准则是价格机制：在单个土地市场上，土地供给随价格上涨而增加，随价格下跌而减少；土地需求随价格下跌而增加，随价格上涨而减少。可见，在土地市场条件下，通过价格机制的作用，土地市场可以产生和传导土地的供求信息。一方面，在有限土地供给的条件下，土地市场可以按照各类土地的紧迫性和重要程度来确定土地使用方向、组合方式及数量结构，提高土地的集约度；另一方面，土地市场还可以刺激土地经济供给的增长，开发后备土地资源，调节土地用途等，使土地需求最大限度地得到满足。

4. 合理分配经济利益

土地收益的分配，不仅涉及土地所有者和经营者的经济利益，也涉及国家、企业和个人等各方主体的利益。可见，这是一个十分复杂而敏感的问题。在社会主义市场经济体制下，如果仍按过去计划经济的手段来分配相关的经济利益，将很难协调好各方的利益关系，甚至会加剧各利益主体之间的矛盾。发展土地市场的一个重要作用就是要运用市场手段来分配土地收益，即通过土地市场形成的地租、地价、利率和国家税收的标准，在土地所有者、经营者、使用者之间，在国家、企业和个人之间分配土地收益。因此，通过土地市场调控地租、地价和利率水平、税收标准，就可以实现正确调节各方土地收益分配关系，促进土地合理有效地利用。

三、中国土地市场的建立与发展历程

中国土地市场的形成与发展，是经济体制改革和对外开放的结果。

（一）土地市场的萌芽阶段

1987 年后中国农村实行家庭联产承包责任制，土地所有权与使用权开始分离，与此同时，城市土地使用制度开始改革。1980 年，我国开始向中外合资企业收取场地使用费。1982 年，深圳特区开征城市土地使用费，按不同等级的土地每平方米收取 1～21 元，年收费额约为 1 000 万元。国家土地管理局于 1986 年成立，1987 年 11 月开始在深圳、上海等地进行土地使用制度改革试点，实行土地使用权有偿转让。1988 年 4 月 12 日，第七届全国人民代表大会修改《宪法》，规定“土地使用权可以依照法律的规定转让”。《中华人民共和国土地管理法》也相应进行了修改，正式宣布土地有偿使用制度的确立。我国开始尝试通过市场机制配置土地资源。

（二）土地市场的形成阶段

1990 年，《中华人民共和国城镇国有土地使用权出让和转让暂行条例》颁布实施，中国土地市场建立和发展有了法律依据，土地资源的市场配置开始在全国展开。1992 年，全国土地市场的培育、发展进程大大加快。到 1992 年底，全国除西藏外的 29 个省（自治区、直辖市）都已经开展土地出让工作。这一时期，全国各地大搞开发区建设，土地投机盛行，炒卖土地现象非常严重。为此，1993 年，国务院开始整顿土地市场。

（三）土地市场的发展与完善阶段

1995 年，《中华人民共和国城市房地产管理法》施行以后，城市土地市场进入一个新的阶段。1999 年，国土资源部下发了《关于进一步推行招标拍卖出让国有土地使用权的通知》，严格限定行政划拨用地和协议出让土地的范围，并限定了协议出让土地使用权的最低价格。2000 年，国土资源部下发了《关于建立土地有形市场促进土地使用权规范交易的通知》。2001 年，国务院下发了《国务院关于加强国有土地资产管理的通知》，从严格控制建设用地供应总量、严格实行国有土地有偿使用制度、大力推进土地使用权招标拍卖、加强土地使用权转让管理、加强地价管理和规范土地审批的行政行为六个方面提出了具体要求。2001 年 6 月，国土资源部下发了《关于整顿和规范土地市场秩序的通知》，强调建立健全建设用地供应总量控制制度、城市建设用地集中供应制度、土地使用权公开交易制度、基准地价定期更新和公布制度、土地登记可查询制度和集体决策制度。

为了规范协议出让土地行为，限制划拨土地使用范围，建立完善的招标拍卖挂牌制度，2001 年，国土资源部发布了《划拨用地目录》，细化了划拨与有偿的范围，对不符合划拨目录的建设用地，必须有偿使用。2002 年 5 月，国土资源部发布了《招标拍卖挂牌出让国有土地使用权规定》，明确规定各类经营性用地必须以招标、拍卖或挂牌方式出让。2003 年 6 月，国土资源部颁布了《协议出让国有土地使用权规定》，规定不符合招标拍卖挂牌出让条件的国有土地，方可协议出让。2004 年 10 月，国务院发布《关于深化改革严格土地管理的决定》，指出各地必须禁止非法压低地价招商，省、自治区、直辖市人民政府要依照基准地价制定并公布协议出让土地最低价标准，协议出让土地除必须严格执行规定程序外，出让价格不得低于最低价标准。2006 年 5 月 31 日，国土资源部发布了《招标拍卖挂牌出让国有土地使用权规范（试行）》和《协议出让国有土地使用权规范（试行）》，进一步完善了国有土地使用权制度。

这一阶段，土地市场中介队伍也逐步发展壮大，土地评估行业行政管理制度逐步健全。

四、中国城市土地市场

（一）土地使用权出让市场

土地使用权出让市场，即一级土地市场，是指国家以土地使用者的身份将一定年期的土地使用权让与土地使用者，并向土地使用者收取土地使用权出让金的行为。出让的方式则根据用地性质和出让的对象有所不同。按照国土资源部 2003 年第 21 号令《协议出让国有土地使用权规定》的要求，出让国有土地使用权，除依照法律、法规和规章的规定应当采用招标、拍卖或者挂牌的方式外，方可采取协议方式。

（二）土地使用权转让市场

土地使用权转让市场，即二级、三级土地市场，是指国有土地使用者将土地使用权再转移的行为，包括出售、交换和赠予三种方式。未按土地使用权出让合同的期限和条件投资开发、利用土地的，土地使用权不得转让。土地使用权转让应当签订转让合同。土地使用权转让时，土地使用权出让合同和登记文件中所载明的权利、义务随之转移。土地使用者通过转让方式取得土地使用权，其使用年限为土地使用权出让合同规定的使用年限减去原土地使用者已使用年限后的剩余年限。

（三）土地使用权租赁市场

土地使用权租赁市场，是指土地所有者或土地使用者作为出租人将土地使用权租给承租人,并向承租人收取租金的行为。未按土地使用权出让合同规定的期限和条件投资开发、利用土地的,土地使用权不得出租。土地使用权出租,出租人与承租人应当签订租赁合同。租赁合同不得违背国家法律、法规和土地使用权出让合同的规定。土地使用权出租以后,出租人必须继续履行土地使用权出让合同。

(四)土地使用权抵押市场

土地使用权抵押市场,是指土地使用权人(抵押人)为获得资金,以其合法取得的土地使用权,在不转移占有方式的前提下,向抵押权人提供债务履行担保的行为。

五、中国农村土地市场

《中华人民共和国土地管理法》规定:“农民集体所有的土地使用权不得出让、转让或用于非农建设。”目前,我国农村土地市场,除农户之间的土地转包之外,主要表现在以下几个方面:①拍卖“四荒”地(荒山、荒沟、荒丘和荒滩);②山地流转;③农村土地股份化。

为稳定和完善以家庭承包经营为基础、统分结合的双层经营体制,赋予农民长期而有保障的土地使用权,维护农村土地承包当事人的合法权益,促进农业、农村经济发展和农村社会稳定,2002 年 8 月 29 日,第九届全国人民代表大会常务委员会第二十九次会议通过了《中华人民共和国农村土地承包法》。该法规定,“国家保护集体土地所有者的合法权益,保护承包方的土地承包经营权,任何组织和个人不得侵犯”。“国家保护承包方依法、自愿、有偿地进行土地承包经营权流转。”“通过招标、拍卖、公开协商等方式承包农村土地,经依法登记取得土地承包经营权证或者林权证等证书的,其土地承包经营权可以依法采取转让、出租、入股、抵押或者其他方式流转。”

通过家庭承包取得的土地承包经营权可以依法采取转包、出租、互换、转让或者以其他方式流转。土地承包经营权流转应当遵循以下原则:①平等协商、自愿、有偿,任何组织和个人不得强迫或者阻碍承包方进行土地承包经营权流转;②不得改变土地所有权的性质和土地的农业用途;③流转的期限不得超过承包期的剩余期限;④受让方须有农业经营能力;⑤在同等条件下,本集体经济组织成员享有优先权。

土地承包经营权流转的主体是承包方,承包方有权依法自主决定土地承包经营权是否流转和流转的方式。承包期内,发包方不得单方面解除承包合同,不得假借少数服从多数强迫承包方放弃或者变更土地承包经营权,不得以划分“口粮田”和“责任田”等为由收回承包地搞招标承包,不得将承包地收回抵顶欠款。

土地承包经营权流转的转包费、租金、转让费等,应当由当事人双方协商确定。流转的收益归承包方所有,任何组织和个人不得擅自截留、扣缴。土地承包经营权采取转包、出租、互换、转让或者其他方式流转,当事人双方应当签订书面合同。采取转让方式流转的,应当经发包方同意;采取转包、出租、互换或者其他方式流转的,应当报发包方备案。

第三节 中国土地市场的管理

所谓土地市场管理，是指国家运用经济、行政、法律和技术等手段对土地市场交易行为、价格、合同、税收等方面进行计划、组织、协调、控制和监督等活动的总称。土地市场管理是整个市场管理的重要组成部分。加强土地市场管理，对于有效保护和合理开发土地资源，促进经济社会可持续发展，有着极为重要的现实意义。

一、土地市场管理的指导方针和主要目标

（一）土地市场管理的指导方针

土地市场管理的指导方针是：坚持以培育和规范土地市场、规范市场配置土地资源的基础性作用为主线，以产权清晰为基础，以规范土地市场秩序为重点，积极营造稳定、公平、公开、安全的市场环境；加强土地市场法制建设，规范政府、市场主体和中介组织行为；坚持在培育中规范，在规范中发展。

（二）土地市场管理的主要目标

土地市场管理的主要目标是：充分合理利用土地，切实保护耕地；建立建设用地总量控制和土地集中统一管理制度；严格实施土地有偿使用制度，规范政府供地行为，经营性房地产用地供应一律实行招标、拍卖、挂牌出让；建立土地收购储备制度，增强政府调控土地市场能力；完善土地使用权交易规则，加大市场监管力度；完善政府社会化服务功能，全面推行建设用地信息发布制度。

二、土地市场管理的原则

土地市场管理的原则主要取决于土地制度和土地管理的目标。中国土地市场管理是建立在社会主义土地公有制的基础上，是以充分合理利用土地、切实保护耕地等为主要目标的。因此，中国土地市场管理的基本原则包括以下几项。

（一）充分合理利用和保护土地的原则

中国的土地利用，必须统筹安排各部门的土地利用，最大限度地满足整个社会日益增长的生产和建设用地的需要。必须从“一保吃饭、二保建设”的土地供应原则出发，优先安排农业用地，即将土地质量好、肥力高的、适宜于农业利用的土地，首先用于农业生产，从而实现切实保护耕地、保证粮食安全的总体目标。城镇、工矿、交通灯非农业建设占用土地，必须贯彻集约用地的原则，精打细算，严格控制建设用地指标，尽可能少占或不占耕地。

（二）维护社会主义土地公有制的原则

维护社会主义土地公有制是中国土地市场管理的重要目标之一。土地管理机关必须

依法禁止土地买卖和其他非法转让土地的活动，保护社会主义公有制不受侵犯。用地单位或个人使用土地，必须依法办理审批手续，切实保护土地所有者、使用者和经营者的合法权益。任何单位和个人都有遵守土地管理法律、法规的义务，并有权对违反土地管理法律、法规的行为提出检举和控告。

（三）依法管理的原则

依法管理就是要依照《中华人民共和国土地管理法》《中华人民共和国土地管理法实施条例》及其他有关土地的法规，建立土地市场管理制度，管好用好土地。《中华人民共和国土地管理法》和《中华人民共和国土地管理法实施细则》的颁布和施行，为依法统一管好土地，包括惩治乱占滥用土地和破坏耕地的行为提供了法律依据，标志着中国土地市场管理工作进入了依法管理的新阶段。"徒法不足以自行"，有了土地管理法规不等于就能自动地管好用好土地，还必须做好法律宣传工作，提高执法和守法的自觉性，做到有法可依、有法必依、执法必严和违法必究。

（四）市场调节为主、政府干预为辅的原则

与其他市场一样，中国的土地市场仍处于初级发展阶段，其主要特征是市场机制还很不完善，作用十分有限。由于计划经济的惯性仍未完全消除，政府对土地市场的行政干预仍旧过多。另外，由于土地资源属于国家或集体所有，又是人类社会实现可持续发展的基础性资源，其使用必然带有规划和计划性。因此，中国土地市场的管理，重点不是用更多的行政力量干预土地市场，而是把工作重点转移到如何不断完善市场机制、增强市场机制作用，从而使其在土地资源配置中发挥基础性作用。

（五）公开、公平和公正的原则

在市场经济条件下，行政权力适度介入微观经济活动是必要的。因此，加强土地市场管理，坚持公开、公平和公正原则，努力建设一个健康、透明、有效和符合市场规律的土地市场管理体制，势在必行。

（六）多种手段综合运用的原则

土地市场管理手段有很多，一般有法律手段、经济手段、行政手段和技术手段四类。要从有利于土地市场健康规范发展的角度出发，针对各种情况采取相应的最佳手段。从各国市场经济的实际情况来看，经济手段和法律手段更有利于土地市场的长期发展，行政手段对一些需要迅速解决的问题更有效，而技术手段则是土地市场管理的辅助手段。

三、土地市场的管理手段

（一）法律手段

法律手段是土地管理者通过贯彻和执行有关土地的法律、法规，调整人们在土地开发、利用、保护、整治过程中所发生的各种土地关系，规定人们行动必须遵守的准则来进行管理的手段。法律手段最突出的特征是其具有最大的强制性、严肃性和权威性，其不足之处在于它只能在合法与非法之间调整与控制人们的行为，范围有限，对于很多超越法律、法规范围的不合理利用土地的行为，就显得无能为力，需要采用其他手段进行调控。

(二)经济手段

经济手段是指土地管理者按照客观经济规律的要求，调节和引导土地市场活动，以实现管理职能的各类方法的总称。一般来讲，经济利益原则是经济手段的核心。土地管理者用经济利益鼓励、引导、推动被管理者，使其行为和利益与管理者所要达到的目标一致。与土地市场管理的其他手段不同，经济手段是一种导向型的间接控制方法，在调节经济利益、实现土地市场管理目标方面有着不可替代的作用。但是，经济手段也有着自己不可避免的局限性，如具有间接性，对于土地市场中土地开发和利用的外部不经济行为缺乏限制，对于某些违法用地行为很难及时制止等。另外，若是单纯依靠经济手段来调动人们的积极性，忽视了人们的精神和文化需要，有时未必能取得预期的效果。

(三)行政手段

行政手段是指政府及其土地行政主管部门依据法律赋予的职权，以政府命令、指示、规定、通知、条例、暂行办法、章程、指令性计划、政策和文件等方式，按照行政系统自上而下对土地市场直接进行调控的各类方法。行政手段依靠行政权力，具有权威性、强制性、直接性、单一性和无偿性等特点。行政手段可以发挥高层领导的决策作用，充分依靠行政机关和领导者的权威，通过行政层次和行政手段，对土地市场进行调控和管理。但行政手段也存在着一定的局限性，如管理效果受领导水平的限制，一旦领导水平不高，就容易产生“瞎指挥”的现象；横向沟通困难，信息传递比较迟缓，有时严重失真；行政层次多，手续繁杂，影响工作效率；行政行为具有较大的被动性，不利于发挥系统的主观能动性等。

从中国土地市场管理的实际情况来看，政府及其土地行政主管部门采取的行政手段主要包括：制定全国土地利用计划，划定限制供地和禁止供地的范围，建立土地有形市场，建立交易许可制度和交易预报制度，建立土地储备制度，建立地价、政府供地计划和需求等市场信息公开查询制度，监督检查各地土地开发利用和耕地保护的情况，处理土地违规行为等。

(四)技术手段

技术手段是土地管理者按照土地及土地市场的自然、经济规律，运用现代化的技术装备、科技手段和科技成果来执行土地市场管理职能，提高土地市场管理水平的方法。技术手段在土地市场管理中的运用，旨在促进土地市场管理的科学化和现代化。利用技术手段管理土地市场，主要是实施电子政务，建立土地市场动态监测制度，运用现代化信息与通信技术，运用土地市场动态监测系统和城市地价动态监测系统，发布土地市场信息，创造公平、公开、公正的土地市场环境。

运用技术手段管理土地市场要取得良好的效果,必须做到:管理信息具有客观、真实和现实性;分析方法科学、适用,具有针对性;科技成果对问题分析透彻,对未来具有一定的预见性;技术设备先进,功效显著,具有使用上的便利性。

四、土地市场的培育与管理

土地市场的培育和管理的目标是社会效率的实现。尽管市场的培育和完善可以实现土地的效率配置,但市场失效往往妨碍社会效率的实现。一方面,土地价格的市场均衡并不能排除寡头和多头垄断,使土地的所有权或者使用权过分集中于少数厂商或个人手中。虽然这种垄断的形成和影响受到公有制的制约,但并不能排除进入市场的土地在进行交易中出现垄断。一旦出现这种情况,土地产品消费者的利益就会受到损害,从而制约土地资源的配置效率。另一方面,由于上市交易的只是土地的使用价值,且通常市场价格只反映土地的直接使用价值,土地的许多成分受到忽略,使土地利用应有的社会效率难以实现。而且,由于土地的有限性、区位不变性、交易的不经常性及信息占有的不完全性,市场价格的运作潜力难以充分发挥,调节市场土地供求的效率机制受到影响。因此,以完善市场价格为中心的市场培育,并不能保证土地市场的运转能够满足土地利用的社会目的。这就要对土地市场进行宏观管理和市场干预,以确保社会效率的实现。

如果说土地市场的培育是减少政府干预、强化市场价格对供求的调节力度、包含有自由放任的市场经济成分的话,那么对土地市场的宏观管理与干预则意味着政府作用的强化和市场管制。这种管制并非等同于指令经济。它并不是去排除市场价格机制,而是为了防止市场不完善所引起的市场失效,以适当的手段纠正市场失效。

(一)规范政府行为

土地市场的管理与干预,需要政府行为的规范化,否则不但达不到应有的市场调节目的,而且规范的市场也不能发育和建立起来。在由计划经济向市场经济转轨的过程中,尤其需要规范政府行为。这是因为,在市场体系尚未建立起来的情况下,传统的计划体制和机制仍在一定程度上发生作用。表现在:第一,土地的公有制实际上是以政府为法人代表的,因此,政府是土地所有者;第二,公共土地的需求也是通过政府来表现的,而且在需求数量上为满足社会需要,通常较大,所以政府是特殊意义的需求者;第三,政府是土地政策的制定者,进行土地供求的社会调节与管理,所以政府还是宏观政策的决策者;第四,国有企业、事业单位在目前仍在相当程度上附属于政府,这些机构对土地的需求实际上仍等同于政府的公有需求。因此,不论从哪一方面讲,政府均是地产市场上的一个重要角色。

政府作为土地所有者,在公有制情况下是土地市场的供给者。对于总供给量相对固定、交易数量和频次均不是很大的地产市场来说,政府的垄断供给以及在二级、三级市场出现时的政府新增供给,目的并非在于垄断利润,而在于市场培育和宏观调控。既然政府土地供给的目的并非在于利润最大化,那么就很有可能忽略土地供给的收益。土地的大量或赔本供给,在需要时可以用来平抑地价,调节供求关系。土地权益的多少,在许多情况下与土地供给决策者的利益关系不是很密切。有鉴于此,政府或政府决策者作为国有土地的权益代表，在实施土地市场供给时，需要有供给的法定程序和监督机制，以防止供给的不规范。

土地的公共需求也是一种政府行为。由于公共用地通常是以行政无偿划拨的形式满足需求，因此，需求很可能不受市场价格的有效调节。这样就会造成需求量的增大，继而造成土地资源的浪费。公开土地的实际需求及满足公共需求的机会成本，政府采取对土地价格的补贴等适当手段，能够保证土地需求各方的公平竞争。同时，土地政策应该是连续的、非间断的和非随意的，以保证土地市场运作的平稳。

我国的土地所有权与使用权，由于意识形态及实际操作的原因，经历了由二者合一到分离的过程，其间变化十分剧烈。1949 年后的土地改革，将封建地主土地所有制改为农民土地所有制。而后的合作化、公社化，又将农民土地所有制变为合作社集体所有制、人民公社所有制和三级所有制为基础的制度。在这些所有制下，所有权与使用权是合在一起的。1978 年以后，土地的所有权与使用权分离，政府以承包的形式将土地租让给农民使用。城市的土地也逐步转为国家所有，实行土地免费划拨与使用，不允许土地的出租和非法转让。1988 年 4 月，《中华人民共和国宪法修正案》将“不得出租土地”改为“土地的使用权可以依照法律的规定转让”。随后《中华人民共和国土地管理法》也做了相应的修改。新的土地使用制度在不改变土地国有制的条件下，采取拍卖、招标、协议出让等方式，允许土地使用权在使用期限内转让、出租、抵押或者用于其他经济活动。

（二）建立完善的市场信息体系

市场信息是土地供需和交易的基础。从商业经营角度来看，土地的供给与需求是为了获取利润。为了保证能获利，双方都必须清楚所涉及土地的直接使用价值以外的价值。只有在掌握这些信息的情况下，理性的市场决策和宏观的政府管理才具有效率。

不仅需求方要了解土地直接使用价值与收益，供给方也需要了解占有土地的供给成本及收益信息。这些成本不仅包括直接投入成本，还包括间接投入成本及社会成本。就供给方的直接投入成本而言，也要考虑征地补偿费、基础设施投入。间接投入费用包括对原占有土地的劳动力的就业安置补助，改变地表结构对自然生态系统的不利影响等。其中有的由土地开发商或供给商支付，有的则为社会所承受。土地供给的社会成本如土地自然生产力丧失的机会成本、子孙后代的选择价值、土地生态系统的存在价值等，尽管不会为土地开发商所重视，排除于土地开发与供给的成本之外，但它们对于政府的宏观决策与调控，无疑是必要的基本信息。这些信息有的已用于决策之中，使社会成本企业内在化。

除了土地直接使用价值和供给成本的必要信息外，还需要使潜在的供给方和需求方获取相当的信息，使之知道何人需要、何处出售，促成市场交易。由于土地的不动性和地产交易的不经常性，供求双方经常难以沟通。因而这部分信息常由中介或经纪人来提供。要使买者和卖者在市场上见面，所涉及的成本主要包括三个方面。

（1）寻求卖主。要知道谁有地产或房产出售，出售的不动产的价格和基本情况，最典型的费用（包括电话、交通费用）及时间投入。

（2）寻找买主。有不动产出让，必须要让想买的人们知道。通常是以广告形式，将不动产出让的信息传送给潜在的买主。

(3)展示实物。仅据文字信息还不足以促成交易,潜在买主通常都要到实地查看,核实有关信息。实物展示也需要供求双方的时间与成本。

如果自己在市场上独立寻求,所涉及的获取相当信息的成本会很高。而专门提供房地产交易服务的经纪人,往往能以较低的成本提供所需的信息。

从以上分析可见,土地市场的运转需要信息。错误的信息往往导致交易的失败。而获取相应的信息又必然伴随一定的成本。土地市场的中介和经纪人提供可靠的信息服务,有助于市场信息系统的建立,促进土地的交易和信息需求成本的降低。

(三)土地利用规划与行政管理

由于土地的有限性,人口增长以及土地利用的外在性,需要政府介入土地市场的管理,以使其运作符合土地利用的社会目的。土地利用规划便是一种宏观的、行政性质的非市场管理手段。这里的规划,并不是计划体制下的政府指令安排,而是为了促进土地资源的合理开发,减少私人用地所引起的某些问题与矛盾,维护土地资源的优化利用,使社会福利最大化而制定的土地资源利用计划。因此,它是与土地市场运作相容的公共规划管理。规划与行政管理的形式有很多,主要有区划、环境标准管制及国家征用管理等。

最常用的土地利用规划便是区划。政府规定在城市或地区的某些规定区域内,从事某些建筑或经营活动。如农田保护区、工业开发区、商业住宅区等,合理的土地利用区划有助于城市土地利用格局的有序与和谐,减少不同土地所有者或使用者在土地利用过程中可能出现的不利影响或干扰,促进土地利用社会目标的实现。

我国在形成土地市场后,仍然要运用市场机制和计划机制这两种方式来配置土地资源,而不能仅用市场机制来配置土地资源,其主要原因是:第一,我国实行的是社会主义市场经济,国家必须对经济运行实行宏观调控,包括对土地市场进行必要的调控与管理,而宏观计划管理是国家调控的主要手段之一;第二,土地资源的特殊性,尤其是土地资源的配置对经济和社会发展具有非常重要的作用,决定了我们必须运用计划手段来配置一部分土地资源,例如为了控制全国耕地减少的速度和城市建成区总面积的扩张速度,我们必须运用计划手段来加以调控;第三,为了提高土地资源的利用率,保护土地资源,并对城乡发展和土地利用结构做出总体安排,各个国家都制定了土地利用规划;第四,还要看到,由于市场调节的局限性,在配置土地资源时,有相当一部分土地还必须用计划机制来配置,如国防、军事、环保、防洪等设施所需要的土地,要通过政府的用地计划甚至是指令性计划加以保证。

五、土地市场交易管理

(一)土地市场交易合同管理

根据《中华人民共和国合同法》第二条的规定,合同是指平等主体的自然人、法人、其他组织之间设立、变更、终止民事权利义务关系的协议。

1. 土地使用权出让合同管理

土地使用权出让合同的管理主要包括以下几个方面：

(1)对出让合同主体的审查和认定；

(2)对无效合同的认定及其处理；

(3)审查出让合同的合法性；

(4)审查合同内容的完整性；

(5)出让合同的变更与解除；

(6)合同纠纷的调解和仲裁；

(7)对出让合同进行分类、登记、汇总、立卷归档，作为土地市场管理的基础资料予以保存。

2. 土地租赁合同管理

土地租赁合同的管理与土地使用权出让合同的管理基本上相似，在此不再赘述，但要注意以下几点。

(1)土地租赁期限不得超过 20 年，超过 20 年的，超过部分无效。租赁期届满，当事人可以续订租赁合同，但约定的租赁期限自续订之日起不得超过 20 年。

(2)租赁期限 6 个月以上的，应当采用书面形式。当事人未采用书面形式并且对租赁期限有争议的，视为不定期租赁。

(3)承租人未按照约定的用途和土地使用条件使用土地的，出租人可以解除合同并追究其违约责任。

(4)承租人经出租人同意，可以将土地转租给第三人。承租人转租的，承租人与出租人之间的租赁合同继续有效，第三人对该租赁土地违约使用，承租人应当承担违约责任。承租人未经出租人同意转租的，出租人可以解除合同。

(5)就租赁土地设定的担保的，不影响租赁合同的效力。

(6)租赁期限届满，承租人继续使用租赁物，出租人没有提出异议的，原租赁合同继续有效，但租赁期限为不定期。

3. 土地使用权转让合同管理

依法订立的土地使用权转让合同具有法律效力，双方当事人必须全面履行合同条款中规定的各自应承担的义务，任何一方不得擅自变更和解除。土地使用权转让合同内容是指合同当事人确定关于土地使用权转让行为中的双方权利和义务的各项条款，主要包括土地使用权转让期限、转让金及付款方式、土地位置及面积、土地使用条件及违约责任等，并符合土地使用权出让合同的要求与规定。

土地使用权转让合同的违约责任是指一方当事人不履行合同义务或履行合同义务不符合约定条件的，另一方有权要求其履行或采取补救措施，并有权要求赔偿损失。违约方有责任继续履行合同义务、支付违约金和赔偿损失等。

土地使用权转让合同按土地使用权转让方式不同可分为土地使用权出售合同、土地使用权交换合同和土地使用权赠予合同三种。从我国目前的规定看，对转让合同的订立方式一般无立法的限制，当事人可以通过协议、招标和拍卖方式订立。合同订立应当履行合同公证手续，以便使土地使用权转让行为更好地受到法律保护。

4. 土地使用权租赁合同管理

《中华人民共和国城镇国有土地使用权出让和转让暂行条例》第二十九条规定："土地使用权出租，出租人与承租人应当签订租赁合同。"土地使用权租赁合同，是指因出让、转让、土地租赁等有偿方式取得土地使用权的民事主体，将土地使用权随同地上建筑物及其他附着物出租给承租人使用，由承租人向出租人预付租金，并在租赁关系终止时，返还承租土地的合同。其合同的主要内容有如下几方面。

(1)合同标的是因出让、转让、土地租赁等有偿方式取得土地使用权及其附着地上建筑物和其他附着物的地块。

(2)土地使用权的租金由当事人双方以合理的原则协商确定。

(3)土地使用权租赁期限的确定应在出让期限范围内，即租赁的最长期限为土地使用权出让合同所规定使用年限，减去出租人已使用年限的剩余年限。在出让期限内，租赁期限届满后，当事人可以续租。没有规定期限的土地租赁合同，当事人双方可以随时终止合同。

(4)在租赁期间，租赁合同双方都必须合理利用土地，承租人不得随意改变出让合同规定的土地用途。合同中应明确双方的责任。

(5)出租人和承租人双方的权利和义务。

(6)出租人在出让期限内转让土地使用权的，需事先通知承租人，在同等条件下，承租人有优先购买权。

(7)违约条款及合同终止条款。

(8)其他各项规定。

5. 土地使用权抵押合同管理

土地使用权抵押合同是有关土地使用权抵押当事人权利与义务的协议，主要有两种类型：一种是用于开发建设的土地使用权抵押合同；另一种是用于支付地价款的土地使用权抵押合同。签订抵押合同，必须采取书面形式。

土地使用权抵押合同的主要内容包括以下几方面。

(1)土地使用权抵押双方当事人的名称、住所、抵押人的开户银行及账号。

(2)抵押标的物的位置、面积、地价、权属状况及性质。

(3)土地使用权抵押贷款的数额、币种、用途、借款年限、利率、支付方式、归还本息方法等。

(4)土地使用权估价额与抵押率(抵押贷款额与土地使用权估价额的比率)。

(5)土地使用权抵押的占管人、占管方式、占管责任，以及意外毁损、灭失的风险责任。

(6)土地使用权是否已设定过抵押。

(7)土地使用权抵押的实现与消失的处分方式，如抵押期限届满；土地使用权抵押的处置方式，如归还、拍卖、转让等。

(8)违约责任及争议解决的约定。

(9)签订日期、地点及双方商定的其他条款。

(二)土地市场交易信息管理

市场信息是土地市场供需和交易的基础。土地市场交易信息是指在土地市场交易中交易主体、交易客体、交易价格、交易方式、权属、交易规则,以及土地市场供应与需求情况的数据资料等。加强土地市场交易信息管理,是培育和规范土地市场的重大举措,是土地市场成熟与否的重要标志,也是政府在国家宏观调控下充分发挥市场机制配置土地资源的基础性作用、加强土地市场信息服务、增加土地使用权交易透明度、管理土地市场的重要手段。

土地市场交易信息发布的主要内容:

(1)土地供给总量信息,包括拟供给的新增和现有建设用地方案、农用地转用安排以及有关土地的规划用途和用地条件;

(2)已供给土地宗地信息,包括政府出让、出租、划拨的宗地面积、使用人情况、出让金、租金或征地补偿费、位置等内容;

(3)已供给土地综合信息,包括土地供给总面积、供给形式分类情况、用地类型,土地使用者类型、用地涉及的投资额等,不同地区的土地供给总量、各宗地概况、类别对比、用地涉及的投资额等内容;

(4)土地使用权市场交易信息,包括出让及划拨土地使用权转让、出租、抵押的宗地信息和综合信息;

(5)土地市场预测信息,包括对土地市场供给和需求做出的具体分析和预测,对未来土地市场价格、供给、优先方向等状况的数据指标以及有关分析、预测图表;

(6)政策供地限制目录,包括依据政府产业政策制定的划拨供地目录、限制供地目录、禁止供地目录等。

各级土地管理部门应高度重视土地市场信息发布工作,发布和上报的土地市场信息必须真实、及时,不得弄虚作假和瞒报。土地市场信息发布必须采用规范的书面印刷格式,也可同时采取新闻发布和上网的形式。省级土地管理部门应每季度发布一次,市、县土地管理部门根据当地实际情况确定发布时间,市场预测信息和政府供地限制目录的发布可定期,也可不定期,但每年至少要发布一次。

(三)土地市场中介服务体系管理

我国的土地市场还处于培育发展时期,如果管理不好,极易诱发土地市场的投机活动。因此,在积极促进土地市场中介服务市场化的进程中,必须加强管理,以保证土地市场交易活动当事人的合法权益。对土地市场中介服务管理的基本内容有以下几方面。

1. 中介服务人员资格管理

国家对土地市场中介人员主要采取统一考试、职业资格认证和注册登记管理的办法。从事地产咨询服务的人员,必须是具有房地产及其相关专业中等以上学历,有与地产咨询服务相关的初级以上专业技术职称,并取得考试合格证书的专业技术人员。房地产(土地)估价师必须经国家统一考试取得房地产(土地)估价师资格证书并经注册后才能持证上岗。

未经注册的但已取得估价师资格的人员,不得以房地产(土地)估价师的名义从事房地产(土地)估价业务。从事房地产(土地)估价的人员必须持有房地产(土地)估价员合格证或估价师资格证书并经注册后才能从业。同样,地产经纪人必须是经过考试,取得房地产经纪资格证并注册的人员,否则不得从事地产经纪业务。

2. 中介服务机构管理

从事房地产中介业务,应当设立相应的房地产中介服务机构,它是具有独立法人资格的经纪组织。政府房地产行政管理机构负责对房地产中介服务企业的资格实施管理。

设立的房地产中介服务机构经工商行政管理部门批准领取营业执照后的一个月内,应当到登记机关所在地的县级以上人民政府房地产管理部门备案。管理部门每年对房地产中介服务机构进行年检。

【核心概念】

土地市场的含义、运行特征、主体与客体、功能与运行机制,城镇土地一级市场,城镇土地二级市场,农村农用地流转方式

【问题与探索】

1. 土地市场有哪些功能?
2. 简述土地市场两种运行模式的关系。
3. 国有土地使用权转让有哪些形式?
4. 农村农用地使用权流转有哪些形式?
5. 土地市场管理的手段及要遵循的原则有哪些?

【案例分析】

对构建中国城乡统一的土地市场的思考

刘新华　张东辉

建立城乡统一和公开竞争的土地市场,是完善城乡土地统一管理的核心。只有建立城乡统一的土地市场,才能发挥市场对土地资源配置的基础性作用,才能在征地过程中彻底消除集体土地和国有土地的产权歧视,从根本上阻止征地冲突。构建我国城乡统一的土地市场应分三步走:第一步,解决城乡统一的土地市场的市场主体问题;第二步,在农村集体土地产权清晰的基础上,推进农村集体建设用地使用权出让市场、农村集体农地承包经营权流转市场和农村集体土地所有权的建设;第三步,农村集体土地和城市国有土地在同权下自由竞争、平等交易,达到自然融合。

思考:结合案例,利用土地市场的相关知识阐述如何构建中国城乡统一的土地市场。

第四章　地 租 理 论

【内容提要】

本章主要包括以下内容：

1. 地租概述；

2. 西方经济学的地租理论；

3. 地租理论在资本主义社会的应用；

4. 地租理论在中国的应用。

【引导案例】

劳动市场上有 A、B 两类工人各 100 人。A 类工人素质高，所要求的工资为 200 元；B 类工人素质低，所要求的工资为 150 元。如果某种工作 A、B 两类工人都可以担任，那么企业在雇用工人时，当然先雇用 B 类工人。但在 B 类工人不够时，也不得不雇用 A 类工人。假设某企业需要工人 200 人，其就必须雇用 A、B 两类工人。在这种情况下，企业必须按 A 类工人的要求支付 200 元的工资。这样，B 类工人所得到的收入就超过了他们的要求。B 类工人所得到的高于 150 元的 50 元收入就是经济地租。其他生产要素所有者也可以得到这种经济地租。

经济地租是对某些特定要素来说的，而经济利润是对整个厂商来说的。厂商存在经济利润，并不意味着其要素也存在经济地租。一种要素在短期中存在准地租，也不意味着长期中存在经济利润。由此可见，经济地租属于长期分析，而准地租属于短期分析。

本案例中提出的准地租、经济地租等概念会在下面的内容中体现出来，并对地租的形式、概念等给出详细描述。

第一节　地 租 概 述

一、地租的概念和内涵

地租是土地商品化和土地产权分化的产物，是近现代经济的重要范畴。地租理论对于土地分等、定级、估价，合理规划利用及制定土地价格、地税制度与政策，调节和完善土地有偿使用管理制度，实现国民经济的合理分配，促进经济与社会发展方面均具有重大指导意义。地租原指土地出租所获得的报酬，但在当今的西方经济学中，地租已不仅限于土地，而是指物主将其一切不动产（如土地、房屋等）或生产要素的使用权转让给他人所获取的报酬或收入。经济学和土地经济学上的地租，主要是经济地租或纯收入。经济地租又有广义和狭义之分。广义地租是使用生产要素所得的超额利润，而土地经济学一般所称的地租大多指狭义地租。狭义地租是指土地作为自然资源，其使用权让渡给人利用所获取的报酬，其实质是指凭借土地所有者对土地所有权的垄断向土地使用者索取报偿。

随着当今世界的发展变化，地租若只局限于土地就未免太过狭隘了。在市场经济的体制下，越来越多的土地作为房地产市场的重要角色登上历史的舞台，狭义的地租来源于土地自然物方面的比重越来越低，更多的土地作为“人工用地”而被收取地租，这样土地就具有了资源与资产的双重内涵。在这样的构成下，狭义地租的实质内涵也就发生了变化。继土地地租“二元构成”观点后，西方经济学认为“土地既是自然增值，又是一种投资报酬”。美国著名经济学家巴洛维说，“土地资源、土地不动产通常是自然界无偿馈赠的土地与人工改良的设施混合物”。依据地租的来源和内涵，并依据其生产价格的平均利润理论和计量方法，对地租的计量公式如下

$$\text{地租}=\text{土地总产品的社会生产价格(总收入)}-\text{全部产品的个别价格(含生产成本}+\text{平均利润)}$$

马克思对地租的这一表述是对地租形态设定的共同定义，它普遍适用于多种社会经济条件下地租的个性和共性。

二、地租的产生与发展

从最初的奴隶制社会到现在的社会主义社会，地租有着漫长的演变和发展历程。社会生产力的发展程度不同、社会性质不同，地租的表现形式、内容和存在方式也就各不相同，所表现出来的社会关系也各不相同。

地租最初出现在奴隶社会，土地都为国家所有，即奴隶主所有。它主要表现为在优等的土地上或易于利用的土地上进行生产的奴隶的较高劳动生产率，其劳动产品除满足奴隶自身的需求以外还有剩余产品被奴隶主占有。随着生产力的发展，更多的土地被开垦出来，也就逐渐出现了土地的私有现象，产生了封建社会和封建地租。这时产生了地主对农民进行剥削的社会生产关系。封建地租包含了直接生产者的全部剩余生产物，有实物和货币两种形式。“资本主义地租反映的生产关系与封建主义不同，不再占有直接生产者的全部剩余物，而仅是其中的超额利润部分，平均利润部分由产业资本家占有。”因此资本主义地租反映的是土地所有者通过产业资本家占有雇佣工人创造的一部分剩余价值的经济关系。资本主义地租以货币为主要地租形式。

在社会主义发展阶段，虽然建立起了土地公有制，但土地的所有权和使用权仍然处于分离状态，也就为地租的产生提供了条件。但是社会主义地租反映的是国家、集体、个人之间即土地所有权与土地使用权根本利益一致的前提下对土地收益的分配关系。同时社会主义地租对于社会的生产和分配还起着经济杠杆的作用。

三、地租的分类与形式

地租现象由来已久。人口的增长和经济社会的发展造成了人类对土地需求的不断增

加，土地资源供不应求，产生了土地的产权问题。在土地所有权与经营使用权分离后，土地出租者就占有了土地使用者在使用土地过程中创造出来的剩余价值，在这样的社会形态下，就有了产生地租的基础。而土地资源本身分布不均匀，土地条件有肥沃、贫瘠等不同差异，区位、人文差异也造成了租赁关系的不同，就产生了相应的适宜多种土地关系的地租形态。随着商品经济以及资本主义世界的发展，土地租赁关系日益频繁。

（一）按广义地租分类

从广义地租的角度，可以将地租分为契约地租（商业地租）和经济地租两种形式。

1. 契约地租

主要租赁双方通过契约（合同）的形式，规定承租、承包人为占用物主的土地、不动产支付的租赁、承包金额及期限。

2. 经济地租

即利用土地或其他生产资源所得报酬扣除成本的余额，超过成本的纯收入（包括平均利润和超额利润两部分）。

（二）从经济的角度进行分类

资本主义制度下的地租分类很多，代表学者有李嘉图、屠能、马克思。从经济的角度地租又分为级差地租、绝对地租、垄断地租、准地租。

1. 级差地租

级差地租即差额地租，是19世纪初以来由西方资产阶级古典经济学家和马克思所共创的，被世界各国所采用。级差地租是指优、中等土地个别生产价格与劣等土地生产价格所决定的一般生产价格之间的差额。级差地租按形式不同又分为级差地租Ⅰ和级差地租Ⅱ。

（1）级差地租Ⅰ

级差地租Ⅰ是指由于土地扩张和加深作用联合，以及土地沃度、区位、宁适度造成的土地与土地之间差异所形成的差额。其又可以分为三种地租形态，即沃度地租、区位地租和宁适地租。

①沃度地租

沃度地租是指因土地肥沃有别形成的差额地租。一般指农林种植业用地的级差地租，为李嘉图首创，别名“李嘉图级差地租”。沃度级差地租与粮价等农产品价格涨跌额直接相关，因此级差地租数额常随之变动，如图4－1所示。

②区位地租

区位地租是指因土地区位有别所形成的差额地租，创始人为德国学者屠能，别名“屠能级差地租”。区位级差地租是指以生产成本和运输成本表示产品价格的理论，也就是说地租的高低取决于距离中心市场的远近，如图4－2所示。

③宁适地租

宁适地租主要是指环境小气候质量对地租的影响，它对于居住休闲、旅游度假以及各种生产生活用地的选取都有强烈的影响力，最终体现为用地成本、土地价格和地租。所以，应根据各项用地设定相应的宁适地租，以有利于各类土地之间按效益原则进行配置。这一级差地租的分等定级相交之前就更为复杂，有待于进一步地研究。

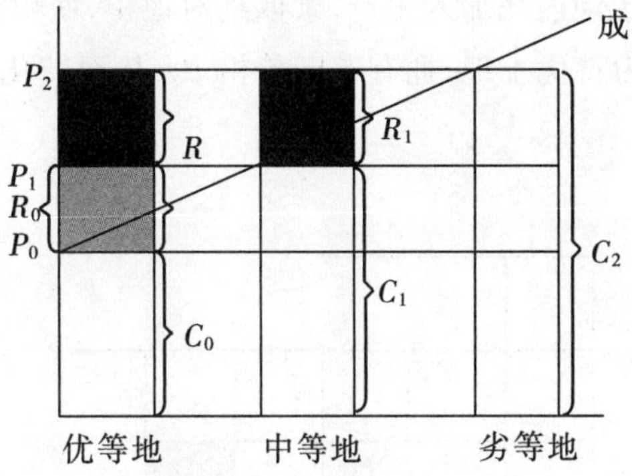

图4－1　沃度地租

P 代表粮价，C 为生产成本，R 为差额地租。当 P 为 P_0 时，三种土地均无地租；当 P 为 P_1 时，优等地地租为 R_0；当 P 为 P_2 时，优等地地租为 $R = R_0 + R_1$，中等地地租为 R_1。

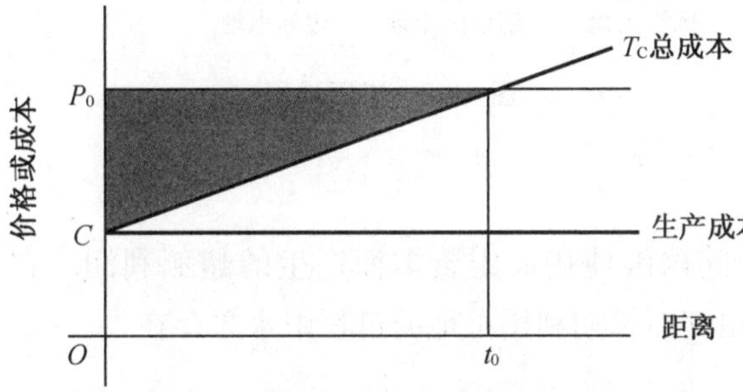

图4－2　区位地租

O 代表中心城市市场，t_0 为产地式企业所在地与中心城市的距离，总成本 T_C = 生产成本（假定为固定成本）+ 运输成本（变动成本），P_0 为总产值，则区位级差地租 $R = P_0 - T_C$，区位级差地租的大小取决于运输成本。

（2）级差地租Ⅱ

级差地租Ⅱ是指它是因追加投资而产生的级差地租。由于集约地租会发生土地报酬现象，故此项地租随着土地投入资金而发生资本差额就相应地表现为集约度地租的递增、递减现象。

2. 绝对地租

绝对地租是指因土地所有权的作用而形成地租。马克思通过对资本主义地租的分析发现：土地被地主所占用和垄断，凡租用的土地不论好坏都需交地租，以作为土地所有权借以实现的经济形式。及至现代，西方经济学家以经济地租观点，也认为任何可利用土地均有绝对地租，可见绝对地租是广泛存在的。但是，绝对地租与土地的自然条件和生产率无关，它既可以发生在边际土地上，也可以发生在超边际土地上。

3. 垄断地租

某些少数名优产品的特优土地，由于其产品具有垄断价格而产生垄断利润，成为垄断地租。设有甲、乙、丙三块土地，当粮价为 P_0 时甲地级差地租为 A_0，乙地级差地租为 A_1，丙地无级差地租。令边际土地丙地加入生产，索取绝对地租，使粮价由 P_0 上涨到 P_1，三块均有绝对地租 B。因甲地为特优土地，拥有垄断价格 P_2，从而转化为垄断地租 M，如图 4－3 所示。

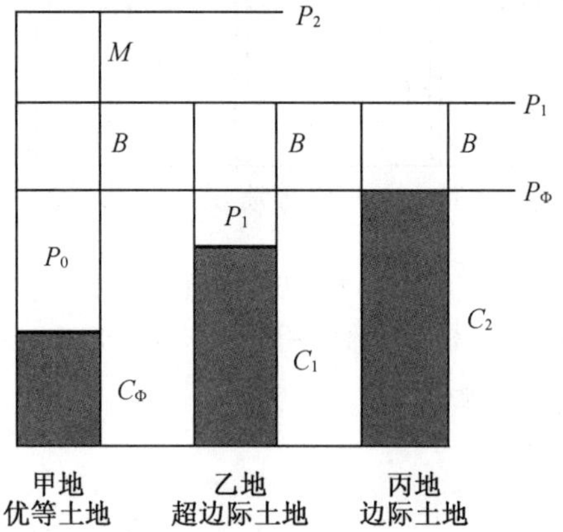

图 4－3　垄断地租

4. 准地租

准地租是指在短时间内因使用固定资本而产生的超额利润。它发生在短期，暂时存在，长期即消失。而地租则在长期利用土地的过程中永久存在。

第二节　西方经济学的地租理论

一、西方古典经济学早期地租理论

马克思和恩格斯对地租理论进行了科学研究，理论也普遍为大众所接受，但是早在二者之前就有了许多著名的关于地租理论的研究，特别是西方古典经济学家的研究。

威廉・配第，英国早期古典政治经济学创始人，对地租理论做出了很大贡献，堪称这一领域的开拓者。他在《赋税论》中提出"地租是土地生产的农作物所得的剩余收入"，并指出由于土壤的肥沃程度、耕作技术水平差异和距离市场远近等因素对地租均有不同的影响。这些研究为级差地租理论奠定了基础。

杜尔哥，法国重农学派代表，他在 1766 年出版的《关于财富的形成和分配的考察》一书中提到，由于农业中存在着一种特殊的自然生产力，所以可以使劳动者所生产出来的产品数量在扣除为自己再生产劳动力所必需的数量后还有剩余。这是自然恩赐的纯产品，也是土地对于劳动者们的赐予。这些纯产品却不被劳动者占有，而是被土地所有者占有，这即是地租。土地所有者可以不劳而获地占有产品，但在法律的范围内却是被许可的，这正是由于他们拥有法律保护的土地私有权。由此可见，杜尔哥初步探寻到了地租与土地所有权之间的关系。

亚当·斯密，英国古典经济学创始人之一，他在《国民财富的性质和原因的研究》中，把资本主义社会居民分为工人阶级、资本家阶级和地主阶级，有三种基本收入：工资、利润和地租。他认为，地租是因使用土地而支付给地主阶级的代价，其来源是工人的无偿劳动，是一种垄断价格。无疑，这些观点都是正确的。因此马克思认为："土地所有者在一定情况下有权力对资本进行有效抵抗，使人感到土地所有权的力量并因而要求绝对地租，而他在其他情况下就没有这种权力。"由此可见，绝对地租的存在已经得到了肯定，只是还没有被明确提出。马克思曾指出亚当·斯密观点的不足之处：他一边承认了地租来自劳动，另一边却说地租和利润产生于土地和资本。这样的观点既混乱又前后矛盾，混淆了价值和生产价格的概念，误认为地租是农产品昂贵的原因，看不到农产品的价格和价值为什么经常高于它的市场价格。

大卫·李嘉图，英国古典经济学的杰出代表和理论完成者，他在 1817 年出版的《政治经济学与赋税原理》一书中指出，地租就是土地使用者付给土地占有者的报酬。地租产生的两个条件分别是：土地资源的有限性和土地肥沃程度及所在位置的差异。而土地产品的价值往往是被劣等土地上最大人工投入的劳动消耗所定义，而优、中等土地上多余的产出部分除了付给土地的占有者以外的部分就是剩余价值，也就形成了级差地租，即级差地租Ⅰ。对于级差地租Ⅱ，李嘉图也做了相应陈述，他认为，不断地扩充土地才能满足对于产品的需要，然而在"土地报酬递减规律"的作用下，新投入耕作的劣等土地的产品决定了市场价格，则原来的土地就出现了级差地租。可见李嘉图把地租的存在看成由于对农产品需求的增长而不断耕种劣等土地的结果，地租是农产品价格上涨的结果而不是原因。这一观点体现了劳动价值论。李嘉图的差额地租学说建立在劳动价值论的基础上，所以他的一些观点符合客观实际。虽然李嘉图在级差地租方面做出了贡献，但令人遗憾的是，他视资本主义的生产关系为永恒范畴，认为他的理论可应用于一切时代和国家，看不到资本主义的剥削本质。因而在产品价格和土地价值方面的错误观念导致他否定了绝对地租的存在，因为他完全忽视了土地私有权的垄断问题，混同了价值与市场价格概念，认为农产品若高于其价值出售，将会否定劳动时间决定价值量的规律。

詹姆斯·安德森，英国经济学家，最早研究级差地租理论基本特征的学者，被马克思称为"现代地租理论的真正创始人"。与以前的学者相比，安德森在这一领域取得了更好的成绩。他指出了地租与土地产品价格之间的关系，还着重分析了级差地租Ⅱ。他指出，统一的市场价格是形成地租的前提，等量资本投入肥力不同的各级土地，产量不等，但是出售的价格却是相同的，因此土壤较肥沃的土地获得了级差地租。他还指出，不是地租决定土地产品的价格，而是土地产品的价格决定地租。在《对谷物本质的研究》一文中，安德森明确指出地租不是决定价格的因素，而是价格决定地租。在阶级的局限性条件下，安德森也否认资本主义土地私有权垄断的存在，从而就否认了绝对地租的存在。

屠能，德国农业经济学家，农业区位理论的创始人。他认为某一种产品的产地价格与产地同中心市场的距离密切相关，即某种产品市场价格等于产地价格减去运费价格，重点说明了土地位置与地租的关系，运费就是区位地租。当然，杜能所采用的是孤立化静态分析方法，随着多因素的发展变化和综合作用，实际情况要复杂得多。屠能得出了农业依据中心市场，分圈层采用不同的生产布局和合理安排集约和粗放经营方式理论，也是一个重要贡献。他这种对地租与土地位置的研究对级差地租理论形成起到了巨大作用。

二、庸俗经济学的地租理论

19 世纪初叶以后，随着英国工业革命的发展，无产阶级发展壮大起来，资产阶级与无产阶级的矛盾日益激化，斗争日益尖锐。在资产阶级和无产阶级矛盾日益上升为社会的主要矛盾时，资产阶级的历史任务已经由发展壮大资产阶级转变为为维护这一统治而奋斗，显然古典的经济学理论已经不适合这样的历史大环境，庸俗经济学应历史要求而生，并迅速在这一领域占据领导者的地位。

萨伊，法国庸俗经济学的创始人。他认为价值的三个要素是土地、资本和劳动，在创造价值的过程中，这三方面要素都贡献了力量，所以都应得到回报。资本家获得利润，土地所有者获得地租，工人的劳动获得工资的报酬，这是合理公平的。无疑，萨伊掩盖了雇佣劳动产生价值这一事实，对资本主义地租剥削本质的袒护和扭曲，向人们阐述了错误的价值论和分配论。

马尔萨斯，英国庸俗经济学的创始人。他代表了英国土地贵族的利益，不仅否认劣等土地存在绝对地租，还剽窃了安德森的级差地租理论，将其理论进行歪曲，得出地租是自然对人类的赐予，而不是土地垄断所产生的价值。还用反动人口论来蛊惑无产阶级，企图维护自身利益。继庸俗经济学之后，现代西方经济学仍回避地租反映社会关系的本质。

三、马克思地租理论的内容

（一）马克思地租理论的创立和发展

马克思地租理论的创立是建立在继承和发展了前人精华的基础上，它科学地揭示了资本主义土地私有制及其地租的本质。马克思和恩格斯肯定了古典经济学派亚当·斯密和大卫·李嘉图等人关于地租理论正确的观点，并评判了错误的观点。

马克思和恩格斯批判了西方经济学认为地租是“自然对人类的赐予”这一错误观点，肯定了土地经济关系才是地租的本质，并明确指出地租来自社会而不是土壤；批判了西方经济学认为地租造成产品价格上涨的错误看法。马克思认为，地租是产品价格上涨的因而非果；批判了西方经济学认为级差地租产生于土地自然差异的观点，指出土地本身质量的好坏差异是产生级差地租的本质，而土地经营的垄断则是真正的本质；批判了西方经济学否认绝对地租存在，指出绝对地租的产生是由于土地所有权垄断。马克思在《资本论》第三卷第六篇中，精练地阐述了资本主义地租理论，并指出地租理论是完整的科学体系。马克思以劳动价值论和剩余价值论为理论基础揭示了资本主义地租的本质。

1. 地租是土地所有权的实现

"不论地租有什么独特的形式,它的一切类型有一个共同点:地租的占有是土地所有权借以实现的经济形式,而地租又是以土地所有权,以某些个人对某些地块的所有权为前提。"从马克思的这些观点中不难看出,是地租赋予了土地所有权在现实中看得见的价值,而土地所有权的存在是地租存在的前提。正是土地所有权和地租的关系反映了资本主义的生产关系,土地所有权的垄断是资本主义生产方式的历史前提和基础。

2. 地租是土地所有权和土地使用权相分离的产物

马克思指出,"土地所有者可以像每个商品所有者处理自己的商品一样去处理土地",资本主义土地所有权是历史发展的结果,是一定经济条件的产物,是与资本主义生产方式相适应的。土地所有者并不像封建社会那样强迫农奴劳动,从而获得农奴创造的劳动价值。而是把土地租给农业资本家经营,凭借对土地的所有权来取得资本家支付的地租。这就是说,资本主义农业中土地所有者完全脱离了土地的经营,土地作为一种资本既为资本家的投资赚取利润,又同其所有者分离,成为吸收资本的条件。

(二)马克思理论的基本观点

1. 关于地租的本质属性及地租与土地所有权的相互关系原理

马克思在研究地租时认为,"一切地租都是剩余价值,是剩余劳动产物",一切形态的地租都是"土地所有权在经济上的实现",即地租是土地所有者出租他的土地每年获得的超额收入,"这是各种不同地租形式的共性"。同时他又强调,地租是以土地所有权的存在为前提的,一切地租都是与土地的所有权相联系的,指出这种特殊性才是分析地租时应该特别注意的。

地租与土地所有权是两个截然不同的概念,土地所有权是对一定土地的垄断,是自人地关系中出现土地占有分配问题后,在一定的社会生产方式基础上产生的国家在法律上对土地占有的法律范畴。地租则是土地所有者凭借土地所有权,分享土地经营使用劳动所创造的剩余产品的一部分非劳动收入,即马克思所说的"土地所有权在经济上借以实现增值价值的形式"。地租是一个经济范畴,体现着构成一定社会生产方式的生产关系和土地关系。

马克思指出:"单纯法律上的土地所有权,不会为土地所有者创造任何地租。"这是因为土地所有权赋予土地所有者有权禁止别人无代价地耕种他的土地,当土地不出租时,因没有地租收入,这种权利在经济上毫无意义。土地所有权在经济上的实现,必须以土地所有权与土地经营权、使用权相分离,前者以土地真正投入利用为前提。一切土地所有权都要求以地租来实现它,如果土地所有者对土地使用者不收租或收不到租,就等于否定了土地的所有权,这就不符合地租规律。所以,有土地所有权不一定有地租,但有地租就一定与土地所有权相联系。

2. 关于超额利润转化为级差地租的原理

马克思主义的地租理论是以平均利润和生产价格理论为基础的,是这一理论的运用和发展。马克思把资产阶级古典地租理论的成本概念区分为生产成本和平均利润,并引出超额利润及超额利润转化为地租的科学范畴和原理。马克思在分析资本主义地租时，总是认为土地产品的商品“市场价值始终超过产品总量的总生产价格”。所谓超额利润，是指商品的个别生产价格低于社会生产价格的差额构成的利润，即超过平均利润的那部分利润，超额利润不是级差地租而是形成级差地租的实体。

3. 关于级差超额利润是“虚假的社会价值”的原理

如上所述，马克思在分析地租时总认为土地产品（农产品）的个别生产价格低于社会生产价格但又按照社会的生产价格出卖，因而取得了超额利润，由此形成级差地租。这表明，这种超额利润及其形成的级差地租并不是实际的真正价值，而是通过土地产品价格转移的社会价值，即社会其他部门创造的价值。是“社会对土地产品支付过多的东西”，是农产品社会价值的负数，却被认为是土地所有者的正数。这种市场价值不是名副其实的价值，所以马克思把农产品的个别生产价格与社会生产价格的这个差额——级差超额利润，称为“虚假的社会价值”，指的是超额利润的性质就是土地产品（农产品）在市场上实现的社会价值大于它实际的个别生产价格的差额。

第三节　地租理论的资本主义应用

提到研究资本主义地租理论的学者，本书重点介绍的是马克思。马克思在他的著作中重点分析了资本主义地租。

一、资本主义级差地租理论

（一）资本主义级差地租产生的条件与原因

经过对农业地租的典型分析，马克思得出资本主义级差地租是经营较优土地的农业资本家获得的并最终归土地所有者占有的超额利润，其来源是产品个别生产价格与社会生产价格的差额。因为这种地租与土地等级相联系，所以称之为级差地租。

无论经济社会如何发展，用于农业的土地始终存在肥力与位置的差异。农业工人在不同肥力和位置的土地上进行耕作，其劳动生产率必然有差别：在质优高产的土地条件下，个别产品生产价格就会较低；在劣等土地条件下不仅产量低，还由此造成个别生产价格的相对较高。然而就资本主义商品经济条件来说，同一产品在市场上是按同一价格销售的。

由于土地面积有限，特别是优、中等土地，而仅把这样的土地投入农业使用是远远不能满足社会对农产品的需求的，劣等土地自然要继续投入农业生产。如果农产品也像工业品一样由中等生产条件调节市场价格，那么经营劣等地的农业资本家就得不到平均利润，这样则会导致他们退出农业经营，此时农产品市场上的供给就会减少。而需求并未发生变化，长此以往，在市场自发性的条件下，农产品价格就会上涨。而土地本身优劣并不能人为改变。只好以劣等土地农产品价格来规定农产品社会生产价格，这样经营优、中等土地的农业资本家，就会因为个别生产价格低于社会生产价格而获得超额利润。利用优越的自然条件而产生的超额利润，与利用优越的经济技术条件（如投资、设备、管理水平）而产生的超额利润具有共同点，即它们都不是在产品流通过程中由价格变动引起的，而是在生产过程中部分企业由于利用了优越的自然、经济、技术条件，具有较高的劳动生产率，使产品个别生产价格低于社会生产价格而获得。然而利用优越的自然条件获得的超额利润与利用优越的经济技术条件获得的超额利润也是存在差别的：利用优越的经济技术获得的超额利润难以形成垄断，在竞争的市场条件下，各企业很快平衡，少数先进企业超额利润逐渐消失；土地有限且具有不可再生性，就为占有优越条件的企业形成垄断创造了条件，从而形成经营垄断，获得持久稳定的超额利润。由此可见，资本主义级差地租产生的条件是自然力，也就是优越的自然条件。但它不是超额利润的源泉，仅是形成超额利润的自然基础，因为它是较高劳动生产率的自然基础。资本主义级差地租产生的原因是土地有限造成的经营垄断。而在土地所有权存在的前提下，这些超额利润就转化为级差地租，归土地所有者占有。

级差地租因为形成地租条件的差异又分为级差地租Ⅰ和级差地租Ⅱ。影响级差地租Ⅰ形成的条件有土地肥力和土地位置两种因素；级差地租Ⅱ及其地租量与投资和销售有关。

1. 级差地租Ⅰ形成条件

影响级差地租Ⅰ形成的条件主要有土地肥力、土地面积和投资等，对于这些条件的分析详见表4－1。

表4－1 级差地租Ⅰ的形成及地租量（一）

土地等级	所耗资本/元	平均利润（按20%计算）/元	产量/千克	个别生产价格/元		社会生产价格/元		级差地租Ⅰ/元
				每千克产品	全部产品	每千克产品	全部产品	
优等	100	20	300	0.4	120	0.6	180	60
中等	100	20	250	0.48	120	0.6	150	30
劣等	100	20	200	0.6	120	0.6	120	0

由表4－1可见，面积相同的优、中、劣三块土地，虽然投资水平相同，但由于肥沃程度不同，产量分别为300千克、250千克和200千克。均按20%的平均利润计算，其单位产品的个别生产价格分别为0.4元、0.48元、0.6元。如果在市场上以劣等地的个别生产价格（0.6元）为社会生产价格，那么全部产品的生产价格就分别为180元、150元、120元。因此，优、中等地就分别获得了60元和30元的超额利润，转化为级差地租Ⅰ。

土地位置对（距市场远近）的差异也是级差地租Ⅰ形成的条件，见表4－2。

表4－2 级差地租Ⅰ的形成及地租量（二）

地块	距市场里程/千米	生产资本投入/元	运输费用/元	资本总支出/元	平均利润（按20%计算）/元	个别生产价格/元	社会生产价格/元	级差地租Ⅰ/元
甲	10	100	5	105	21	126	132	6
乙	15	100	7.5	107.5	21.5	129	132	3
丙	20	100	10	110	22	132	132	0

由表4-2可知,虽然三块土地的面积和肥沃程度相同,但由于距离市场远近不同,最后的获利情况也不同。

2. 级差地租Ⅱ形成条件

在资本主义社会,随着城市人口的增加和经济文化的发展,农用地被非农用地大量占有而日益稀缺,对农产品的要求也越来越多,推动农业采用集约化经营方式,而实行集约化经营,就要在同一块土地上连续追加投资,这时所体现出来的超额利润即级差地租Ⅱ,见表4-3。

表4-3 级差地租Ⅱ的形成及地租量

土地等级	所耗资本/元	平均利润/元	产量/千克	个别生产价格/元		社会生产价格/元		级差地租Ⅰ、Ⅱ/元
				每千克产品	全部产品	每千克产品	全部产品	
劣等地	100	20	200	0.6	120	0.6	120	
优等地	100	20	300	0.4	120	0.6	180	60(Ⅰ)
在优等地上追加投资	100	20	350	0.34	120	0.6	210	90(Ⅱ)

(二)级差地租Ⅰ与级差地租Ⅱ的关系

级差地租Ⅰ与级差地租Ⅱ,虽然各有不同的表现形式,但二者在本质上是一致的,它们都是由个别生产价格与社会生产价格之间的差额形成的超额利润转化的,在二者关系上,级差地租Ⅱ要以级差地租Ⅰ为前提和基础。马克思指出:"级差地租Ⅱ的基础和出发点,不仅从历史上说,而且就级差地租Ⅱ任何一个一定时期内的运动来说,都是级差地租Ⅰ。"从历史上看,级差地租Ⅰ的产生先于级差地租Ⅱ。在资本主义发展初期,还存在着大量未耕土地,农业劳动尚以手工操作为主,农业的发展主要靠扩大耕地面积,农业的经营方式是粗放的,与此时相适应的地租形式是级差地租Ⅰ。随着资本主义的发展,城市和工业对农产品的需求日益增加,可耕地绝大部分已被开垦利用,加之农业科技日益发展,农业资本逐渐集中,集约化生产方式越来越盛行,此时与集约化相适应的地租形式就是级差地租Ⅱ。从一定时期的运动看,级差地租Ⅰ也是级差地租Ⅱ的出发点,在级差地租Ⅰ和级差地租Ⅱ共存的情况下,农产品的社会生产价格仍然由劣等地农产品个别生产价格来决定。这就是说,级差地租Ⅱ的形成是以同一块土地连续投资后的生产率高于劣等地的生产率为前提的。马克思指出:"就级差地租Ⅰ来说,级差结果本身就是可以区别的,因为它们是在不同的、互相分开的、彼此靠近的土地上,在假定每亩进行标准投资以及与此相应地进行标准耕种的情况下形成的。就级差地租Ⅱ来说,级差结果必须先变成可区别的,事实上,必须再转化成级差地租Ⅰ。"所以,不论从历史发展来看,还是从一定时期地租运动来看,级差地租Ⅰ都是级差地租Ⅱ的基础和出发点。

二、资本主义绝对地租

资本主义绝对地租产生的条件、来源和原因如下。

在资本主义土地私有的条件下,无论租种好地还是坏地,都必须缴纳地租,这种不论租种什么样的土地都必须缴纳的地租就是绝对地租。

不论租种什么样的土地都必须缴纳绝对地租,而在正常情况下农业资本家只能用平均利润以上的超额利润来缴纳绝对地租。那么,租种劣等地的农业资本家超过平均利润以上的超额利润是从哪里来的呢?

对于这一问题的分析,马克思首先排除了绝对地租来源于农产品在流通中的加价或是对农业工人工资扣除的可能性。他认为,对绝对地租来源和原因的说明必须遵循价值规律,必须是在产品价值形成后,形成绝对地租,即必须说明农产品价值高于生产价格的可能性。为了在理论上说明这个问题,马克思首先对平均利润率和生产价格的产生做了分析。当资本主义经济进入较为发达的阶段以后,由于资本在各个产业部门之间的转移和竞争出现了利润平均化的趋势,即一定量的资本无论投入哪个部门,都能获得大致相同的利润。而由生产成本加平均利润形成的新价格,马克思称之为“生产价格”。此后,新产品的市场价格不再是围绕价值摆动,而是围绕生产价格摆动。接着,马克思又对不同的产业部门的价值与生产价格关系做了分析,马克思指出:“如果一个生产部门中的资本构成低于社会平均资本的构成,也就是说,如果该资本中投在工资上的可变部分,与投在物质劳动条件上的不变部分比率大于社会平均资本中可变部分和不变部分的比率,那么它的产品的价值就必然会高于它的生产价格。”这就是说,凡是资本有机构成低的部门,相同的投资可以雇用较多的工人,在剥削率相等时,将会比资本有机构成高的部门榨取更多剩余价值,因而其产品的价值就会高于生产价格。

影响绝对地租的因素是多方面的。

(1)绝对地租量取决于农产品价值与生产价格之间的差额及其实现程度。既然绝对地租的来源是农产品价值与生产价格之间的差额所形成的超额利润,那么这个差额的数量及其实现的程度,就直接决定着绝对地租的数量。

(2)绝对地租量取决于农业资本有机构成的相对水平。作为绝对地租实体的农产品价值与生产价格的差额,是以农业资本有机构成的相对水平为基础的。当社会平均成本有机构成不变时,农业资本有机构成越低,农产品价值与生产价格之间的差额越大;反之就越小。

(3)绝对地租还取决于农业投资总量。当农业资本有机构成相对水平和农产品市场价格不变时,就面积相同的地块来说,投入的资本越多,提供的绝对地租也就越多。这一点说明,绝对地租的存在,阻碍了农业投资的增加和农业生产的发展。

三、资本主义垄断地租

在资本主义制度下,除了级差地租和绝对地租两种基本地租形式之外,还存在着垄断地租。垄断地租是由产品的垄断价格带来的超额利润转化成的地租,某些土地具有特殊的自然条件，能够生产某些特别名贵而又非常稀缺的产品。比如特殊风味的名酒就是由这些特殊地块出产的原料酿制而成的。另外，中国某些地区出产的干鲜果品只能在某些地块种植。这些产品就可以按照不仅大大超过其生产价格而且也超过其价值的垄断价格出售。这种垄断地租不仅存在于农业用地中，在一些城市用地中也同样存在。一些大城市的中心繁华地段，由于长期的投资和建设，形成了特殊的交通和经济环境，一定时期内城市的其他地段无法取代，由此就形成了一定的垄断，也就获得了收取垄断地租的条件。这里所说的垄断，与土地所有权垄断的存在使农产品按照超过生产价格的价值出售形成的垄断价格不同。马克思说，当我们说垄断价格时，一般是指这样一种价格："这种价格只由购买者的购买欲和支付能力决定，而与一般生产价格或产品价值所决定的价格无关。"这种垄断价格产生的超额利润，由于土地所有者拥有这种具有特殊性质土地的所有权，因而转化为垄断地租，落入土地所有者手中。

四、资本主义矿山地租和建筑地段地租

在资本主义土地私有制以及土地所有权相分离情况下，开采矿山和使用建筑地段同样也要缴纳地租。在采矿业中，矿山是物质财富的贮藏所，缴纳地租是为了获得采掘地下财富的权利；在建筑业中，土地是建筑空间存在的基本条件，缴纳建筑地段地租是为了获得建筑场所。

（一）矿山地租

经营矿山同使用农业土地一样，需要缴纳级差地租。形成矿山级差地租的条件也同农业用地基本类似。各个矿山蕴藏丰度不同，开采条件不同，距离消费点远近和运输条件也不同。这一系列的差异，导致各个矿山开采的矿产品个别生产价格也不同。但是，由于矿藏资源有限，好矿、富矿就更加有限，在资本主义制度下，采矿业中也必然存在着经营垄断，这就使矿产品的社会生产价格要由劣等生产条件矿山的个别生产价格来决定。这样，经营优、中等矿山的资本家可以获得经常性超额利润，并把这些超额利润以级差地租的形式交给矿山所有者。经营矿山同农业一样，也要缴纳绝对地租。形成矿山绝对地租的条件也同农业一样，也是由于产品的价值高于它的生产价格。在采矿业中，由于不需要购买原料，因而资本有机构成常低于社会平均资本有机构成，产品价值也就高于它的生产价格，按价值出售矿产品，就可以获得超过平均利润的超额利润，并以此作为绝对地租交给矿山所有者。在采矿业中，某些稀有矿产品也是按照高额的垄断价格出售的，因而由垄断价格产生的超额利润，也会以垄断地租的形式落入矿山所有者手里。在资本主义制度下，矿山私有权以及矿山地租的存在，对生产发展也起着阻碍作用，它不仅提高了矿产品的价格，还限制了矿业资本的积累和扩大，阻碍了地下矿藏资源的合理开发和利用。

（二）建筑地段地租

建筑地段地租是工商业资本家和房地产业资本家为建造工厂、商店和居民住宅等使用土地而支付的地租。城市土地主要用来建筑工厂、商店和居民住宅等，因此可以说，建筑地

段地租理论与城市地租理论基本上是同一的，建筑地段地租既包括级差地租又包括绝对地租和垄断地租。

在农业中，土地肥沃程度对级差地租起着决定性作用，而在建筑业中，建筑地段主要作为建筑地基和空间来使用。因此，土地位置对级差地租有着决定性影响。这是建筑地段地租第一个明显特点。一般来说，在离城市中心较远的郊区或者农村附近，可以利用的建筑地段比较多，建筑地段级差地租同农业地租相近，数量相对较少，而靠近城市中心繁华地区，建筑地段级差地租量相对较大。土地所有者对建筑地段地租的产生处于被动地位，这是因为建筑地段地租的增加，主要是由社会经济的发展和环境条件改善造成的，这是建筑地段地租第二个明显的特点。某些建筑地段由于所处位置的特殊性（如市中心最繁华的地段），其经营者的产品价格就具有垄断性，可以带来垄断利润。因此，建筑地段地租也存在垄断地租。而且随着城市土地的日益稀缺，土地所有权垄断性不断增强，因而垄断地租日益成为建筑地段地租的主体部分。这是建筑地段地租的第三个重要特点。

第四节　地租理论在中国的应用

马克思和恩格斯在批判地继承前人理论的基础上，对资本主义地租问题进行了全面系统的分析和研究，创立了科学的地租理论。现在，我们所研究的是中国社会主义地租问题，马克思主义科学地租理论基本原理仍然具有重要的指导意义，但同时还要广泛吸取与此相关的一切人类文明成果。

一、社会主义地租形成条件、性质及特点

我国的社会主义土地所有制不是在社会主义建立时就形成的，而是经过了土地改革、合作化时期及 1957 年实现城乡社会主义改造后才逐步形成和完善的。我国在 20 世纪五六十年代实现土地公有制以后，土地私有制已被消除，全部土地归国家和集体所有。我国宪法规定：矿藏、水源、森林、山岭、草地、荒地、滩涂等自然资源，都属于国家所有，即全民所有；有法律规定属于集体所有的森林、山岭、草地、荒地、滩涂除外。城市土地归国家所有，农村和城市郊区的土地，除由法律规定属于国家所有以外，属集体所有；宅基地和自留地，也属于集体所有。

我国农村实现集体土地承包责任制，包产包干到组、到户、到人，土地集体所有权和包干分散经营两权分离。在我国，城市土地属于国家所有，在商品经济条件下，用地单位必须拥有土地的使用权，各用地单位之间存在着利用关系，同时也存在着国家对城市土地所有权的垄断以及土地所有权与土地使用权的分离。我国城市人均用地十分紧张，为了合理节约利用土地，调节不同用地单位之间的利益关系，沿海特区和不少大城市已经开始了土地分级估价工作，所以必然导致土地租赁问题和地租问题的产生。

从上述可知，我国现阶段土地主要是集体所有和国家所有，这就是实际意义上的土地所有权的垄断，土地所有权与使用权无疑是分离的，而且在商品经济条件下，各经营使用单位还有自己的局部利益，土地所有权仍需在经济上得到实现，而实现土地有偿使用的实质

就是收取地租。所以，在我国城市和农村都具有各种地租产生的条件，实际上也存在多种地租的形式，即存在级差地租、绝对地租、类似的垄断地租。

但是社会主义社会的地租所反映的经济关系和土地关系及其性质作用与资本主义地租有着本质区别，原因如下。

首先，社会主义国家根据全民和集体所有制拥有对土地的最终所有权，代表着整个社会的根本利益。城市国有土地为有偿使用，国家每年向企事业单位或个人征收土地使用费或使用税，对农村集体土地，国家以农业税的形式来收取地租(2006 年国家惠农政策取消征收农业税)。其次，由于发展生产的目的不同和土地制度所体现的人与人的关系上的差异，二者在地租量的规定上也有所不同。资本主义生产以追求最大限度的剩余价值和超额利润为目的，而社会主义追求最大限度满足社会对农产品的需要，在处理低收入土地方面，国家采取减征免征农业税或实行农业补贴使之投入生产。所有这些表明了社会主义与资本主义地租在意义和作用上是不同的。

二、社会主义地租的基本形式

(一)社会主义级差地租

在我国，社会主义级差地租是主要的地租形式。社会主义级差地租又称级差土地收益，是利用较好条件的土地或由于追加投资而使生产率较高所获得的超额收益。同样可有级差地租Ⅰ和级差地租Ⅱ两种形态。在土地集体所有制条件下，级差地租Ⅰ主要应归土地所有者——集体经济组织所有。级差地租Ⅱ是由于实行集约经营，追加投资所形成的，主要应由土地经营者所得，在集体土地由承包农户经营的条件下，主要应由承包农户所得。然而，无论是级差地租Ⅰ还是级差地租Ⅱ都应有一部分归国家所有。

1. 农村集体土地的级差地租及其分配

农村用地主要为集体用地，也有部分国有土地，集体农户或企事业单位承包和租用国有土地进行独立经营对各自经营的土地具有排他性经营使用权，其超额收益构成级差地租Ⅰ，应通过上缴利润进而归国家支配，以满足社会需要；构成级差地租Ⅱ的大部分由企业或农户支配。在社会主义条件下，为了鼓励对农业生产的投资，加速农业现代化，国家对级差地租Ⅱ的分配是：凡经营土地的农户或农场及其他经营管理所得超额收益，原则上应归农户、农场或其他经营管理者自己支配。此外，在农村级差地租的形式分配关系上，还应充分考虑我国人多地少的特点，为了适应人口增长和经济发展对农产品日益增长的需求，必须使更多的土地投入利用扩大再生产。因此，农产品价格以劣等土地产品生产价格为依据，使劣等土地经营者获得补偿性收益。

2. 城市国有土地级差地租及其分配

城市国有土地的用途和集约化呈多元化趋势，表现在建筑业、工业运输业、商业、服务业、金融业、住宅、园林等的用地上。建筑业地租包括房地产开发企业所占用的一定地段的地租和地产、房产企业向国家批租一定面积的土地一次性支付地租，其级差地租主要取决于建筑地段和位置，以建筑税、土地税的形式向国家缴纳级差地租。工业地租，包括采掘工业地租和加工工业地租，采掘工业类似矿山地租等，其收租类似农业地租。加工工业地租是指企业为使用厂房、仓库、道路、运河、船坞占用建筑地段所支付的地租。运输业和邮电业地租指位置较好的运输业和邮电业所占用的地段能使企业获得超额利润，转化为级差地租，也应向国家缴纳地租。商业地租指商业企业为使用商业楼宇、商场、贸易市场等建筑支付的地租。服务业地租包括多种物质生产部门和非物质生产部门，其收入与所处地段有密切的联系，所以应向国家缴纳地租。金融业地租包括银行、保险业地租。住宅地租是住宅消费个人从个人收入中支付的地租，其构成了广义房租的一部分。

（二）社会主义绝对地租

社会主义绝对地租，是现阶段我国社会主义机制下商品经济发展中，由于国家和集体对土地所有权的垄断及土地所有权与使用权相分离，土地所有权借以实现的经济形势之一。绝对地租不同于级差地租的特点在于，它是劣等地所需缴纳最低限度的地租，这些用地一般不可能提供超额利润，而只能是其所获平均了利润或工资的扣除。绝对地租同样广泛地存在于我国城市和农村用地中。

从绝对地租形成的来源和条件分析。中国目前农业生产力水平与工业相比仍然较低，农业资金有机构成低于工业。以1995年为例，工业企业平均每个劳动力拥有固定资产价值为16 466元，而每个农业劳动力平均拥有的固定资产价值仅为347元，前者是后者的47.5倍。这表明在同样的生产资料情况下，农业部门比工业部门能够推动更多的活劳动，因而创造更多新价值。所以在农业资金有机构成大大低于工业的条件下，农产品价值必然大于其社会生产价格，其差额就是构成绝对地租实体的那部分超额利润。这表明中国现阶段农业绝对地租的存在是具有客观物质条件和来源的。当然，由于中国长期以来工农产品“剪刀差”偏大，农业生产经营者不但得不到超额利润，有时甚至连平均利润也得不到，因而从统计学的角度看，在长期的计划经济体制时期农业的超额利润是不存在的。然而从经济理论分析角度看，农业的超额利润无疑是存在的，只是通过再分配的形式转移到工业部门，并主要归国家所有。

从土地所有权和使用权的关系分析，绝对地租是土地使用者为获得土地使用权向土地所有者支付的经济代价，它是土地所有权在经济上的实现，反映的是土地使用者和土地所有者的经济关系。这种经济关系必然以土地使用权和土地所有权分离为前提。马克思指出：“土地的资本主义耕种要以执行职能的资本和土地所有权的分离作为前提。”在中国社会主义制度下，土地所有权和土地使用权的分离是客观存在的。中国现行的社会主义制度的两种形式，属于国有土地的并非由国家直接统一经营，而是分别出让、划拨或出租给单位或个人经营使用，这些单位或个人以各种形式获得了国有土地使用权；属于农村集体所有的土地，目前由集体统一经营使用的仅是其中一小部分，大部分是承包给农户经营使用的，也有少部分土地租赁给单位或个人经营使用，这些单位或个人以各种形式获得了集体土地使用权。土地一般不能无偿使用，因而绝对地租的存在就是理所当然的了。

社会主义绝对地租的具体形式:国有土地出让(或出租)给单位或个人使用;集体所有土地出租给单位使用;单位之间相互转让使用权;集体之间相互转让使用权;集体土地承包(或租赁)给农户使用;农户之间的土地转包;在经济特区或开放城市,中外合作、中外合资、外商独资企业使用中国国家土地。

(三)社会主义城市地租的特点及其来源

马克思对资本主义地租的分析和论证是以农用地的地租为典型的。在他看来,凡是地租存在的地方,都要遵循农用地租规律。马克思完成资本主义地租理论的创立比现代社会早100多年,而参照哲学理论所讲,即一切事物都处在不断的变化发展之中,所以在社会主义中国运用马克思地租理论就要与时俱进。随着城市化的发展、人口的不断增加,城市土地利用集约化水平大大提高,对于城市化当前的地租问题就需要我们结合实际,将马克思地租理论进行应用和创新,不断推进马克思理论的发展。

马克思在《资本论》中概括了地租的三个特点:一是土地位置对级差地租的决定性影响;二是土地所有者对地租量的变化具有很大波动性;三是垄断地租在许多情况下占有优势。具体来说,绝对地租的特点是土地所有权在经济上的实现形式,即土地使用者为了取得固有土地使用权而依法付给国家的租金。在社会主义社会,地租仍然存在。废除土地私有制并不要求消灭地租,而是把地租转交给社会。社会主义地租也是土地所有权及其规律存在和起作用的结果,地租实体也是超过平均利润的余额,地租的形态也是一般等价物货币。这些与以前的地租特别是资本主义地租没有什么区别。但是,社会主义地租赖以实现的租赁形式,尤其是所反映的阶级关系,则完全不同于过去的剥削与被剥削关系。由于社会主义国家土地是全民所有或者集体所有,撇开对外开放的土地租赁不论,租赁关系的当事人,不论是出租者还是承租者都是劳动者——劳动者的整体、群体或个体。承租者交付地租,出租者收取地租,是国民收入再分配的一种表现,是取之于民用之于民,而且是促进土地合理使用的强有力的经济杠杆,不再具有剥削的性质。

【核心概念】

地租形式,地租分类,资本主义地租,社会主义地租

【问题与探索】

1. 如何理解社会主义制度下的地租理论?
2. 级差地租形成的条件是什么?
3. 级差地租Ⅰ和级差地租Ⅱ有什么样的关系?
4. 为什么最劣等的土地也有地租?
5. 基于当今社会的发展,地租理论可以在什么方面为社会主义实践服务?
6. 近几年来出现的征地补偿纠纷问题涉及本章哪些内容,如何解决?

【案例分析】

从平度纵火案看征地补偿的社会性问题

新华网北京3月26日新媒体专电　1个生命消逝,3人被烧伤,“3·21”平度纵火案告破,村主任和承包商合谋唆使4人纵火,7名嫌犯被刑拘。

嫌犯落入法网,真相仍在路上。村民们选出来的村干部,为何和开发商沆瀣一气,成为纵火幕后的“黑手”?这场因征地而起、以命案告终的悲剧,掩藏了哪些不为人知的“黑幕”?征地暴利引发暴力频发,还存在着多少制度不健全的“黑洞”?

据公安机关3月25日晚间通报,查明纵火者是受开元城御景二期工地承建商崔某和杜家疃村村主任杜某的指使实施。纵火案的幕后黑手,竟是本村村主任,这出乎很多人的意料。村干部本应是村民利益的守护者,怎么成了开发商的马前卒?

资料来源:平度守地农民被烧死案涉案村干部被指靠贿选上台[EB/OL].(2014-03-26)[2022-02-05]. http://news. cntv. cn/2014/03/26/ARTI 1395839347946534. shtml.

思考:按照有关法律规定,集体土地征收需要征求村民的意见,为什么会出现这样的现象?从地租理论的角度你又如何看待此问题?

第五章　地价理论

【内容提要】

本章主要包含以下内容：

1. 地价的内涵和特点；

2. 地价的分类；

3. 地价的影响因素及分布规律；

4. 地价的基本理论。

【引导案例】

央广网北京 4 月 20 日消息（记者 李思默）　据中国之声《全国新闻联播》报道，住房和城乡建设部近日对 2019 年第一季度房价、地价波动幅度较大的城市进行了预警提示。

近期住房和城乡建设部会同国务院发展研究中心对 2019 年第一季度房地产市场运行情况开展了专题调研。从调研情况看，房地产市场总体保持平稳，住宅销售平稳回落，房价基本稳定，市场预期趋于理性。但部分热点城市住宅销售回暖、土地市场热度回升，需引起高度关注。

按照稳妥实施房地产长效机制方案确定的月度分析、季度评价、年度考核的要求，住房和城乡建设部对 2019 年第一季度房价、地价波动幅度较大的城市进行了预警提示。

值得注意的是，中共中央政治局 19 日召开会议要求，要坚持房子是用来住的、不是用来炒的定位，落实好一城一策、因城施策、城市政府主体责任的长效调控机制。

住房和城乡建设部要求各地坚决贯彻落实党中央、国务院决策部署，始终坚持房子是用来住的、不是用来炒的定位，围绕稳地价、稳房价、稳预期的调控目标，夯实主体责任，保持政策的连续性和稳定性，防止出现大起大落，确保房地产市场平稳健康发展。

资料来源：李思默. 住建部对部分房价、地价波动幅度较大的城市进行预警提示[EB/OL]. (2019 - 04 - 20) [2022 - 02 - 10]. https://baijiahao. baidu. com/s? id = 1631332959442539837&wft = spider&for = pc.

第一节　地价概述

一、地价的内涵

地价，可以是土地价格的简称，也可以是土地价值的简称，但是土地价格和土地价值的概念是不同的。

土地价格通常是指出售和交易价格,或是隐指交换价格,它根据不同时期的市场供求状况以及交易心理而定。有的文献也将土地交易价格称为土地的市场价值。

土地价值包括土地理论价值和土地评估价值。土地理论价值,是按照土地价值的构成理论和价值量理论,经过理性分析得出的正常情况下的土地价值。它是一切土地价值的基础,是经过理性总结的土地价值变动的一般规律,也是土地市场价格的波动中心。

一般将地价理解为土地价格,可解释为购买土地所有权的价格,具体为出让土地所有权所应取得的补偿,或取得土地所有权所应支付的代价。在市场经济条件下,既存在着土地所有权的出让,也存在着土地使用权的出让与转让,二者都是商品范畴,都是有偿行为。出让若干年期的土地使用权所应得的补偿,或取得土地使用权所应支付的代价,通常称为土地出让金,它与土地价格在本质上是不同的。如果土地使用权的出让是无限期的,则一次性支付的出让金实际上就等于土地价格。

目前,我国实行土地公有制,土地价格是以土地使用权出让、转让为前提的,一次性支付的多年地租的现值总和,是土地使用权在经济上的一种实现形式。因此,我国土地价格的含义不同于一般土地私有制国家,它是取得多年土地使用权时支付的一种代价,而不是土地所有权的价格。与土地所有权价格相比,不仅量不同,也有质的差别。这类似于香港地区的情况,它是土地所有权价格的一部分;但由于我国土地使用年期较长,一般都在50年左右,而且在使用期间也同样拥有转让、出租、抵押等权利,又类似于土地所有权,因此,在估价程序与方法上与土地私有制国家又是相似的。

二、地价的特点

由于土地具有不同于一般商品的特殊性,因此,土地价格与一般物价相比,有其自身的特点。从总体上来说,土地价格主要具有如下几个特点。

(一)表示方式不同

一般商品以价格表示,而土地除用价格表示外,还可以用租金表示,即地产有租赁市场存在。土地价格与租金的关系,犹如资本与利息的关系,只要确定了还原利率,二者就能相互推出。

(二)价格基础不同

一般商品具有移动性,价格来源是商品本身的价值;土地不具有移动性,其可移动的并非土地本身而是该土地的权利和利益。因此,土地价格是土地权利和收益的购买价格。

(三)形成时间不同

一般商品可以标准化,易于比较;而且它有比较完整的市场,价格形成时间短且容易;而土地个别差异性大,又缺乏完整的市场,价格是在过去至将来的长期影响下形成的,价格形成时间长且相对比较困难,估价时必须根据土地自身的特点和市场状况,进行具体分析。

（四）土地价格不是土地价值的货币表现，价格高低不由产生成本决定

土地是一种自然物，不是人类劳动的产物，所以没有价值，因而也无所谓生产成本。土地价格反映的主要是作为土地资源和资产的经济价值，产生的直接原因应该是土地的所有权或使用权的垄断性。现实中土地的开发是有成本的，在土地价格中应该得到体现。但是这部分开发性价格主要是土地的投资与回收及其应得投资收益，实质上是地价的附加。

（五）地价主要由土地需求决定

在一般市场中，商品价格受其本身供给与需求的双向影响。但是，土地的供给总的来说是一定的，人类可利用的土地是十分有限的，土地经济供给的弹性也很小，但对土地的需求则随着经济发展而呈现较大的变化，所以一定条件下，需求是影响地价的主要方面。

（六）地价具有明显的地区性和个别性

由于土地位置的固定性，在地区性市场之间，地价很难形成统一的市场价格，具有明显的地区性特征。另外，在同一地区（城市）内，土地的位置差别决定了土地难以标准化，个别性明显，因而不同等级或同等级内的不同地块，价格千差万别。

（七）地价总体呈明显上升趋势

地价上升的速度高于一般商品价格的上升速度，主要是由两方面的原因造成的：首先，由于土地的稀缺性，其供给弹性很小，而由于社会经济的发展和人口不断增加，对土地的需求总是持续增加的，因而地价呈不断上涨趋势；其次，整个社会的资本有机构成的提高，使得社会平均利润率下降，导致利润有下降的趋势，从而使地价呈上升态势。

（八）市场结构不同

一般商品有比较完整的市场，形成的物价比较客观，但土地市场是不完全的市场，需求对地价影响很大，形成的土地价格受主观因素影响也很大。

（九）折旧现象不同

一般商品有折旧现象，其价值随使用年限增长而降低；土地不仅没有折旧现象，还有增值现象，其价格常随社会经济发展而自然升高。但是，由于我国土地市场中转移的是土地使用权，对土地使用者而言，随着使用者可使用年期的减少和初始土地使用权价格的摊销，其土地使用权价格也会降低。

三、地价的分类

土地价格种类很多，我们举一个简单的例子来说明。

假定一位土地投资商以 10 000 元购入一块土地，为了改良土地以适应自己的需要，又投入 5 000 元改良资金。他发现，他能以 20 000 元的拍卖价格出售这块土地的所有权；但若

是 50 年的使用权，其价格只能是 18 000 元；但当他把这块土地向银行做抵押时，其价格只有 12 000 元；而政府则只能以 17 000 元的价格征收；当政府向这块土地课税时，该土地只值 14 000 元；然而，若是他把这块土地租赁出去，他每年就能得到 1 850 元的收益。

可见，在不同的情况下，同一块土地具有不同的价格形式，常见的有如下几种。

（一）交易价格

交易价格指土地在市场交易中成交的买卖价格，又可称为市场价格。由于交易的具体环境不同，土地交易价格又可分为公平交易价格和非公平交易价格。

在公开竞争的市场里，买卖双方均了解市场行情，公平竞争，没有不正常因素的影响，价值规律能有效地调节市场。在这种市场里形成的买卖双方均愿意接受的最高交易价格，就称为公平交易价格。对此，“美国不动产评估者协会”认为，市场价值是：①如法庭所定义的，是一种财产带到公开市场展销，允许有充足的时间觅到对产品应有的及目前使用的所有用途有全面了解的买者，而出售所得用货币计量的最高价格；②经常指卖者乐意出售，而买者乐意购买，并且二者都不受任何压力时的价格；③是在有足够时间找到买方并且买卖双方都有充足信息的期望价格。

如果在交易过程中受到许多非正常因素的影响，如一方不了解市场行情，或交易受到政府的某种压力，或交易双方有某种利害关系等，都会导致交易价格不正常，这种价格称为非公平交易价格。

拍卖价格、招标价格、协议价格、转让价格等，都属于交易价格。

（二）评估价格

评估价格指依据一定的评估方法对土地所做的价格评估。如我们用收益还原法、市场比较法、剩余法等对某块土地进行评估，所得的结果便是评估价格，它是交易价格的基础。土地在进行交易前，一般都要对土地进行价格评估，得出评估价，而后，买卖双方根据各自的评估价在市场进行讨价还价，最后成交。因而，同一块土地利用不同的评估方法，有不同的评估价格，评估人员不同，其评估价格也不同，而交易价格也可能与评估价格相等或不相等。

（三）课税价格

国家或地方政府为了课征地价税，由估价人员估定的土地课税价格，通常是市场交易价格的若干百分比。由于每块土地并非都要买卖，因而并非都有交易价格，但国家或地方政府却要对每一块土地课税。因而，在课征地价税的国家或地区，每隔一段时间都要对土地进行估价，得出评估价格，再参照交易价格，确定一个供课税用的价格，它一般要比市场交易价格低。如上例中的地块，其拍卖价格为 20 000 元，而课税价格仅为 14 000 元。

（四）租赁价格

租赁价格指主佃之间发生租赁行为，承租方为取得土地租赁权而向出租方支付的代价。土地所有者和土地使用权人都可以把土地租赁出去,租赁价格的实质是定期支付的地租。

(五)抵押价格

抵押价格指以土地为担保物而取得贷款时,银行对土地所估定的价格。由于不动产投资一般数额巨大,或因对农地开发、市地改造等需要较长期的大数额贷款,银行为了减少自身的风险,一般要求借款方以土地作为抵押,并对土地进行估价。估价的结果便是抵押价格,一般要比交易价格低。贷款额的多少则是按照抵押价格的某一百分比计算的。

(六)土地所有权价格

土地所有权价格是人们为购买土地所有权而支付的代价。土地所有权一经买卖,则土地所有权人发生改变,由土地所有权垄断而获取的地租收益流向也发生改变。购买土地所有权也就购买了获取地租的权利。所以,所有权价格的实质是地租的资本化。

人们通常所讲的"土地价格"就是指土地所有权价格。马克思的著名论述即"土地价格不外是资本化的,因而是提前支付的地租",指的就是所有权价格。伊利认为"把预期的土地年收益系列资本化而成为一笔价值基金,这在经济学上就称为土地的资本价值"。在这里,"土地资本价值"也是指所有权价格。

(七)土地使用权价格

土地使用权是一种财产物权,因而它同样可以买卖、租赁、抵押等。土地使用权价格是人们为取得土地使用权而支付的一定的经济代价,其实质是地租。因为在"两权分离"的情况下,土地使用权人与土地所有权人的经济联系是地租。在"两权分离"的状态下,土地使用权的年限可长可短,向土地所有权人缴纳地租的形式可以是逐年支付,也可以是一次付清。

在逐年支付的情况下,土地使用权一年的价格就是当年支付的地租;如果是一次性付清,则一定年期的土地使用权价格就是按现值计算的一定年期的地租的总和,即 $V=\frac{a}{r}\left[1-\left(\frac{1}{1+r}\right)^{n}\right]$,当 $n\to\infty$ 时,$V=\frac{a}{r}$,即在数量上与土地所有权价格一致。不过,在实际生活中,即使 $n\to\infty$,土地使用权价格也一般要比土地所有权价格低。

(八)基准地价

基准地价是指国家根据土地管理的需要,按照土地等级或土地收益状况,计算或评定出来的一定时间内某一区域的平均价格。它是政府控制地价和进一步评估土地出让、转让交易地价的基础,也是征收土地使用税、土地增值税、契税和地产税的依据。基准地价可以采用多种方法测算,如土地收益还原法、成本法、剩余法等,也可以由政府土地管理部门和土地评估委员会,按土地成本、收益、预期收益或市场交易状况确定。

(九)标定地价

标定地价是根据地块(宗地)的用途、形状、容积率和微观区位条件等,参照所在区位基准地价水平进行修正评估的地块(宗地)价格。它的作用在于,为土地出让转让确定地价、核定土地增值税、企业股份制改造核定土地资产价值及政府收购土地等提供依据。

第二节　地价的基本理论

一、资源价值理论

资源价值是资源经济的核心问题,资源价值理论是资源经济学的最基本的理论,是制定资源经济政策、促进资源经济发展的理论基础。国内外学者对资源价值的理论进行了广泛深入的研究,形成了不同内容、不同形式的资源价值论。归纳起来看,主要有如下几种。

(一)劳动价值论

劳动是价值的源泉,社会必要劳动时间决定价值量。

从威廉·配第、亚当·斯密、大卫·李嘉图到马克思,劳动价值论在不断修正,甚至在革命的过程中发展,并由马克思将其发展成完整成熟的价值理论体系。马克思的劳动价值论认为,商品的价值取决于物化在商品中的社会必要劳动量,劳动是衡量一切商品交换价值的真实尺度。劳动价值论区分了"使用价值"和"价值"概念,认为价值是凝结在商品中的人类一般劳动,使用价值只是价值的物质承担者,本身并不形成价值。劳动价值论在中国理论界长期占据主流地位,理论界关于价值的概念受到其深刻的影响。

(二)生产费用论

生产要素是价值源泉,生产费用(收入)决定价值。

生产费用论是认为商品价值的大小取决于生产费用的一种价值理论,其代表人物萨伊提出,效用是决定价值的基础和决定因素,生产三要素(劳动、资本和土地)则是创造价值的三要素(价值源泉),工资、利息、地租三种收入是对生产三要素自身耗费的补偿,它们构成生产费用,并决定商品价值。

后人批判萨伊的理论,认为萨伊的价值论把生产过程片面地归结为使用价值的生产和单纯的劳动过程,无视它同时还是价值的形成和增值过程,错误地将价值与使用价值混为一谈,把价值源泉与使用价值源泉相等同。生产费用实际上是三种要素的收入,是价值的分割,而不是价值的创造,以生产费用决定价值,就陷入了用价值来说明价值的循环论证。当然,这种批判主要是基于劳动价值论的价值概念,在国内经济学领域十分普遍。

二、马克思地价理论

(一)马克思认为自然状态下的土地不是劳动产品,没有价值,但有使用价

值，并存在价格

(1)未经人类开发的土地，没有投入人类劳动，因而没有价值。

(2)土地具有特殊的使用价值，能为人类提供产品和服务。

(3)土地价格实际上是土地所提供地租的购买价格。

(二)土地价格的实质是地租的资本化

将地租按一定利息还原成一定的资本量就是土地的价格。即：

$$利息 = 资本 \times 利息率 \rightarrow 资本 = \frac{利息}{利息率}$$

$$地租 = 土地价格 \times 还原利息率 \Rightarrow 土地价格 = \frac{地租}{还原利息率}$$

(三)已开发利用的土地由土地物质与土地资本共同构成，二者的资本化构成现实土地的价格

(1)土地物质是纯粹的自然恩赐，产生真正的地租。

(2)土地资本是固定在土地中的劳动，以折旧、利息和利润的形式给投资者带来收益。

(3)真正的地租与土地资本的折旧、利息和利润的资本化形成现实土地的价格。

三、西方经济学地价理论

西方地价理论的诞生可以追溯到17世纪，经过300多年的不断发展和完善，已经形成一套完整的地价理论体系。

(一)土地收益理论

土地收益理论认为土地价格是土地收益即地租的资本化。其中的土地收益是指正常年份的土地年收益，是土地处于最佳利用方向上的收益，是指土地的纯收益。即

$$V = \frac{a}{r} = \frac{R - C}{r}$$

式中 V——土地价格；

a——土地年纯收益；

r——还原利率；

R——预期总收益；

C——预期总成本。

(二)土地供求理论

(1)在总量上，土地的供给弹性接近于零，因此土地的均衡价格完全由市场的需求决定。

(2)从微观角度看，土地的供给是可变的，在同一价格水平下，可以在众多的土地供给

中选取其需要的土地，在价格水平不变时，土地的供给是无限的。

(3)一般情况下，由于土地的供给和土地的需求都是能够变动的，供给与需求的相互运动形成均衡土地价格。

具体见图 5－1 中的三种情况。

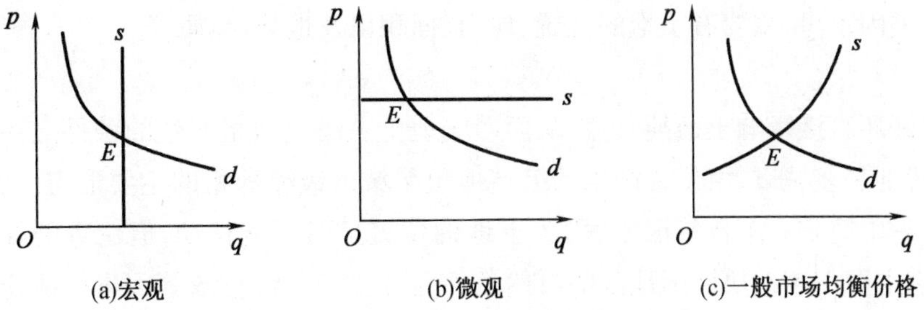

图 5－1　土地供求关系的各种表现示意图

四、土地综合价值理论

在土地价值理论中，长期以来以劳动价值理论为基本依据解释土地价值，但从本质上讲，土地不是劳动产品，仅以劳动价值理论无法正确地理解土地价值的根本内涵。因此，必须以土地综合价值理论代替单一的劳动价值理论。土地综合价值理论认为，土地价值并不是由某项价值形成因素单独决定的，而是由法律上的物权价值、质量和位置上的自然级差价值和经济中的劳动级差价值共同决定的，土地价值是这三项价值的综合。在这三项价值中，土地物权价值是其价值基础，自然级差价值是土地自然差异的结果，劳动级差价值是土地劳动差异的结果。

第三节　地价的影响因素及分布规律

一、地价的影响因素

我们知道，土地价格是地租或土地纯收益的资本化。因此，决定土地价格的因素也就是地租或土地纯收益和资本还原利率。土地纯收益和资本还原利率的任何变动，都会使土地价格产生相应的变动。

例如：当资本还原利率为 5% 时，若某地块年纯收益为 100 元，则土地价格 $V=100/5\%=2\ 000$ 元；若土地年纯收益为 50 元，则土地价格 $V=50/5\%=1\ 000$ 元；当土地纯收益一定，即为 100 元时，若还原利率为 5%，则土地价格 $V=100/5\%=2\ 000$ 元；若还原利率下降为 4%，则土地价格 $V=100/4\%=2\ 500$ 元。可见，二者的任何变化，特别是还原利率的任何细小变化，都会引起土地价格的变化。

在分析影响土地的价格因素时，我们撇开土地纯收益和还原利率这种直接的影响，而从资本化过程以外的一些因素来分析。即凡是影响土地纯收益和还原利率的因素就是影响土地价格的因素。当然，还有一些并不影响二者但却直接影响土地价格的因素。由于这些因素复杂多样，一般将它们分为四类，即土地自身因素、社会经济因素、政策因素及其他因素。

（一）土地自身因素

在这一类因素里，主要有土地的位置、地力、面积以及地势、地质等。

1. 位置

位置的好坏直接影响土地纯收益，从而影响地价。级差地租产生的条件之一就是土地位置差异，特别是在城市，由位置产生的级差地租是城市级差地租的主要形态。在这里，位置实际上已不单纯是一个自然因素，因为土地的位置虽然不能移动，但位置的好坏却是相对变化的，它主要由该地块周围地区的自然条件与社会、经济、行政等因素来决定。工厂的选址，必选在靠近原料产地、交通便利的区位；商业的选址，必选在人口密集、流量大的中心区。如北京市王府井地处市中心，商业繁荣，在等量投资的前提下，单位面积的纯收益必定比市郊高很多，其土地价格也必定为市郊所不及。在商业用途中，其地块是否处于市中心，临街的面积大小等，都是影响土地价格的至关重要的因素。

与中心商业及其他功能中心的距离远近，往往是决定住宅地价的重要因素，如 1988 年深圳拍卖的 H404－5 和 H201－3 两幅住宅用地，前者处于市区边缘，其市政设施及商业体系不完善，同时，由于该地北面是高压输电走廊，发展前景不大，因而其地价为每平方米 1 749元；而后者地处市中心，其容积率比前者还低，但其地价却为每平方米 4 716 元。

2. 地力

地力即土地肥沃程度。这一因素主要与农地有关。在农地中，土地的肥沃程度决定了土地自然生产率的高低，从而决定了土地的纯收益多少，其差别也就是由肥力而引致的级差地租 I 的量的不同。很显然，在土地位置等其他因素相同的情况下，土地的肥沃程度不同，其地价也必然不同。

3. 面积

土地利用的方向是决定土地价格水平的重要因素，而地块面积的大小严格制约着土地的利用方向。这样，地块面积随着土地利用方向不同而使其价格发生差异。不同的利用方向对面积有不同的定量要求。如果建造商业住宅，其适宜面积为 3 000 平方米左右，那么，尽管其他各因素均相同，500 平方米地块的单价绝不会有 3 000 平方米地块的单价高。在商业区，面积大者可建造商业大厦，面积小者只能搭设小店铺之类，其价格自然不可相提并论。各地块的面积究竟多大最为合适，主要取决于该地块的利用方向及所属地区的社会经济情况。

4. 地势、地质

这二者对农地和市地价格都有很大的影响，如在中国南方丘陵地带，地势起伏不平，田块面积狭小且多在山脚山谷，耕作困难，难以运用农业机械，其价格自然较低。而南方的红壤、北方的盐碱地与沙地质量极差，价格自然不高。在市地中，地势倾斜会加大利用难度，特别是在住宅区内，会造成向阴、背阳、通风不良等许多问题，因而其价格也较平坦地势要低。而在市地建筑地段中,如其位置相同而地质不一,土地结构松散不利于建造高楼大厦,其价格自然没有结构紧密而承载力强的土地价格高。

(二)社会经济因素

这类因素主要包括人口状态、城市公共设施建设、经济增长速度和居民收入水平等。

1. 人口状态

人口状态是最主要的社会因素。人口增加,则人地比率增大,从而对土地的需求上升,导致土地价格上涨。例如,日本所有城市土地价格增加率1956—1960年为11%~13%,1960—1961年为17%~18%,1962—1964年为6%~9%;而美国1956—1966年土地价格变动率仅为5.5%~6.9%。其主要原因就是日本是经济发达国家中城市人口密度最大、人口增长率最高的国家;美国的城市经济发展速度也很快,但由于人口密度低、人口增长率也比日本低,对土地需求不如日本强烈,因而地价增长幅度较小。

2. 城市公共设施建设

城市公共设施的完善程度,如道路、上下水道、邮电、学校、公园、市场等,直接影响到土地的未来开发成本。完善程度高,地块所处环境好,开发成本低而土地纯收益高,地价必然上涨。中国沿海各城市为吸引外资,大都采取"筑巢引鸟"的措施,大力加强城市公共设施建设,因而在完善投资环境的同时,土地价格也迅速上涨。

3. 经济增长速度

经济增长意味着国民收入的增加,财政、金融景气,经济繁荣,就业机会增加,物价、工资处于有利于经济发展的状态,社会总投资增加,对土地的总需求不断扩大,致使土地价格上升。在第二次世界大战前,美国爆发了20世纪最大的经济危机,百业萧条,土地价格也急剧降低,1925年为地价高峰,随后直线下降,1933年降至低谷,其水平比1894年还低。在1920—1930年,地价年增长率为2.1%,而在1930—1938年地价年增长率为-2.1%,尽管1933年后地价有所回升。而在第二次世界大战后,美国经济迅猛发展,因而地价持续上升,其上升幅度比经济增长幅度还大,20世纪60年代达到6.9%。从各国经济发展与地价变动来看,地价变动趋势大体与经济循环一致。

4. 居民收入水平

居民收入增加,对房地产特别是住宅的购买力增强,土地市场需求扩大,地价就会上涨;反之,地价就会下跌。

(三)政策因素

政策因素主要是指国家对土地价格的干预。国家从全社会利益和宏观经济发展需要出发,或推动土地的转移,或限制某类土地利用方式等,从而达到提高土地总体利用效益的目的。这种干预,对土地价格的影响至关重要,大致可分为以下几种。

1. 国家发展政策

如中国的特区政策和沿海城市的开放政策,使得各特区和开放城市的投资环境大为改善，从而吸引了大量的国内外投资，致使对土地的需求扩大，土地价格上涨。特别是深圳，在被列为特区之前，土地经济效益很低，其价格自然十分低廉。但随着推行土地使用制改革试点，地价上升很快，1987 年底最高价为每平方米 600 元，而 1988 年底最高价格达到每平方米 4 716 元。

2. 土地利用计划与规划

耕地和城市土地利用计划，限制了土地交易数量和土地利用方向。市地买卖受到城市规划的限制，市场土地供给量根据城市发展规划及土地供给总量确定，而规划中的住宅用地、商业用地和工业用地等，其价格大不相同。

3. 价格政策

国家对地租、房租、地价、房价是否限制，对地价水平影响很大。如目前在中国住宅制度改革中，对房租和房价都有严格的限制，主要是从保护消费者利益出发，实行低租金、低价格政策，特别是在公产房中，一般不包含地租、地价，这样必然导致土地价格处于低水平状态。

4. 税收政策

税收负担，无论是对个人还是对企业都至关重要。税赋增加则居民和企业的储蓄减少，从而减少社会投资，导致经济增长幅度降低。这时，各企业均无力或不想扩大投资，致使土地需求减少，土地价格降低。反之，税赋减少，则储蓄增加，土地价格上涨。

（四）其他因素

土地价格还受到一些个别因素的影响，如心理因素，即使土地价格水平较低，投资者认为在未来能得到很高的收益，或者能够享有土地所有者的种种荣耀，他便能接受较高的价格。还有一些特殊情况，如卖方因企业倒闭而急于还债，或急于离开此地去外地，他就会接受一个较低的价格。

此外，国内外的政治局势，也会对土地价格变动产生重大影响。

二、地价的分布规律

从总体上来说，土地价格主要具有如下规律：

（1）土地价格总体呈上升趋势；

（2）土地价格呈周期性趋势；

（3）土地价格具有明显的地区差异性；

（4）地价在房地产价格中所占比重越来越大。

对地价宏观变化规律的研究，美国经济学家 H. O. Nourse 和地理学家 B. J. Garner 做过较为深入的分析，建立了地价区位模型。如前者认为，地价是土地价值的反映，是指用来购买土地的效用或为预期经济收益所付出的代价。地价的高低与土地区位条件如交通通达度、便捷性、空间关联和周边环境条件等有关。由于不同的经济活动对地价的支付能力不同，所以地价对商业区类型、职能分布有直接影响。通过调查，H. O. Nourse 描绘了沿街购物中心某个方向地价变化与零售业类型的关系。B. J. Garner 则研究了零售区位的等级职能与地价的关系，认为零售区位的等级职能越高，支付地价的能力越高，区位选择将倾向于高地价的都市中心。除此之外，早先的 Von Thunen 模型、Alonso 模型等也从区位角度探讨了地租与区位的关系，其模型基本是同心圆模式。不难看出，城市经济学者和地理学者从区位角度分析了商业等分布的规律，这些规律的制约因素恰恰是地价。从他们的研究成果可以看出，地价影响了城市商业等的区位分布，而区位又反过来影响了地价。不过国外学者在这方面的研究更多采用的是解释性和描述性研究方法，有少数采用了评价性和设计性研究方法，但是定量化研究较少。

因为地租来源于超额利润，所以很多经济地理学者为正确理解土地价值，从土地利用分析入手，对地租与土地利用的关系进行了深入研究，其中以 Alonso 的空间均衡理论为经典代表。空间均衡的竞价地租分析中，长期均衡存在如下等式：

$$\frac{\mathrm{d}R(x)}{\mathrm{d}x}=\frac{-\left[\frac{\mathrm{d}T(x)}{\mathrm{d}x}\right]}{Q}$$

式中　$R(x)$——租金；

x——到商业中心区（central business district，CBD）的距离；

$T(x)$——往返于住地与 CBD 的时间；

Q——住宅基地的尺寸。

上式表明：均衡的地租梯度是随距离下降的，从理论上证明了地价是随距市中心距离的增大而降低的。尽管空间均衡理论要揭示的是城市住宅分布的规律，是从竞价－拍卖地租分析中得出的结论，但是该理论提供了一种很好的思维模式，将微观经济学和经济地理学融合到一起，推动了微观空间行为的模型建立。Danny Ben－Shahar 模拟市场租金定价过程，在理论和实践上证明了空间均衡理论的正确性。当然由于土地的特殊性，完全理想状态的市场竞争是不存在的，加之现实城市中用途复杂多样，限制因素很多，而且商服中心多样化，对环境和人本思想也越来越重视等，理想的空间均衡理论在实际地价的分析中难以得到应用，有必要引入先进的 GIS 分析。

关于地价非线性变化问题，Kau 和 Sirmans 较早揭示了地价和距城市中心距离、土地面积之间的经验关系，认为其服从指数函数形式。英国经济学家 Mill 称之为土地市场研究三大公式之一。其经典模型为

$$P_i=\theta A_i\mathrm{e}^{\rho v_i}$$

式中　P_i——土地的交易价格；

Ai——土地的面积；

v_i——距中央商务区（市中心）的距离；

θ——商务中心区域的单位地价；

ρ——地价衰减率。

Peter. F. Colwell 和 Henry. J. Munneke 进一步利用道格拉斯公式对上述公式进行了改进，认为一般的地价非线性结构可表示为

$$P_i = \beta A_i^{\gamma} e^{\beta_i}$$

式中　γ——地价的面积弹性；

δ——地价衰退率；

β——中心区第一个单位区域地价（如地块的第一个平方英尺区域）。

通过大量样点统计分析，证明了地价的面积弹性 γ 小于 1，上述函数是凹函数，而且该公式比经典公式合理。

近几年来，我国城市土地利用制度改革步伐很快，国家对城市国有土地资产也越来越重视，学者对城市土地价格与区位之间的关系研究也重视起来。例如：华东师范大学杜德斌、徐建刚曾运用多元线性回归方法分析了上海市中心地价与区位因子的关系，建立了相应的线性模型。《城市发展中的地价空间结构研究——以连云港市区为例》（张莉，南京师范大学硕士学位论文）中建立了定级估价模型，在前人研究的基础上总结了几种地价空间演变格局。《区位因素对城市地价影响的分析》（周路红，南京师范大学硕士学位论文）中将区位分为自然区位、交通区位和经济区位三大类型，分别定性分析了它们对地价的影响，然后以南京为例定性描述了商业、住宅、工业区位对地价的影响。《城市规划与城市地价相互作用机理研究——以深圳经济特区为例》（吴芸，南京农业大学硕士学位论文）中对地价变动的驱动机制进行了探讨，认为供求拉动、投资驱动、转换增值、外部辐射、结构效益和规模效益是城市地价的主要驱动力；同时以深圳市为例对城市总体规划、控制性详细规划、专项规划对地价水平的影响进行了分析。应该说，这些研究加深了我们对地价在城市空间的变化规律的认识。但是由于地价受区位因子的影响非常复杂，加之其中很多因子难以量化，所以目前的研究基本上是以定性描述和解释为主。

【核心概念】

地价，地价分布规律

【问题与探索】

1. 简述土地的内涵和特点。
2. 地价可以分为哪几类？
3. 简述地价的影响因素及分布规律。
4. 地价的基本理论有哪些？

【案例分析】

一线城市地价“高烧不退”

不同城市间楼市分化已成常态，而与房地产市场密切相关的土地市场也难逃分化加剧形势。

昨日，国土部中国土地勘测规划院公布了去年（2015年）全年及今年（2016年）一季度全国主要城市地价监测成果。不同类型城市地价增速分化明显，分化态势由一、二、三线城市的梯次差异变为一线城市显著高于二、三线城市。中国土地勘测规划院地价所所长赵松同时承认，我国前期房地产调控政策效果显现，但不够理想，一线城市市场热度上升明显，三、四线城市改善有限。

一线城市地价热度不减。

去年（2015年），我国楼市经历了跌宕起伏的一年，而土地交易市场同样不平静。中国土地勘测规划院公布的《2015中国城市地价报告蓝皮书》（以下简称《报告》）显示，去年（2015年），全国主要监测城市各用途地价水平继续提升，其中综合地价为3 633元/平方米，较上年提高了111元/平方米，从用途看的话，与人们生活相对更密切的住宅用地价格提升最明显，价格水平达到7 835元/平方米。不过，令人有些意外的是，《报告》指出，去年我国主要监测城市各用途地价增长率均处于4%的平稳区间内，住宅地价增长最高，达到3.92%，但包括住宅在内的各用途地价增长率均有所回落，且呈现逐季度回落的规律。

"分化"作为近几年我国楼市的关键词也同样出现在土地市场中。赵松介绍称，去年（2015年）一、二、三线城市各用途地价水平均有所上升，但不同类型城市地价增长率存在差异，分化态势由一、二、三线城市的梯次差异变为一线城市热度不减，显著高于二、三线城市。

资料来源：蒋梦惟·国土部承认前期调控政策不够理想：一线城市地价"高烧不退"［N］. 北京商报，2016－04－19（2）.

思考：为什么一线城市地价居高不下？

第六章　土地税收

【内容提要】

本章主要包含以下内容:

1. 土地税收概论;
2. 中国土地税制的演变;
3. 中国土地税制存在的问题及改革措施;
4. 海外土地税制制度。

【引导案例】

香港土地税收制度

香港现行土地税收有五种:物业税、差饷、印花税、遗产税、房地产所得税。

物业税按物业原值的一定比例征收,目前税率为15%,即物业税=物业原值×15%。

差饷的征税对象为附着于土地上的各种房屋及增加房屋使用价值的建筑物。

印花税是在发生不动产转移时,按照订立的契约价款征收的税种,具体的规定税率为:物业价格在25万港元以下,印花税为20港元;物业价格为25万~50万港元,印花税税率为0.007 5%;物业价格为50万~100万港元,印花税税率为0.015%;物业价格为100万~150万港元,印花税税率0.02%;物业价格在150万港元以上,印花税税率为0.027 5%。

遗产税是针对遗产征收的税种,按照遗产价值的大小采用不同的税率,规定为:遗产价值在200万港元以下,免征遗产税;遗产价值为200万~250万港元,税率为6%;遗产价值为250万~500万港元,税率为12%;遗产价值在500万港元以上的,按18%的税率征收。

房地产所得税的征税对象为经营房地产业而赢利的公司和个人。公司采取平均税率,为18.5%,个人采取超额累进税率。

第一节　土地税收概论

一、税收的概念及构成

税收是随着国家的出现为了维护国家机器的正常运行而出现的,从产生到现在已有千年历史,无论是奴隶社会、封建社会还是资本主义社会、社会主义社会,都存在着税收。税收与国家存在直接联系,二者密不可分,税收是国家机器赖以存在并实现其职能的物质基础。收税是政府的权利,交税是纳税人的义务。

税收是一个分配范畴,是国家参与并调节国民收入分配的一种手段,是国家财政收入的主要形式。从宏观上看,通过税种的设置,以及在税目、税率、加成征收或减免税等方面的规定,可以调节社会生产、交换、分配和消费,调节经济杠杆,促进社会经济健康发展;从微观上看,税收能起到监督管理作用,促进企业发展生产,鼓励先进、鞭策后进。

(一)税收的概念

《政治经济学辞典》对"税收"的定义是:"国家按法律规定对经济单位和个人无偿征收实物或货币,是国家凭借政治权力,参与国民收入分配和再分配,以取得财富的一种形式。"

《美国经济学词典》对"税收"的定义是:"税收是居民个人、公共机构和团体向政府强制转让的货币。其征收对象是财产、收入或资本收益,也可以来自附加价格或大宗的畅销商品。"

世界银行对"税收"的定义是:"为公共目的而收取的强制性的、无偿的、不可返还的收入。"

《中国大百科全书》对"税收"的定义是:"税收是按国家政权为了行使其职能,保证国家机器的正常运转,通过法律规定的标准,强制地、无偿地取得财政收入的一种形式。"

综上,我们认为,税收是国家为了实现政治、经济和社会的发展目标,依据法律规定的标准,强制地、无偿地对经济单位和个人征收的实物或货币,是国家参与国民收入分配和再分配的一种手段。

(二)税收的特征

从税收的定义中我们可以看出,税收具有强制性、无偿性和固定性。强制性是指国家颁布法令并实施,任何单位和个人必须无条件履行纳税义务,否则将受到法律制裁,税收是一种权利和义务。无偿性是指国家征税以后,税款即为国家所有,不需要偿还也不给纳税人任何代价和报酬。固定性是指在征税以前便以法律形式规定了征税对象、统一的税率比例或数额,并只能按规定的标准征税。

(三)税收制度

税收制度简称税制,是国家各项税收法律、法规、规章和税收管理体制等的总称,是国家税收分配关系的总规范。[①] 税收制度的主体是税收法律、法规及规章。

税收制度由纳税人、课税对象、税基、税率、附加、加成和减免、违章处理等要素组成。所谓最优税收就是有关税收的三个基本要素(纳税主体、税基、税率)之间的一种权衡。

纳税人,是指税法上规定的有纳税义务的单位和个人。课税对象是税法规定的课税目的物,即税收法律关系中征纳双方权利义务所指向的物和行为。税基,是课税的基础,有两层含义:一是税基的质,即课税的具体对象,有实物量和价值量两类;二是税基的量,即课税

---

① 任浩明. 土地估价相关知识[M]. 南京:江苏科学技术出版社,2014:13.

对象中,有多少可以作为计算应课税的基数。税率,是课征对象的比例,体现征税的深度,分为比例税率、累进税率、累退税率和定额税率。违章处理是对纳税人违反税法行为的处置。

(四)我国现行的主要税率

比例税率,即对同一征税对象,不分数额大小,规定相同的征收比例。例如单一比例税率(增值税)、差别比例税率(消费税、城市维护建设税)、幅度比例税率(营业税、娱乐业税率)。

累进税率,即将征税对象按数额大小分成若干等级,每一等级规定一个税率,税率依次提高。每一纳税人的征税对象则依所属等级同时适用几个税率分别计算,将计算结果相加后得出应纳税额。例如超额累进税率(个人所得税中的工资薪金所得)、超率累进税率(土地增值税)。

定额税率,是指按征税对象确定的计算单位,直接规定一个固定的税额。例如资源税、城镇土地使用税。

二、土地税收的概念

区分税收的标志是征税对象,土地税收就是以土地为征税对象的一种税收。具体而言,土地税收是国家以土地为征税对象,以土地价值为征收标准,为满足公共需要,优化土地配置,凭借政治权力,运用法律手段,从土地所有者或土地使用者手中取得部分收益的一种税收。土地税收包括对农村土地和城市土地的课税。

在我国,除农业用地外,凡是中华人民共和国境内的土地,都属于土地使用税的征税范围。其中,可以免征土地使用税的有:国家机关、人民团体、军队自用的土地;市政建设、广场、绿化地带等公用地;直接用于农、林、牧、渔业的生产用地;经批准开山填海整治的土地和改造的废弃土地及交通、水利设施用地和其他用地。

土地使用税的纳税人为在我国境内属于土地使用税征税范围内的土地使用权的单位和个人。

我国现行土地税种有城镇土地使用税、耕地占用税、土地增值税、契税。(表6-1)

表6-1 我国现行土地税收

税目	征税范围	纳税人	计税依据	税率
城镇土地使用税	市、县、镇、工矿区	拥有土地使用权的单位或个人	实际占有面积	四级定额税率
耕地占用税	占用耕地或从事非农建设时	单位或个人	实际占有面积	四级定额税率
土地增值税	转让国有土地使用权并取得增值	单位或个人	土地增值额	四级超率累进税率
契税	土地使用权和房屋所有权权属转移时	单位或个人	交易成交价格	幅度比例税率

土地使用税的适用税额为：大城市 0.5 ~ 10 元，中等城市 0.4 ~ 8 元，小城市 0.3 ~ 6 元，县城、建制镇、工矿区 0.2 ~ 4 元。

应纳税额 = 计税土地面积 × 适用税额

三、土地税收的特点

（一）土地税收是税收中最悠久的税种

农地征税是人类税制史上最古老的税种。土地税在各种税种中历史最久，并为各国普遍采用。地价税始于 1873 年加拿大的荒地税。

（二）土地税收以土地制度为基础

在不同的社会制度下，因土地制度的不同，土地税的征收也存在差异。土地税的本质是财产税、收益税或所得税。

（三）土地税税源稳定

土地具有固定性的特点，土地税收便成为国家一种长期、稳定的税源。土地财政被称为国家的第二财政。

（四）土地税收在特定情况下可能转嫁

赋税的转嫁是指纳税人将税的负担全部或部分转嫁于他人。因为土地的固定性，土地是不动产，不同于其他流动商品，所以许多经济学家认为土地税是不可能转嫁的。然而，土地税转嫁是一个客观存在的事实。例如出租房屋的基地和矿业用地等生产性用地的土地税就有可能被转嫁。

四、土地税收的功能

（一）抑制土地投机，确保公平

土地具有稀缺性、不可再生性等特点，使土地市场呈现为卖方市场，为投机者创造了契机。土地税收政策应当以抑制土地需求、增加土地供给为目标来抑制土地投机市场，促进土地资源的合理流动。

（二）引导土地利用方向，提高效率，促进土地资源的合理配置

在对土地资源的利用方面，税收起着主导作用，合理的土地税收能够引导土地利用方向。通过土地税收政策的变化，实现引导土地利用方向的目的，促进土地资源合理利用。同时，征税压力促使经营者更有效、更集约地利用土地。土地增值税的调节对土地投机的抑制起着显著作用。

(三)是国家财政收入的重要保障,为国家筹集资金

土地税收是国家财政收入的重要保障,在国家税收体系中所占的比重越来越大。土地具有固定性,使土地税收成为国家一种长期、稳定且有保障的财政收入。

(四)优化利用,持续发展

当今人类越来越关注生态环境问题,对土地税制的完善,也有助于促进生态环境的保护。

(五)是宏观调控的有效手段

国家以经济管理者身份,根据法律和宏观经济管理目标,按照国家意志,强制性地向微观经济组织和个人征收税收,从而对土地的供给与需求、供给结构与需求结构进行调控。

(六)调节土地收益分配,促进企业间公平竞争

在征收土地税中实行差别税率,可以将一些地区或部门较高的级差地租收归国家,然后以各种形式分配给需要特别支持的地区或部门,以促进国民经济各地区或各部门间的平衡协调发展。

第二节　中国土地税制的演变

一、古代土地税制

中华民族立国开始于公元前2000年左右的夏、商时代。在夏、商、西周长达1 800多年的奴隶社会,形成了以贵族阶级占有为基础的土地国有制(井田制)。无论是共同耕作的“公田”还是各个家庭耕种的“私田”,都只有使用权而没有所有权,土地属于奴隶主的国家所有。《诗经》有云:“溥天之下,莫非王土;率土之滨,莫非王臣。”而在当时,商品经济尚未发展,土地税收多以劳役、实物为主。以今天的视角来看,“井田制”似乎是一种早期的“承包责任制”,它通过提供较大的内在化激励,调动了个体家庭的生产积极性,因此,也是一种有效率的产权制度安排。[①]

春秋战国时期,各诸侯国为了争雄称霸而竞相变法。在此过程中,土地私有制逐渐建立,并且开始出现土地买卖与兼并。首先改革的是齐国,管仲实行“相地而衰征”的租税政策,承认了新开耕地的合法私有。紧接着是晋国开始变法,僖公“作爰田”,承认了劳动者所耕土地的固定化和私有化。公元前594年,鲁国“初税亩”,承认了劳动者新垦土地的合法私有,开始向劳动者所耕作的土地按亩征收租税。秦国于公元前408年执行了“初租禾”的改革,实行“择其善亩谷最好者,税取之”的做法。公元前359年,秦孝公启用商鞅,开始了

① 洪德.产权的秘密[M].成都:成都时代出版社,2009:3.

历史上有名的商鞅变法,“废井田”“开阡陌”“制辕田”,即拆除井田边界,推行军工授田制度,允许土地自由买卖,奖励农业生产,国家按亩收税,此外,民户直接向国家交纳赋税后,剩余产品归自己支配。在这些改革背景下,土地私有化加剧,新兴地主阶级形成,地主土地所有制发展起来,封建经济关系建立。在土地流转过程中,土地资源得到了优化配置。

秦始皇统一六国后,于公元前216年颁布“使黔首自实田”的法令,让老百姓向政府呈报、登记实际占有田地的数额,以便国家掌握各民户土地数量,进一步名田定税。后又“舍地而税人”,赋税以人丁税为主。

两汉时期实行重农政策,提倡对土地轻税,采用低税率,大约为农作物收成的1/15。到太平盛世的文景时代,税率更低,为1/30。

南北朝更改为均田制赋税,采用“租、调、庸”税制,其中的租即为田赋。“租、调、庸”三税的计算都以人丁为主。

唐朝实行土地私有制,将“租、调、庸”三税合一,实行“两税法”,分秋、夏两次征收。政府先估计财政上的需要来确定征收总额,然后分派到全国各家各户。每人的赋税依其占有的土地数量和肥沃程度确定。征税以银两为主,有部分粟米等实物。

宋元明各朝财政困难,税收混乱、复杂,成为社会矛盾的根源。到明万历八年(1580年)开始全国土地丈量。1581年,明朝宰相张居正建议明政府推行“一条鞭法”。

1669年,清朝康熙皇帝宣布明藩王的土地归当时耕地的农民所有,称为“更名田”。1721年,康熙规定,以康熙五十年(1711年)的人丁数为征收丁税的固定数,以后滋生人丁,永不加税。后又摊丁入亩,把工匠的代役钱也摊入田税征收,废除了工匠的服役制度。

二、民国时期的土地税制

自1912年孙中山领导辛亥革命建立中华民国临时政府,到北洋政府,再到南京国民政府共可大致分为三个时期。由于阶级性质,三个政府的政策都对官僚资产阶级和民族资产阶级的前途和利益做了较多关注,忽视了广大农民群众对地权的分享要求,这个时期农民的负担极为沉重。同时,三个政府也都对侵犯私有土地的行为在法律上做了严格规定。

中华民国临时政府时期,在“人民保有财产”之“自由权”下规定了私有财产的不可侵犯性,从而保护了地主阶级的土地所有权。然而,由于中国长时期既有半封建半殖民地的社会属性,又存在军阀割据和混战的状态,出现了社会经济危机,使政府做出决定,在土地赋税的征收上不收货币而是收取实物,甚至出现“预征制”,以此来达到物质保障。

北洋政府时期,规定了“凡不动产之所有人对于所有权之效力,无论对任何人均可主张”。这个时期的土地税税目繁多丛杂,附加税超过正税,所谓的“废除苛杂”也只是将有名的税目改为无名的摊派,并且税率提高,增加了农民负担。

南京国民政府时期,对土地税进行了相应调整:①由国家税改为地方税。1928年国民政府召开的第一次全国财政会议,对中央收入和地方收入标准进行审查,田赋正式改为地方税。②开始推行地价税和土地增值税。1930年国民政府公布《土地法》,规定征收地价税和土地增值税。③先后颁布了多部关于土地的法律,《土地征收法》《土地法原则》《土地法》《土地使用法》《地价税法》《土地登记法》,目的在于使地尽其用,人民有平均享有使用土地的权利，同时防止私人垄断土地，谋不当之利。

三、中国现行土地税制

我国现行将地产和房产作为征税对象的税种主要有：城镇土地使用税、土地增值税、房产税、耕地占用税、契税等。

这些税种可以按照4个税类区分：①所得税类，包括农业特产税、牧业税、企业所得税中的土地税、个人所得税中的土地税；②财产税类，包括城镇土地使用税、土地增值税、房产税、契税；③行为税类，包括耕地占用税、城市维护建设税、固定资产投资方向调节税、印花税；④流转税类，包括转让土地使用权和销售不动产的营业税。其中，2005 年 12 月 29 日公布的《全国人民代表大会常务委员会关于废止〈中华人民共和国农业税条例〉的决定》，取消了农业税、农业特产税、牧业税，本书不再介绍。

（一）城镇土地使用税

1988 年 9 月 27 日，国务院发布《中华人民共和国城镇土地使用税暂行条例》，规定自 1988 年 11 月 1 日起开征土地使用税。根据规定，凡在城市、县城、建制镇、工矿区范围内的土地，不论是属于国家所有还是集体所有，都是土地使用税的征税对象。纳税人是实际使用土地的单位或个人。计税依据是实际占有的由省、自治区、直辖市人民政府确定的单位组织测定的土地面积，未组织测定但纳税人持有政府部门核发的土地使用证书的，以证书确认的面积为准。

城镇土地使用税的分级幅度税额按城市大小分为四个档次，每平方米的年幅度税额为：大城市 0.5～10 元，中等城市 0.4～8 元，小城市 0.3～6 元，县城、建制镇、工矿区 0.2～4 元。在此税额幅度内，省、市、直辖市人民政府根据市政建设状况、经济繁华程度等，进一步确定所辖地区适用税额幅度。

（二）土地增值税

1993 年 12 月 13 日，国务院颁布《中华人民共和国土地增值税暂行条例》，自 1994 年 1 月1 日起开征土地增值税。征税范围是有偿转让国有土地使用权、地上建筑物和其他附着物产权的行为，不包括继承、赠予等没有收入的房地产转让行为。纳税人是有偿转让国有土地使用权、地上建筑物和其他附着物产权并取得收益的单位或个人。计税依据是转让国有土地使用权、地上建筑物和其他附着物产权所取得的增值额，采取余额法或扣除法进行计算。

土地增值税的税率实行四级超额累进税率：

（1）增值额未超过扣除项目金额 50% 的部分，税率为 30%；

（2）增值额超过扣除项目金额 50%，未超过 100% 的部分，税率为 40%；

（3）增值额超过扣除项目金额 100%，未超过 200% 的部分，税率为 50%；

（4）增值额超过扣除项目金额超过 200% 以上的部分，税率为 60%。

其中，扣除项目指：

(1)取得土地使用权所支付的金额;

(2)开发土地的成本、费用;

(3)新建房及配套设施的成本、费用,或者旧房及建筑物的评估价格;

(4)与转让房地产有关的税金;

(5)财政部规定的其他扣除项目。

(三)房产税

房产税是以城市、县城、建制镇和工矿区房产为课税对象,按照房屋计税价值或房屋出租租金收入,向产权所有人征收的一种税。纳税人是房屋产权的所有人。

房产税采用比例税率:

(1)按房产原值减除10% ~20%后的余额计征,税率为1.2%;

(2)按房产出租的租金计征,税率为12%。

(四)耕地占用税

2007年12月,国务院发布《中华人民共和国耕地占用税暂行条例》,2008年开始施行。耕地占用税是国家对占用耕地建房和从事其他非农业建设的单位和个人征收的一种税。纳税人是占用耕地建房或从事非农业建设的单位和个人。计税依据是以纳税人实际占用的耕地面积,按适用税额一次性征收。

耕地占用税的税额是:

(1)人均耕地不超过1亩的地区,每平方米10 ~50元;

(2)人均耕地超过1亩,不超过2亩的地区,每平方米8 ~40元;

(3)人均耕地超过3亩的地区,每平方米5 ~20元。

(五)契税

1997年7月7日,国务院颁布《中华人民共和国契税暂行条例》,1997年10月1日实施。契税征税对象是发生土地使用权和房屋所有权权属转移的土地和房屋。征税范围包括土地使用权出让、土地使用权转让(包括出售、赠予、交换)、房屋买卖、房屋赠予、房屋交换。

计税依据是:

(1)国有土地使用权出让、土地使用权出售和房屋买卖,计税依据为交易的成交价格;

(2)土地使用权和房屋的赠予,由征税机关根据市场价格核定;

(3)土地使用权和房屋交换,计税为交换的价格差额。

契税实行幅度比例税率,税率为1% ~3%,由省级人民政府根据实地房地产市场状况在规定幅度内确定适用税额。

第三节　中国土地税制存在的问题及改革措施

一、存在的问题

（一）以费代税现象明显

据估算，我国土地税收占房地产开发总成本的10%左右，各种收费却占总成本的30%以上，而国外与土地开发有关的费用仅占房地产价值的2%左右。[①] 此外，以费代税现象明显，例如，《中华人民共和国城市房地产管理法》第二十六条规定："超过出让合同约定的动工开发日期满一年未动工者，可以征收相当于土地使用权出让金百分之二十以下的土地闲置费……"这里的土地闲置费是典型的惩罚行为税而不是费。

（二）税种设置有待完善

在税种设置上，呈现重复与缺位并存、交叉与重叠并存态势。例如：契税是在房屋产权发生转移时就双方当事人所订立契约的一种税，印花税是就经济活动中订立的凭证征收的一种税，后者的课税范围明显覆盖了前者，存在重叠问题；对出租房地产既征收房地产税又征收所得税，收税范围重复；对房地产的继承和赠予与一般财产一样还没有相应税收。

（三）课税范围有待完善

目前土地税收主要征收对象是城镇、工矿区使用的土地，而不包括农村中的非农业用地，导致一些乡镇企业对农用地乱占滥用，既使国家收益受损，又不利于耕地保护。

（四）税率设计有待完善

现行土地增值税实行30%、40%、50%和60%的四级超额累进税率，高于其他国家和地区。土地增值税过高的税率可能导致以下问题：一方面提高了纳税人缴税的机会成本，造成逃税现象的发生；另一方面增加了税收的征管成本，扭曲了决策者本来的调节意图。

二、原因分析

土地财政产生的原因比较复杂，由于我国的国情以及体制等诸多方面的因素，同时涉及了多方面利益的交错。总体而言，可以从以下几个方面来分析。

（一）官员的政绩考核制度有待改善

目前我国对于官员的政绩考核完全依赖于GDP等体现经济发展水平的指标，而对于环境治理、社会保障、文化建设等内容则因为不能量化而选择忽视。这就导致一些地方政府

① 孟祥舟. 土地税费制度改革的几个问题[J]. 中国土地，2002(1)：11－13.

在对土地进行拍卖时操作不够规范。

(二)土地运作中的巨大财政收入

地方政府在征收集体土地时，是以该土地农产品产量作为基础估算价值的，即相当于按该土地一定时期内产出量的货币表现付给农民的绝对地租，这样土地价格就很低；地方政府将土地出手给地产商时，却是以市场价格来衡量地价的，这就相当于以土地的位置、好坏付给的级差地租。而这二者的差距，有时可达几十倍。在地方政府征用农民土地再卖给地产商的过程中，就发生了土地增值税、城镇土地使用税、耕地占用税、契税等一系列税收。同时如果当地房地产业和相关产业发展，还会带动企业所得税、房产税以及由房地产业所创造的其他税收的增收。这是一个互相关联的产业链条，牵一发而动全身。

(三)目前税收制度有待完善

从前面讲述的土地税收存在的问题中可以看出，从税种的设置、课税范围的划定到税率的设计等都有待继续完善。

三、改革措施

土地改革，泛指对人地关系及人人关系在制度上的改革及方法上的改进。改革取决于国家政权的选择，并体现国家政权的意志及其代表的根本利益。我国是社会主义国家，改革要追求保障每一个生存在土地上的人的公平利用土地的机会和权利，更要追求土地资源的不浪费、土地利用率和生存率的提高和社会全体福利的增进。改革的基本方向概括而言就是“明租、正税、清费”。

(一)税种改革——完善现有税种、取消重复税种、增加新税种

对现有税种进行完善、增删，最终形成比较完整，适合我国实际与经济发展的土地税收格局。例如，可以将城市房地产税从地产税中删除，并入房产税，增加新的税种；对未能适当利用而导致土地荒废的农地征收惩罚性的荒地税；在农地税收中增设农地占用税，保护农地，避免农地被盲目占用等。

(二)扩大课税对象的范围

增值税的课税对象不应只局限于国有土地，国有土地公司获准购买农民集体所有土地在用途转换时所获得的增值收益也应计入课税范围。房产税应既包括城市房产，又包括农村房产，并对二者实行差别税率。①

(三)明确税费差异，规范土地收费

对收费项目进行严格清理，除少数确有必要的服务性收费项目以外，其他收费项目或

① 卢新海.城市土地管理与经营[M].北京：科学出版社，2006：353.

取消或合并为固定税种。土地税费的规范有利于减少乱收费现象，更有利于地租和土地税发挥作用。

（四）适时开征遗产税

从各国的税收实践来看，遗产税对社会政治、经济发展有着积极作用。遗产税的开征将弥补无偿转让房地产环节税收调节的缺位，同时有助于个人所得税的征收，调节财富分配，促进社会公平。从目前我国税收征管水平看，遗产税应采取总遗产制，即对死亡者遗留的全部遗产进行课税，不考虑遗产的分配方向，这样有利于税源监控，也能够降低税收征管成本。

【核心概念】

税收，土地税收，土地税收的改革措施

【问题与探索】

1. 土地税收的特点与功能是什么？
2. 我国古代的土地税收有哪些值得借鉴的地方？
3. 我国现行土地税收存在哪些问题待完善？

【案例分析】

土地出让金飙升超税收　多省市财政严重依赖土地

人民网北京2月18日电（贾兴鹏）　日前，各省（市）陆续发布2013年预算执行情况和2014年预算草案报告。人民网财经记者梳理报告发现，多省（市）的土地出让金飙升，有的省份甚至已超税收收入。

人民网财经记者在《关于四川省2013年财政预算执行情况和2014年财政预算草案的报告》中看到，2013年财政预算执行一项中，四川全省政府性基金收入实现2 356.59亿元。其中，国土方面收入，即土地出让金达2 049.36亿元。

而四川省2012年财政预算执行情况显示，全省政府性基金收入完成1 715.9亿元，其中国有土地方面收入1 444.91亿元。短短一年时间，土地出让金飙升了605亿元，增幅近40%。而2013年四川全省税收收入2 102.48亿元，增长仅15.1%。土地出让金的收入，已经与税收相差不多。

与四川相比，江西省2013年的土地出让金则早已超过了税收收入。《江西省2013年财政预算执行情况和2014年财政预算草案的报告》（以下简称《报告》）显示，2013年江西省国有土地使用权出让收入1 210.7亿元，增长74.8%。《报告》称土地出让金增加，主要是土地出让面积增加，土地出让价款收入增加较多。相较而言，江西省税收收入增速则逊色很多。数据显示，江西省2013年税收收入1 177 .7亿，增长20.4%。由此来看，税收无论是绝对数还是增速都低于当年的土地出让金。

数据显示,2013 年云南全省政府性基金预算收入完成 1 035.5 亿元,为年初预算的 137.5%,比上年决算数增加 251.2 亿元,增长 32%。对此,云南省解释,政府性基金收支增幅较大的原因,主要是国有土地使用权出让收入比上年大幅增长。

此外,北京市 2013 年国有土地使用权出让收入 592.8 亿元,相比 2012 年的 401.1 亿元,增长了 47.8%。经计算,2013 年北京市税收同比仅增长 12.4%,远低于 47.8% 的土地出让收入增幅。

房产业内人士分析,部分省市土地出让金超过税收,一方面是受"营改增"政策影响,营业税增幅较低;另外一个原因则是,房地产市场的扩大,导致了土地市场的供不应求。地方政府要么通过增加土地供应,要么提高土地价格,如北京近期频出的"地王"。这些原因都让土地出让金暴涨,成为地方财政收入的主要来源。

资料来源:贾兴鹏. 土地出让金飙升超税收 多省市财政严重依赖土地[EB/OL]. (2014-02-18)[2022-02-20]. http://finance.people.com.cn/n/2014/0218/c1004-24385605.html.

思考:地方政府为何如此依赖土地财政?针对目前我国土地税收政策存在的问题结合社会实际,分析地方政府如何"戒除依赖"?

第七章　土地金融

【内容提要】

本章主要内容：

1. 土地金融概述；
2. 中国土地金融的发展与运行现状；
3. 典型国家或地区土地金融发展经验；
4. 中国土地金融的完善思路与发展模式。

【引导案例】

德国土地金融体系

1. 成立背景

德国是世界上最早实行土地金融制度的国家。18世纪下半叶，德国遭受战乱，农民多数逃亡，原来富有的大地主也负债累累，致使高利贷活动猖獗，农村经济雪上加霜。为解除高利贷的盘剥，使资金流入农村，振兴农业，普鲁士国王下令组织抵押信用合作社，于1770年在普鲁士的西里西亚省成立了德国第一个土地抵押信用合作社。目前，土地抵押贷款是农民可利用的主要长期信用工具，土地抵押信用合作社成为服务于土地改革运动的金融机构。

2. 组织结构

德国土地金融体系最大的特点是其“自下而上”的组织结构体系。即先组建各地的土地抵押信用合作社，然后向上发展成立联合合作银行。德国的土地抵押信用合作社是民间合作性质的组织，是由社员自发组织并为社员服务的金融机构。在土地金融体系中，合作社起着中介的作用，而土地抵押信用合作社又联合起来成立联合合作银行。

3. 资金来源

德国土地金融系统的资金主要是通过发行债券的方式取得。合作社不接受任何形式的存款，放贷资金则是依据现行法律规定，根据政府的授权发行债券，并直接以各地区的许多土地为联合担保品，担负债券的发行、付息及清偿责任。债券买卖流通的范围不受地区的限制。这样一来，债权人与债务人的关系由购券人(投资者)与借款人之间的直接关系，变为债权人(购券人)与信用合作社，信用合作社与社员(借款人)之间的间接关系，从而减少了借贷者之间的直接矛盾与冲突。

4. 主要业务

目前，以土地抵押信用合作社为主体的德国土地金融体系的主要业务是以提供贷款的方式协助农民购买土地，开垦土地，兴建水利、道路，耕地平整和造林，以达到促进农业农村发展的经营目标。

资料来源：朱英刚，王吉献. 国外及台湾地区土地金融研究与借鉴[J]. 农业发展与金融，2008(11)：6.

第一节 土地金融概述

一、土地金融的概念

金融一般是指与货币流通、信用以及与之相关的各项经济活动的总称。金融的核心是通过信用形式，对货币资金进行调剂与分配。在现代经济活动中，它是以银行为中心的各种形式的信用活动以及在信用基础上组织起来的货币流通。

那么，什么是土地金融呢？概括地说，土地金融是以土地为媒介而进行的货币与资金的融通活动，是通过各种信用方式、方法及工具，有效地组织和调剂土地领域中货币资金的活动。在现代社会再生产过程中，一时一刻也离不开货币资金，离不开金融的支持和配合。从这个角度讲，土地金融的基本任务是以最有效的方式、方法及工具，向社会筹集资金，用以支持和配合土地的开发、利用以及土地经营方面的资金融通，以促进地产业不断发展。土地金融在整个金融体系中占据重要的地位。

土地金融的内容主要包括发生在土地开发、利用、经营过程中的贷款、存款、投资、信托、租赁、抵押、贴现、保险、证券发行与交易，以及土地金融机构所办理的各类中间业务等信用活动。

二、土地商品、资金、金融的特征

(一)土地商品的特征

在市场经济条件下，土地作为一种商品，既有一般商品的普遍属性，又有与一般商品不同的特性，具体表现在：土地就其本源来说是自然物质而不是劳动产品；土地价格较高，并且从长期趋势看，随着社会发展和人口增加，土地价格将不断上涨；土地实体具有位置固定性，无法向异地转移流动；土地具有稳定性，一般不会损毁，也不会消失，可以永续使用。

(二)土地资金的特征

土地资金，一般是指一切用于土地的购买、开发、利用和经营所使用的资金。任何一种商品的再生产过程，都存在货币资金向生产资金的转变过程，但不同商品的自然属性不同，因而其资金周转、运行过程也不同。土地资金与其他商品资金相比，在周转和运行中存在着资金流量、周期、消耗、增值等方面的差别，这些差别形成了土地资金的特性；资金垫付量大；资金周转期长；资金运动具有相对稳定性和固定性；土地资金具有较强的增值性。

（三）土地金融的特征

土地商品和土地资金的上述特征，决定了土地金融的如下特征。

1. 土地金融具有自偿性

无论是农地还是市地都具有自偿性，能够在开发、经营中获取收益以抵偿资金投入。土地金融（土地抵押贷款）通常并不影响债务人对土地的使用，可继续发挥其生产和利用的功能。即使债务人无法偿还债务，债权人还可以通过司法机关拍卖土地抵押物，从拍卖收益中获得补偿。

2. 土地金融具有较大的灵活性

土地金融机构开展土地金融活动，可以采取贷款、投资、信托、租赁、基金、债券等多种形式，广泛吸收社会闲散资金用于土地的开发和经营，具有较大的灵活性。

3. 土地金融具有较强的政策性

土地金融往往成为政府推行一定的土地政策和产业政策的重要工具。

4. 土地金融具有一定的脆弱性

如农用土地贷款期限长、利率较低；如遭受自然灾害，则贷款难以收回，风险较大；单位土地面积集聚大量资金，资金密度很大，资金风险也随之加大。

三、土地金融的分类

土地金融一般分为农地金融与市地金融两大类。

（一）农地金融

农地金融分为以下四种。

（1）农地取得资金融通：用于农地的取得，即农地的购买与租赁。

（2）农地改良资金融通：用于农地开垦、平整、灌溉、排水或土壤改良等。

（3）农地经营资金融通：用于购买牲畜、机械、农具、肥料等。

（4）农地经营扩展资金融通：凭借农地所有权或使用权取得从事其他事业所需的资金。

农地金融的主要特点是：在贷款契约到期之前，债权者不得任意要求债务偿还；而债务者可在契约到期前随时偿还；债务占抵押物价值不能过大，应以土地收益剩余能够偿还为限，且偿还期限越长越好；利率低而不变。

（二）市地金融

市地金融分为以下四种。

（1）市地取得资金融通：用于市地的取得，即市地的购买与租赁。

（2）市地开发资金融通：用于市地的开发、整理和改造等。

（3）市地经营资金融通：用于商品住房建设，交通、工业、商业及文化设施建设等。

（4）市地的企业或消费者资金融通：以市地所有权或使用权取得企业经营或个人消费所需的资金。

市地的功能和特点决定了市地金融的特点:市地价格高,单位面积收益多,商品化程度高,市地能取得高额抵押贷款;资金回收较有保证,这是因为市地金融债务者一般都具有较大的举债能力,同时市地收益也比较稳定和可靠;债务者能够承受较高的利率,因为市地负担能力较强;偿还期限不必过长,且可提前还款。

四、土地金融的作用

在资本主义社会里,土地金融已有很久的历史。土地抵押信用业务反映着信贷资本家(土地银行)与土地所有者、土地经营者之间的经济关系。在土地抵押信用条件下,债务人只是形式上保持着对土地的所有权,实际上处于以利息形式向债权人缴纳租金的承担者地位。我国土地出让和转让市场已基本形成,与此相应的土地金融市场不断发展,作为以土地信用保证充作抵押来获取资金融通的土地金融,也有着非常重要的功能和作用。

(一)用土地作为抵押品,用以融通资金、发展农业生产的功能

利用土地作为抵押品取得资金融通,对于吸收社会资金,保证土地利用投入,迅速发展农业生产具有重要作用。土地利用的重要特点之一是投资回收期长,同时大多数农民比较贫穷,而购买土地、进行农田基本建设需要大量的资金,并且不能在短期内收回投资。运用土地作为抵押信用,向土地所有者、经营者提供长期资金贷款,能较好地满足土地经营过程中的长期性资金需求。土地金融机构通过土地债券化,在社会上募集资金,贷给土地所有者或经营者,用以建造农田、购买土地、修筑道路、进行农业水利工程建设,为农业尤其是土地经营提供了重要保证。

(二)为国家推行农业政策与土地政策的功能

土地金融也是国家或政府推行有关农业政策或土地政策的重要手段。通过土地金融政策的调整,鼓励或限制某些土地利用行为,从而实现政府的农业结构政策、农业规模政策、农业现代化政策、土地整治与开发政策等农业或土地政策目标。如美国,在资本主义发展过程中,为发展自耕农土地所有制和资本主义土地所有制,鼓励人们占有或扩大土地规模,不仅实行了土地低价政策,还以土地抵押信用,实行低利率向需要资金的土地所有者或经营者提供长期贷款。实行土地抵押信用,通过土地产权的转让,也能以实现土地资源按效益原则进行配置的利用目标,提高土地配置效率。

(三)为城市建设筹集资金,促进城市的发展与升级的功能

随着城市化进程的日益加速,“经营城市”作为一种城市建设理念,正在进入人们的视野并逐步成为大家的共识。即要把市场经济中的经营意识、经营机制、经营主体、经营方式等多种要素引入城市建设之中,全面归集和盘活城市资产,促使城市资产重新配置和优化组合,从而建立多元化的投融资渠道,不断扩充城市建设的资金来源。此外,城市对公共基础设施建设的依赖和需求与日俱增,单单依靠国家财政拨款建设公共基础设施显然已远不能满足对公共基础设施建设投资的巨大需求。这些“瓶颈”问题可以通过土地金融方式的

创新加以解决。

（四）促进房地产市场发展，解决居民住房资金的功能

改革开放以来，市场经济的运行使我国已基本步入买方市场。在买方市场条件下，需求增长速度放缓，有效需求相对不足，影响到国民经济的持续增长。房地产业因其市场需求量大、产业关联度高、带动性强等优势成为新时期恢复和拉动经济增长的必然选择。随着我国住房货币化政策改革的全面铺开和房地产市场的发展，在目前城市房价比较高的现实情况下，多渠道住房金融的开展，可以扩大住宅消费抵押贷款的资金来源，在一定程度上满足城市居民旺盛的住房需求，缓解城市居民住房资金短缺的矛盾。

第二节 中国土地金融的发展与运行现状

一、土地金融的产生及其发展

土地是社会生产与生活的基本物质要素。商品经济的发展要求各生产要素都能顺畅地流通、循环并按市场规律进行配置。土地作为生产的基本要素也要投入到社会生产、流通的经济循环中去。所以信用一旦产生，就出现了土地金融活动。随着社会生产力的发展，土地对资金的需求越来越迫切，在客观上要求专门的金融机构为土地的开发和利用服务。于是，世界各国先后出现了土地银行、不动产抵押银行、土地信用协会等多种土地金融组织，业务活动内容也由单一的存贷款发展到各种各样的土地金融业务。

在当今国际经济活动中，许多国家和地区的金融业均开办土地金融业务，并且投入大量资金，通过直接或间接的融资方式，用以支持和配合土地的开发和利用。据不完全统计，美国、德国、日本等国家的银行，用于土地开发、利用、经营方面的贷款和投资约占其贷款和投资总额的三分之一。

为什么金融业乐于支持和配合土地的开发和利用，为其融通资金呢？原因有以下几方面。

（1）为了金融资本的保值、增值并有利可图。从国外土地市场来看，土地价格随着市场经济的发展而曲线上升。这是因为，世界各国可供使用的土地面积有限，一旦经济起飞，城市的各行各业都需要用地，农业人口又不断地涌进城市，这就促使地价特别是市地价格不断上涨。虽然有时由于经济的暂时萎缩地价偶有回落，但伴随着经济的恢复和发展，地价又会继续上升。它的上涨率一般较银行的信贷利率要高。因此，社会资金一般都乐于投向土地，以实现资金的保值增值。

（2）为了谋求资金的相对安全。银行贷出的资金，保证安全性是最为重要的。在当今商品经济激烈竞争的环境中，很难做到银行贷出的资金都能如期安全地收回本息。遇到企业亏损、破产、倒闭，银行贷款就可能遭受损失。而银行的土地贷款，一般都以土地作抵押，一旦贷款无法如期收回，就可将抵押土地拍卖，以拍卖收益抵偿贷款本息。这比其他贷款的风险要小。

(3)有利于吸收存款和开展其他中间业务。由于土地金融往往涉及巨额资金，金融机构在开展这项业务时，不但可以增加贷款，而且可以通过吸收存款、办理结算、保险、抵押、贴现等业务增加收入。从这个意义上说，土地金融是一项收益较高的业务种类。

二、土地金融的主要业务

调节货币流通、组织土地资金融通，是土地金融的基本业务活动。具体来说，土地金融业务的主要内容包括以下三个方面。

(一)融通资金业务

(1)土地金融机构为土地所有者和使用者融通资金、筹集社会资金，使其流入土地所有者和使用者手中，满足其需要，并使提供资金的人也能从中获利。

(2)通过将固定在土地上的资金再转化为金融资金重返流通过程，以满足其他方面的资金需求。

(3)用发行抵押债券等手段吸引资金，以满足土地长期投资的需要。

(二)债券业务

从各国情况来看，金融机构多以发行债券作为土地筹集资金的重要手段，土地金融债券化也是一个趋势，具体有如下几种。

1. 土地所有权证券

在早期不动产证券中，只是将土地及其附属物的所有权证券化。不动产具有固定性，由官方出具文书载明权利状况，如面积、位置等，作为该不动产的表征与凭据。

2. 土地抵押证券

随着土地金融的进一步发展，后来出现了土地抵押证券。具体做法是：由需要资金者以其不动产向官方设定抵押权，受领抵押证券，载明该不动产权利状况，交借出资金者收执，充作抵押权的证据。当债务人违约时，债权人就可按抵押证券所载明的权利抵偿。这种证券可由持券人转让给第三者，土地所有人也可通过买回证券的方式，随时清偿其债务。但无论如何，债务人与债权人之间的关系是直接的。

3. 土地抵押债券

土地抵押债券的出现，使土地金融有了进一步的发展。金融机构取得抵押债券，以此作为担保，通过信用评级机构及担保机构等发行债券，并出售给公众。持券人与抵押债务人之间通过金融机构形成间接关系。当抵押债务人不履行债务时，金融机构可立即行使其抵押权，收回资金用于偿还债券。

(三)土地投资业务

土地金融机构一般也兼办土地开发投资业务。但土地开发投资与一般生产投资不同，它具有以下三个特点。

1. 连续重复负担利息

因为土地开发投资一般要求初始投资规模较大且有连续性，尤其是农地投资要求不断地重复投资。

2. 收益率不易精确计算

由于土地开发投资规模大、时间长、利息重，所获利润以及投资收益率都难以计算。

3. 资金占用时间较长

土地开发投资一般需较长时间占用资金，对资金需求相对较多，具有较大的风险性。

三、土地金融的运行现状

（一）我国土地金融存在的主要问题

整个房地产金融业的成长虽然也带动了土地金融的发展，但由于仍处于起步阶段，我国的土地金融尚存在不少问题。

1. 业务面窄，运作欠规范

目前，我国的土地金融业务仍以土地抵押贷款为主，业务运作模式单一，且范围较窄，主要集中在土地和不动产开发领域。国际上通行的诸如土地信托基金、土地证券化等业务还处于萌芽阶段。土地金融业务的广度和深度都有待于进一步加强。不仅如此，在具体的土地金融活动中，还时常会出现包括土地使用权重复抵押、土地抵押价格偏低等不协调现象，而且有关土地金融的规范性制度和操作性办法都很不健全，亟待通过相应的制度改革和法律途径加以不断完善。

2. 资金渠道不畅，业务拓展滞后

土地金融制度的运行及其作用功能的发挥基础就在于能否有雄厚的资金支撑。目前，我国土地金融的资金来源相对单一，主要依靠银行信贷注入和政府财政支持。这无疑使得土地金融的资金实力大打折扣，难以满足土地市场交易和相关金融业务的需求。不仅如此，由于对政策性资金的依赖较强，土地金融的资金汇入渠道也经常会受到限制和阻碍。特别是在国家财政政策和信贷政策不断调整的过程中，土地金融资金的主要来源就不可避免地会出现波动和阻碍，从而影响各项土地金融业务的正常开展。

3. 政策性业务与经营性业务的混淆

一般地，根据金融业务的经营性质，土地金融也可以划分为政策性业务和经营性业务两大类。众所周知，这二者在经营目的、管理体制和收益分配等方面都存在着明显的差异。政策性土地金融业务主要是为了贯彻国家或地方征地的土地政策、产业政策和分配政策等服务的，它绝不能以营利为目的。例如，为了鼓励一些基础性产业的发展，引导土地的节约、集约利用，政府可以在土地金融的支持方面提供一些优先条件或优惠待遇。这些对于土地金融制度的实施来看可能是不盈利的，甚至还会亏本。而对于一些商业性土地开发项目，相应的土地金融业务则应严格按照市场机制运行。事实上，按照我国现行的土地管理体制和土地使用制度，土地取得、使用上的“双轨制”仍然存在，土地金融支持的优惠与否往往在一些权力部门手中，因此混淆政策性和经营性土地金融业务的情形时有发生。

（二）我国土地金融发展的新近探索

随着土地市场的快速发展，我国对土地金融的配套完善也提出了新的要求。特别是在一些沿海发达地区，土地金融的运行模式也不再局限于单一的抵押贷款模式，而是得到了进一步完善和创新。比较有代表性的是部分地区土地基金的发展以及土地资产证券化的初现。

1. 土地基金的发展

目前，我国不少地区对土地基金进行了有意义的探索和实践，如深圳建立土地开发基金以加快经济特区建设，上海使用土地出让金改造旧城区，厦门推行土地基金“收支两条线”等，都收到了良好的效果，积累了丰富的经验。

深圳是我国第一个建立土地开发基金的城市。深圳市1987年12月1日完成了我国第一宗土地拍卖交易，1988年正式建立土地开发基金。土地开发基金由地价款、土地使用费、土地增值费、土地转让费、合同改约补偿金等收入组成，主要用于土地征用补偿；用于规划、设计、勘测费等；用于土地平整、市政道路、给水、排水、雨水、供电、通信、燃气等土地开发工程中的费用；用于小区配套完善；用于规划国土管理部门的业务费、管理费等。据不完全统计，1988—2000年的12年间，深圳土地开发基金累计收入400余亿元，在特区内开发工业、居住及综合片区域19个，开发面积约4 000万平方米，修建城市主、次干路约50条、立交桥数十座，基本实现了政府城市建设资金的良性循环。

上海从1992年起建立土地基金机制。1992—1996年上海通过土地出让获得出让金85.1亿美元和人民币100.3亿元，这些基金对上海的基础设施建设和中心城区的改造起了很大的作用。在土地利用方式的转变中，上海一方面重视旧城区的改造和再开发，盘活存量土地；另一方面在浦东新区开发中，对增量土地实行集约化的用地方式，在土地综合利用规划指导下，成片、集中进行开发，形成极为明显的区域规模效应，取得了很大的成功。上海土地开发基金制的实践说明，城市土地基金制的实施和深化城市土地使用制度改革符合我国经济发展实际，符合社会主义市场经济的发展方向，有利于实现土地利用方式的转变，促进社会经济可持续发展。

2001年，厦门市人民政府颁布《厦门市土地基金管理暂行办法》，将与土地出让有关的收入集中，并设立专项基金，实行财政集中、政府统筹使用。土地基金推行“收支两条线”的原则。土地基金的主要收入来源包括土地出让金、耕地开垦费、新增建设用地使用费等。基金主要用于土地的收购、储备，土地征用、土地开发、开发地块的小区基础设施建设、地块盘活企业的职工安置、土地整理、支付土地出让业务费等。通过土地基金的实行，厦门市2001年通过土地出让聚集土地基金13亿元，土地储备机构动用资金4.5亿元，收购土地面积20.64万平方米。通过将所聚集的土地基金用于城市土地开发整理和土地收购，加快了城市的发展，有力地促进了厦门市土地储备制度和土地市场的发展和完善。

2. 土地资产的证券化

在我国，土地资产的证券化作为房地产证券化的重要组成部分，其实早在十余年前就已出现。而2005年4月21日中国建设银行首先“破冰”实施的住房贷款证券化，则可以说是标志着我国大规模发展房地产证券化的开始。回顾我国地产证券化的发展历程,可以将其简要概括为以下几个阶段。

首先是1992年初海南经济特区率先推出的房地产投资券,它可以视为我国不动产证券化的最早探索。当时出现了3种投资券,其发行主体均为开发商,发行金额总共达到了1.5亿元,并在海南证券报价中心上市,包括海南开发建设总公司物业发展公司发行的"万国投资券"、台海地产有限公司发行的"伯乐投资券",以及先前另一开发商发行的"富岛投资券"。

其次是1992年海南三亚市以开发后的销售权益集资开发三亚地产,可以说是我国较早公开发行的不动产投资基金。此后,随着社会经济的高速发展,我国的不动产业又进入了一个黄金发展时期,各种地产投资基金开始不断涌现,积极参与我国的不动产业:一方面,一些国外的地产投资基金进入我国的不动产业;另一方面,国内的很多不动产企业为了增加自己的资金实力,扩展自身的资金来源渠道,也尝试成立我国的地产投资基金,如2002年由首创集团作为策略投资者与荷兰国际集团(International Nederlanden Group, ING)合资在香港成立了我国首个中外合资地产投资基金——中国房地产开发基金。

再次就是2003年6月中国人民银行发布的《中国银行关于进一步加强房地产信贷业务管理的通知》(银发〔2003〕121号),使得房地产业被真正纳入信托领域,标志着我国不动产信托开始得到正式发展。该文件对房地产企业在房地产开发链条中的开发贷款、土地储备贷款、个人住房贷款、个人住房公积金贷款等多个方面提高了信贷门槛。由此,房地产信托作为一种新的融资方式,很快成了开发商的新宠。从2003年至2004年6月,全国信托公司公开发行的房地产类信托计划已达一百余个,约占此间信托产品发行总量的30%,共募集资金130亿元左右。

"他山之石,可以攻玉",在逐步完善我国土地金融的过程中适当吸收发达国家或地区的发展经验是十分必要的。考虑到土地金融是一个较宽的概念范畴,因此,可以以不同的土地金融运作模式(包括抵押贷款、土地银行、土地基金等)为基础,进一步了解欧美和东南亚等部分有代表性的国家或地区的土地金融发展情况。

第三节 中国土地金融的完善思路与发展模式

随着2006年中国金融市场在加入WTO体系后的全面开放,土地金融也必将随之发生深刻的变化。因此,今后必须树立中国土地金融的科学发展观,加大土地金融体制建设与改革的力度,建立健全多元化的土地融资体系,积极推进土地市场的发展。具体地,可以从完善土地抵押贷款、设立土地银行、发展土地基金以及实施土地资产证券化四个方面展开。

一、完善传统业务:抵押贷款

(一)拓展贷款业务种类

针对我国目前土地抵押贷款品种单一、形式陈旧等缺陷,今后应不断拓展土地抵押贷款的种类,以满足更多单位和个人对土地抵押贷款的需求。拓展土地抵押贷款的业务种类可以从以下两个方面展开:一方面,从借款方式的改进方面拓展。例如,可以按贷款期限具体增设中短期抵押贷款、长期抵押贷款;也可以按用途需求情况增设土地开发抵押贷款、土地租赁抵押贷款、土地改良抵押贷款等。不仅如此,针对不同的贷款对象(如资金实力雄厚的企业与经济条件有限的单位、个人),也可以采用诸如地产抵押、有价证券抵押等不同的借款方式。另一方面,从还款方式的改进方面拓展。例如,对于中短期抵押贷款和长期抵押贷款,可以分别采用以固定利率和浮动利率为主的还款方式;此外,也可以结合不同地区的社会经济条件,按具体借款对象确定还款方式。

(二)强化贷款审核管理

土地抵押贷款的规范程度直接影响到贷款的质量好坏和风险高低。为了优化土地抵押贷款、规范市场风险,有必要在审核贷款和管理贷款业务的过程中给予足够重视。首先,在办理土地抵押贷款之前要准确掌握贷款单位和个人的相关信息和资信情况,以确定其是否符合土地抵押贷款的基本条件;其次,在办理土地抵押贷款的过程中,金融机构应邀请不动产登记管理部门及相关单位同时到场,防止借款人以欺骗的手法将已抵押的土地再度申请抵押或是违反相关规定进行分割抵押;再次,信贷部门应加强土地抵押项目的信息管理,随时供有关机构查询,并及时更新相关信息,做好土地抵押贷款的动态化管理。

(三)完善贷款中介服务

土地抵押贷款如果由借贷双方直接协商办理,势必会遇到高信息成本、高风险成本等诸多问题,因此,除了完善贷款制度本身以及相关的配置管理措施外,土地抵押贷款的中介服务也显得十分重要。一是要完善土地评估体系,包括增加评估机构数量、拓宽土地评估领域、规范土地评估业务等,为土地抵押贷款中抵押物的公平合理估价创造条件;二是要发展土地抵押保险机构,为了规避抵押贷款的风险,可以通过开展相关的抵押保险业务,使借款人在抵押物遭受意外损失或贷款人出现道德危机时,也能通过保险补偿机制免受贷款权益损失;三是要公开地产交易市场,如通过开展咨询服务,代购销不动产,分布地价信息,办理交易、立契和鉴定手续等经营活动,将更有利于在借款人不能按期偿还抵押贷款时处理抵押地产,从而保证其债权的安全性。

(四)加强法规制度建设

随着社会经济的快速发展,土地抵押贷款业务也日益扩大,但相关的金融保障制度却始终滞后于贷款实践。对于土地抵押贷款,仅在1997年出台的《个人住房担保贷款管理试行办法》和1998年出台的《个人住房贷款管理办法》中涉及部分内容。因此,为了更好地规范目前大批量、大额度的企事业单位土地抵押贷款业务,相关部门有必要尽快制定并出台土地抵押贷款管理办法,明确土地抵押贷款的基本原则、主要内容、运作模式以及风险管理和防范措施等,同时适时做好土地估价、交易、公证等方面的配套制度建设。

二、设立专业银行:土地银行

(一)土地银行建立的必要性

虽然目前我国的大部分银行都可以从事土地金融方面的业务,但是由于这些银行的经营领域广泛,加上资金实力有限,因而不可避免地会忽视土地金融业务的改善与拓展,不利于土地金融市场的有序运行。鉴于此,从长远来看,随着我国金融体系的日益完善和竞争程度的日益加强,设立专业性的土地银行显得十分必要。

首先,土地产业在国民经济和社会发展中越来越重要,地产金融业务的比重也日益增大,因此有必要设立专业的土地银行来管理土地金融业务,调控土地资源的配置。其次,开展土地银行金融业务有利于更好地指导土地的开发、改良和合理利用行为。专业性的土地银行必然深知土地利用的各个方面,因此,其通过高效资金投放业务将很好地引导土地的持续利用。再次,开展土地银行金融业务还有利于促进土地市场的发展和健全。最后,从我国金融业的发展实践来看,商业银行尚处于起步阶段,体系和经营手段都很落后,面临的发展任务还很重,不可能很好地兼顾重要的土地金融业务。借鉴国外的经验,建立专业性的土地金融,如美国的联邦土地银行、法国的土地信贷银行、韩国的土地金融公库等,对于土地金融业务的发展和完善意义重大。

(二)土地银行的性质

我国土地银行的本质应该是一种政策性金融机构,但同时也应与其他金融机构一样经营土地金融业务。首先,土地银行主要是为执行土地政策、筹集资金搞好城市建设、土地管理、房地产市场而设立的专门金融机构,它更多的是执行政府土地政策、不动产经济政策;其次,土地银行也应具有一般企业的基本特征,以利润为目标,专门从事有关土地开发、土地经营的融资业务;再次,土地银行以土地金融资产和金融负债为经营对象,经营的是特殊商品,即土地、货币和货币资本,经营内容包括土地货币的收付、借贷以及各种与货币流通有关的或者与之相联系的金融服务。从社会的生产过程来看,土地银行的经营是工商企业生产经营的条件。

(三)土地银行的机构与资金来源

考虑到兼顾政策性和经营性,我国的土地银行可以由中国人民银行、自然资源部、住房和城乡建设部等部门出面筹建。土地银行在各省、自治区、直辖市成立分行,是办理土地金融业务的最高管理机构。在省以下各个地级市和县级市成立土地银行支行,作为办理土地金融业务的基层机构。

我国土地银行的资金来源主要包括以下几个方面:一是政府投入,如政府以土地出让金、土地税收、土地开发基金等投入土地银行;二是合作储蓄业务,如通过吸收单位和个人的各类存款,开办购房专项存款、地产基金等业务;三是发行土地股票或债券,如以通过其他渠道筹集的资金或土地使用权为抵押,向国内外发行土地股票和土地债券等。

（四）土地银行的基本职能

我国土地银行的基本职能应涵盖信用中介、支付中介、信用创造和金融服务等多个方面。具体来看，其职能主要包括以下几个方面：一是制定和组织实施国家土地金融政策方针，包括对土地信贷规模、利率等政策的调整等；二是为其他土地金融机构提供资金、指导和其他便利；三是监督管理其他金融机构，特别是对其他金融机构的土地金融业务实施严格的监管；四是审批土地使用权抵押申请，为土地经营者提供长期低息贷款；五是发行或委托有关机构发行土地债券并负责还本付息等。

三、发展新型基金：土地基金

（一）土地基金建立的必要性

土地基金，顾名思义是基金的一种形式。其特殊之处在于以土地资源为载体，服务于土地资源的合理开发和利用，并旨在促进公共基础设施的建设。我国建立土地基金最主要的意义在于利用基金的良好管理模式，归集不同时期的、零散的土地收益或其他资金，用于土地开发及基础设施建设等，使过去短期性、分散性及无目标性的土地收益及投资开发改变为可持续的、资金集中的和有明确长远目标的基金使用和投资模式，最终有利于土地资源的合理开发与利用。确切地说，我国发展土地基金业务还具有如下重要意义：一是可以缓解土地开发经营的资金瓶颈，促进土地资源的高效、合理利用。土地，尤其是城市土地的开发经营一般都需要巨额的资金支持，分散的政府资金不仅在规模上难以支撑政府调控土地市场所需达到的土地控制规模，在时间上也难以适应不断变化的土地市场的需要。通过土地基金则可以有效地解决这一问题。二是保障土地收益的公平合理分配。我国的土地资产是国有的，因此土地的收益理应由公众分享。建立公益性的土地基金，让公众可以平等参与土地开发经营，有助于遏制土地收益的流失，促进土地收益的公平合理分配。三是规范土地开发经营活动。一方面，建立土地基金可以有效分离政府土地管理职能与政府必须调控或参与的土地经营活动；另一方面，通过土地基金对私人、社区组织土地行为的经济扶持，可以最大限度地减少外界因素对经济主体土地资产经营的干预，更好地发挥土地市场的功能，实现土地资源的最优配置。

（二）土地基金的性质

从理论层面来看，土地基金包括公益性基金和经营性基金两大类。我国发展土地基金不能仅仅局限于其中的某一种，而是应该既包括为公共事务服务的公益性土地基金，也包括以获取资金盈利为目标的经营性土地基金。从这两种基金的本质特征来看，前者主要是通过政府拨款或公共集资获取资金，且基金的使用范围也有着严格的规定；后者主要是通过各类投资者的积累或投资获取资金，其使用方向和范围遵循利益最大化和风险最小化的基本原则。

（三）土地基金的基本构成

我国土地基金的设立至少应包括以下因素：一是资金投资人，即受益人。如果是公益性土地基金，其投资人可以是国家或各级地方人民政府；若是经营性土地基金，其投资人可以包括一般的企事业单位或个人等。二是基金投资公司。它是基金投资人或受益人的集合，既可以由国家相关部门联合发起，也可以由特定投资公司承担，其目的都在于加强土地基金的管理和合法运作。三是基金管理人。它是专业化的土地资产管理机构。由它进行投资、理财，可以增强基金运作的透明度，提高基金的运作效率。四是基金托管人。它是基金资产的名义持有人与保管人，是基金的监督主体，也是土地基金投资公司以及基金管理人的联络中枢。在我国可以是商业银行、储蓄银行、专业银行及信托投资公司等。

（四）土地基金的运作模式

我国土地基金的具体运作模式为：基金投资人以授权管理或信托契约的方式将土地基金交由基金投资公司管理，或直接交给基金管理人运作，并由基金投资人或基金投资公司对基金管理人实施监督管理；基金管理人在获得土地基金的运作经营权后，可以将基金交付银行等基金托管人具体实施经营业务，基金管理人和托管人通过基金资产的托管建立信托契约关系。托管人运作经营基金所获得的收益在支付自己报酬之后应上缴基金投资人。

四、我国的选择（构想）：实施土地资产证券化

不可否认，我国的土地市场还在不断成长和成熟，而且地区之间的发展差异也十分明显。因此，我国土地证券化模式和品种的选择有必要针对不同的经济发展地区和不同的投资主体区别对待。

一方面，对于土地抵押债权证券化模式的运用，要根据我国目前的实际，应重点发展不动产抵押二级市场，实现土地抵押贷款的证券化运作。这不仅可以提高银行资产的流动性，为信贷机构建立有效的风险分散和转移机制，也能够实现地产市场与资本市场的融合，为土地市场开辟新的筹资渠道。具体地讲，可由国家设立专门的投资银行，并由政府提供担保，在吸纳信贷机构抵押贷款债权的基础上，通过发行土地债券等形式实现土地抵押贷款的市场化流动，以融通资金、分散风险。

另一方面，对于土地投资权益证券化模式的运用，可以区分不同的土地投资项目而定。具体地讲，对于新区土地成片开发项目，由于需要在短期内筹集巨额资金，因此适合采用不动产投资信托基金模式，即先设立不动产投资信托基金，投资者购买其发行的受益凭证，待基金募集完成后，委托不动产开发公司对投资标的进行开发、管理及出售，所获收入在扣除不动产开发成本、管理费用、买卖佣金、税金及其他各项支出后，由受益凭证持有人分享。而对于旧城区改造项目，由于涉及继承与产权的转移、分散等问题，因此更适合采用土地使用权信托模式，即由土地使用权人向土地开发公司信托土地使用权，取得信托收益凭证，后者通过银行贷款或发行证券的方式筹得资金以支付劳力安置费、拆迁用房费及建筑安装费等，在建筑物完工并加以管理运用后，所获收入扣除成本、费用、税金等支出及信托报酬后，由信托受益凭证持有人分享,从而终结信托关系。

【核心概念】

土地金融的含义、特征与功能,土地抵押贷款,土地资产的证券化,土地基金

【问题与探索】

1. 阐述土地金融的含义及特征。
2. 结合金融产品创新,阐述土地金融产品创新方式。
3. 如何构建我国的土地金融体系。
4. 简述土地基金建立的必要性。
5. 发达国家的房地产金融对我国有什么借鉴?

【案例分析】

农地金融步入国家试点阶段

近日,人民银行联合相关部委发布农村"两权"(农村承包土地的经营权和农民住房财产权)抵押贷款试点办法,进一步明确了政策要求,标志着试点正式进入实质性操作阶段。尽管农村"两权"抵押贷款在不少地方已经试点多年,但在顶层设计、法律授权等层面与此次试点不可同日而语,国家试点是在政策与法律空间基本廓清的前提下进行探索,从而将在更高层面深化农地金融创新。

"两权"抵押贷款试点的基本原则是"封闭运行,风险可控",但在试点区域内"封闭运行"的前提下,应探索试点区内不同试点的协调和联动。农村承包土地的经营权试点(272家)和农民住房财产权试点(59 家)重合 13 家,又分别与 33 家农村土地改革试点县(市、区)重合 12 家、21 家,三类试点重合 7 家,而这 33 家农村土地改革试点县(市、区)又全部被列入国家新型城镇化综合试点地区。这表明,若各类试点分别进行,势必造成同一地区围绕农村土地改革试点形成"条块分割"的格局,不利于统筹调度,影响试点效果。

资料来源:王东宾. 农地金融步入国家试点阶段[EB/OL]. (2016-04-27)[2022-02-20]. http://ifb.cass.cn/wzxd/201604/t20160427_2985147.shtml.

思考:为什么国家要开展农地金融?

第八章　土地制度

【内容提要】

本章主要包含以下内容：

1. 土地制度概述；

2. 土地产权及其权能构成；

3. 土地国家管理制度；

4. 中国现行土地国家管理制度。

【引导案例】

中新网青海新闻2月16日电(王琳娜)　16日,记者从青海省农业农村厅获悉,青海省启动农村宅基地制度改革试点以来,湟源和祁连两个试点县规范有序推进宅基地流转利用,盘活了农村闲置土地资源,激发了乡村振兴内生动力。

据了解,湟源和祁连两个试点县分别制定了农村宅基地使用权流转管理办法,对利用方式、经营生产、租赁期限、流转对象、分配原则等方面进行了明确。湟源县依据村庄规划,在县域范围内通过就地、就近、异地和上楼等方式,统筹配置宅基地1 073宗,优化了城乡建设用地空间布局,打破了集体经济组织内部分配宅基地的瓶颈,助推了美丽乡村、易地扶贫搬迁等项目的实施,目前已整合农村"房地一体"的不动产数据2.1万宗,发放不动产权证书12 799本。祁连县结合半农半牧的实际,制定了《祁连县宅基地审批"破零"工作通知》,要求农区一村一策、因村施策,及时办理;牧区采取分散申请、集中办理的方式,每半年或一年集中交付林草部门统一办理草地征占用手续,逐步探索完善符合青海牧区实际的宅基地审批管理路子。

资料来源:王琳娜. 青海省农业综合执法体系初具雏形[EB/OL]. (2022-02-22)[2022-03-10]. http://www.chinanews.com.cn/cj/2022/02-22/9683117.shtml.

第一节　土地制度概述

一、土地制度的概念

关于土地制度的概念有很多种理解,巴洛维认为"影响不动产资源所有权和利用的制度因素就是土地制度"。

《土地大辞典》将土地制度定义为:人们在一定的社会条件下,因利用土地而产生对土地的所有、占有、使用、处分等诸方面关系的总称。

《房地产大辞典》对土地制度的定义是:土地关系的总称,包括土地的所有制度和使用制度,二者是不可分割的,其中所有制度占主导地位。

还有的学者将土地制度分为广义和狭义两种:广义的土地制度泛指与土地所有、使用、管理及利用技术等有关的一切制度;狭义的土地制度是指由土地所有、使用、管理的土地经济制度及相应的法权制度构成的土地财产制度。①

综上我们认为:广义上,土地制度是涉及生产力和生产关系两方面,包含土地所有、土地使用、土地管理、土地利用的制度。狭义上,土地制度是人们之间围绕土地所有、使用、管理而发生的人与人之间的土地经济关系。

土地制度具有地位的基础性和权能构成复杂性的特点。土地是一个国家最基本的资源和资产,是农业的基本生存要素。此外土地作为一种不动产,其所有、占有、使用、收益、处分及管理等构成一系列复杂的财产关系和产权体系。

土地制度是土地关系的总称。一方面,土地制度是反映人与人之间的经济关系的重要制度。它反映人们之间的土地经济关系,即人们以土地为媒介(土地制度是一种经济制度,是经济基础的组成部分,可称之为土地经济制度)而产生的生产关系。另一方面,土地制度又是一种法权制度,可称之为土地法权制度。它是土地经济关系在法律上的体现,是上层建筑的组成部分。土地经济制度是土地法律制度的形成与基础,土地法律制度又具有反映、确认、保护、规范和强化土地经济关系的作用。本书主要学习土地的经济制度。

二、土地制度的构成

完整的土地制度(经济制度)由土地所有制、土地使用制和土地国家管理制度三大部分构成。

(一)土地所有制

土地所有制,是指人们在一定的社会制度下对土地所有权归属的制度规定,指社会经济制度下拥有土地的经济形式,是土地制度的核心,是土地关系的基础。根据《中华人民共和国土地管理法》第二条规定,中华人民共和国实行土地的社会主义公有制,即全民所有制和劳动群众集体所有制,此外不存在第三种形式。土地所有权是土地所有者拥有的、得到国家法律保护的排他性的专有权利,包含土地的占有权、使用权、收益权及处分权等权能。

土地的国家所有制,即土地的全民所有制,是中国土地社会主义公有制的形态之一,由国家代表全体人民行使管理职能,即国家是国家土地所有权的唯一主体代表,国家统一行使土地所有权。

1998 年 12 月 27 日国务院第 256 号令颁布的《中华人民共和国土地管理法实施条例》对国有土地范围做了明确的规定:

(1)城市市区的土地;

---

① 毕宝德. 土地经济学[M]. 8 版. 北京:中国人民大学出版社,2020:131.

(2)农村和城市郊区中已经依法没收、征收、征购为国有的土地；

(3)国家依法征用的土地；

(4)依法不属于集体所有的林地、草地、荒地、滩涂及其他土地；

(5)农村集体经济组织全部成员转为城镇居民的，原属于其成员集体所有的土地；

(6)因国家组织移民、自然灾害等原因，农民成建制地集体迁移后不再使用的原属于迁移农民集体所有的土地。

集体土地所有制指的是农村土地的劳动群众集体所有制。由各个集体经济组织代表该组织内的全体成员享有该集体土地的所有权，行使占有、使用、收益和处分等权能中的全部或部分权利。规定农民集体所有的土地法属于村农民集体所有的，由村集体经济组织或者村民委员会经营、管理。根据《宪法》第九条、第十条规定，以下土地属于集体所有：

(1)农村和城市郊区中除由法律规定属于国家所有土地以外的土地；

(2)宅基地和自留地、自留山，也属于集体所有；

(3)由法律规定属于集体所有的森林和山岭、草原、荒地、滩涂等特殊土地资源。

(二)土地使用制

土地使用制指对土地使用的程序、条件和形式的规定，是土地制度的另一个重要组成部分。土地使用制又可进一步分为出让制度、划拨制度、转让制度、耕地保护制度等。土地使用权是依法对土地进行占有、使用并取得部分土地收益的权利，是土地使用制度的法律体现形式。土地使用制度是实现和巩固土地所有制的一种形式和手段。

任何一个社会，只要存在着土地所有权，土地的使用就从来都不是自由和任意的。在土地所有权与土地使用权分离的情况下，土地所有者和土地使用者都要按照一定的规范(程序、条件和形式)来确定双方的权利和义务。而这种经济行为又要受到国家政权的干预、调节和必要的限制。在土地私有制度下是这样，在土地公有制度下更是如此。

从土地使用者和土地所有者是否同一的角度，可以将土地使用制分为土地所有权与使用权相结合和土地所有权与使用权相分离两大类。前者表现为土地所有者自己使用土地的情况，后者表现为土地所有者在保留土地所有权的基础上将土地使用权让渡给土地使用者，具体形式有私有制下的租赁制及国有土地的租赁制。

土地使用制要以一定的法律形式加以确认和保护才能得以实施。在实行各类土地租赁制的情况下，双方要签订土地租赁契约(也称租约、租契、协议等)。目前，在中国农村签订的土地承包合同，从某种意义上说也是一种土地租赁契约。土地租赁契约要载明土地坐落(位置)、四至、面积、质量等级、地租数额、双方权利义务和撤租条件等。目前，在中国城市普遍实行的国有土地使用权有限期、有偿出让与转让制度，也要签订土地使用合同。这种合同，除了要载明上述内容外，还要规定建筑要求(建筑容积率、建筑物高度、建筑密度等)以及土地转让条件等。

(三)土地国家管理制度

土地国家管理制度指国家政权以社会代表的身份，对全国土地在宏观上进行管理、监督和调控的制度、机制和手段的集合。土地国家管理制度的产生,是由土地对人类的特殊重要性、土地供给的稀缺性和土地利用后果的社会性等因素所决定的。国家政权必须通过对全国土地的宏观管理、监督、调控,才能保证土地的合理配置、有效利用和可持续利用。

(四)土地所有制和使用制的关系

土地使用制是在土地利用中产生的人与人之间的经济关系的另一重要方面。在整个土地制度中,土地所有制决定着土地使用制。每一种社会形态都存在着与土地所有制相适应的土地使用制及其具体形式。土地使用制不仅是土地所有制的反映和体现,也是实现和巩固土地所有制的一种形式和手段。在社会主义土地公有制下,也要求建立并实现与土地公有制相适应的土地使用制,比如,促进土地资源合理利用的土地使用制度,以使社会主义土地公有制得以实现和巩固。

在同样的所有制下存在多种形式的土地使用制,作为社会生产关系重要组成部分的土地所有制,其变动和改革是在一个国家发生重大政治经济变革时才会发生的,也就是说,土地所有制变动较慢、较少,持续时间长。土地使用制就较为灵活,更靠近土地利用的实际过程,具有较大的灵活性和独立性。

三、土地制度的功能

从土地制度作为一种重要的经济制度方面而言,其主要功能表现为以下几个方面。

(一)保障功能

保障功能是指保障人们社会经济的正常运行,作为行为准则的制度给人类相互关系带来秩序和可预测性,对人们的行为提供了保障。保障利益的合理分享(即利益分配功能),也就是说制度能够保障各行为主体(组织、个体)的基本利益,达到公平合理,保障土地关系的利益相关者的经济利益的实现。经济利益的分配主要是土地税、地租、经济利润、劳动者工资等。

(二)激励功能

土地制度的激励机制是指对土地关系的利益相关者激发动机、鼓励行为、调动积极性的形成动力机制和作用,从而能达到社会所需要的一种状态,即引导人们实现外部性内在化的机制。土地制度的激励功能主要依靠物质的和非物质的激励手段,并可以正面运用和反面运用。

(三)约束功能

土地制度的约束功能是对利益相关者的机会主义行为进行抑制的功能,即对利益相关者追求利益实现和不遭损失而设置的警戒线和规范行为,约束人们行为而不希望某种状态的出现。约束功能主要包括经济利益约束、法律约束和道德约束三方面。

(四)资源配置功能

资源配置功能是指按价格信号或效益原则将土地资源由低效率向高效率方向配置的作用机制。政府依据一定信息以一定手段调控土地资源在不同用途、部门之间的配置进行土地资源的开发与利用。

此外还可以降低交易成本,为经济提供服务,为实现合作创造条件,提供激励机制,提供保障功能。

土地制度的四种功能是相辅相成的,只有保障功能和约束功能健全,激励功能才能见效;而只有在足够的激励之下,资源的配置才会更合理、有效。这四种功能归结起来,就是使土地得到更为有效率的配置,又能使利益相关者之间合理分配土地上的收益,从而达到效率与公平的统一。

第二节　土地产权及其权能构成

一、产权及土地产权概念

(一)产权的概念

产权,直观地说即财产权利。要理解产权的定义,首先我们要知道:①产权是人们在资源稀缺性条件下使用资源的规则,这种规则依靠社会法律、道德来维护;②产权是一束权利,是对经济物品的多种用途进行选择的权利,包括财产的所有权和其派生的占有权、支配权、使用权、收益权及为实现这些权利而具备的各种权能体系和规则;③产权是行为权利,反映的是人们之间一组被认可的行为性关系。

此外,对产权的定义有各种不同说法。

《现代实用民法词法》把产权定义为:"'人身权'的对称。指具有物质财富内容,直接和经济利益相联系的民事权利。属于这一类的权利有所有权、其他物权、债权、继承权、版权和专利权、商标权等。"

《牛津法律大辞典》把产权定义为:"财产权是指存在于任何客体之中或之上的完全权利,包括占有权、使用权、出借权、转让权、用尽权、消费权和其他与财产有关的权利……不要把产权视作单一的权利,而应当把它视作若干独立权利的集合体。其中的一些甚至其中的很多独立权利可以在不丧失所有权的情况下予以让与。"

现代产权经济学者科斯在《财产权利与制度变迁》一书中这样定义:"产权是一个社会所强制实施的选择一种经济品的使用的权利,是行动团体对资源的使用权与转让权,以及收入的享用权。"

我国著名经济学家张五常认为,"产权一般包括资源的排他性使用权,通过使用资源而获取租金的收益权,以及通过出售或其他办法转让资源给他人的转让权"。

在我国一般认为产权是指民事权利主体所享有的具有经济利益的权利,包括以所有权为主的物权、债权、继承权和知识产权等,是一定社会的物质资料占用、支配、流通和分配关系的法律表现。

我们采用我国《民法通则》中的表述,产权是指所有人依法对自己的财产享有占有、使用、收益和处分的权利。

(二)土地产权的概念

具体到土地的产权方面,即土地产权,是指存在于土地之中的排他性完全权利。它包括土地所有权、土地使用权、土地租赁权、土地抵押权、土地继承权、地役权等多项权利。土地产权也像其他财产权一样,必须有法律的认可并得到法律的保护,即土地产权只有在法律的认可下才能产生。如某人利用欺骗或暴力等手段占有土地,并不表示他拥有某项土地产权。

二、土地产权的基本特性

(一)土地产权具有排他性

土地产权的排他性一方面是指某一特定的土地上不能有两个或两个以上互不相容的土地权利;另一方面是指排斥权利人以外的其他所有人对该地的权利。

(二)土地产权具有占用性和价值性

土地产权客体必须具有可占用性和价值性,即土地产权客体可以带来经济效益。

土地产权必须经过登记,土地权利的变动要采取登记的公示方式,只有这样才能得到法律的认可,受到法律保护。

(三)土地产权具有相对性

产权要受到国家最高权力机关的控制和制约。

三、土地产权权能构成

(一)土地所有权

法律意义上的土地所有权,即土地所有者把土地当作自己的财产,土地所有者有对土地实行垄断及支配的权利。这种权利是法律所赋予的,受到法律的保护。经济意义上的土地所有权,即土地所有者凭借对土地的垄断从而收取一定的地租,地租是土地所有权在经济上的实现形式。这二者不可或缺,任何一方面的缺失,都会使土地所有权不完全。

土地所有权的基本属性有以下几种。

(1)土地所有权的充分性。土地所有权是权利束中最充分的一项物权,它由土地占有权、使用权、收益权及处分权等权能组成。

(2)土地所有权的排他性。土地所有者对自己的土地具有垄断性。当有非自然的因素妨碍土地所有者行使自己的所有权利时，土地所有权者无须向别人请求，也不必由法院出面，自己就有排除这些妨碍的权利。

(3)土地所有权的恒久性。土地所有权的存在没有一定的存续期限，它是无限期地由土地所有者保有的，因此土地所有者即使将土地闲置不用，其土地所有权也不因此而消灭。

(4)土地所有权的归一性。土地所有者可以在自己的土地上为别人设定使用权、地役权、抵押权、租赁权等其他权利。土地所有者拥有最终的统一支配权。

(5)土地所有权的社会性。土地所有权虽然是一种完全的排他性权利，但是，土地所有者在行使自己的权利时必须受到社会的限制。如中国目前限制耕地任意用于非农产业，这种限制的原因主要在于土地的稀缺，尤其是耕地的稀缺。

(二)土地使用权

土地使用权是依法对一定土地加以利用并取得收益的权利，是土地使用制的法律体现形式。土地使用权是与土地所有权有关的财产物权。由于土地使用权也是一种物权，因此，土地使用权也可以买卖、继承和抵押。同时，土地使用权人也可以将土地使用权租赁，即设定租赁权。

任何人无论以何种方式取得土地使用权都必须得到法律的认可，否则为非法占用他人土地。土地使用权人一般须向土地使用权出让人支付土地使用权价格。

(三)土地租赁权

土地租赁权，是指承租人有占有租赁物而为使用收益之权能。它与广义的土地使用权的最根本的区别是土地租赁权人不拥有对土地的部分处分权，承租人对土地的使用条件是依土地出租人的意志而规定的。

土地租赁人为取得土地租赁权就必须向出租方缴纳地租，无论出租方是土地所有者还是土地使用者。土地租赁依租赁契约而成立，因此，出租方和承租方之间必须签订租赁合同。租赁合同不得违背国家的法律、法规。如若出租方是土地使用权人，则租赁合同还不能违背土地使用权出让合同的规定。在出租方是土地使用权人的情况下，土地承租方向土地使用权人缴纳地租，而土地使用权人则继续履行土地使用权出让合同。

土地租赁一般可分为有期限的或无期限的两种。目前，法律没有规定土地可以无期限租赁，而只规定实行有期限租赁。在农村，土地转包实为一种有期限的土地租赁，出租方是土地承包者，即集体土地使用权人，他除收取承租人缴纳的地租外，还履行自己与集体的承包合同。

(四)土地抵押权

土地抵押权是土地受押人对于土地抵押人不转移占有并继续使用收益而提供担保的土地，在债务不能履行时可将土地变卖的价款作为受清偿的担保物权。土地受押人称为土地抵押权人。设定土地抵押权时，作为标的物的土地并不发生转移，它仍为土地抵押人占有使用，只以其代表经济价值的某项权利作担保。当抵押人到期不能履行债务时，抵押权人有权将土地拍卖并优先受清偿。

(五)土地地役权

土地地役权是在土地所有权上设定的一种他项权利。土地所有人为了其毗邻土地的权益,有义务允许他人在其土地上的某种行为。为他人设置地役权的土地为供役地,与供役地相邻并需在他人土地上获取地役权的土地为需役地。地役权主要包括建筑支持权、采光权、眺望权、取水权、道路通行权等。

(六)土地地上权

土地地上权是用益权的一种,即在他人土地上设定其使用土地的权利。地上权人的权利是占有土地,在建筑物、工作物等必需范围内,有土地使用权。地上权可以处分,如让与他人,作为抵押权标的物等。地上权人的主要义务是向土地所有人支付地租。地上权多依法律行为取得。其设定转移应以书面形式为主,并应登记。地上权的存续时间,由当事人约定,法律并无最长期间的限制。

(七)土地发展权

土地发展权是发展土地的权利,一种可与土地所有权分割而单独处分的财产权。具体说,土地发展权就是变更土地使用性质之权,如农地变更为城市建设用地,或土地原有的使用集约度升高。

四、土地产权的功能

(一)经济社会发展的制度基础

科学合理的土地权利制度能够为人们提供一个追求长期利益的稳定预期和重复博弈的规则。土地产权作为最重要的具有经济意义的民事权利,不但是社会进步的象征,而且是社会稳定和经济可持续发展的基础。只有建立合理稳定的土地财产秩序,使土地财产权得到有效的保护,才能激发土地权利人追求长期利益的积极性,不断增加投入,不断采用先进技术,减少短期行为,从而不断推动社会生产力的发展。

(二)稳定和扩大就业的重要保证

解决好就业问题,是我国今后几十年面临的最严峻的挑战。要解决好就业问题,首先必须解决好约5亿农村人口(第七次全国人口普查数据)的就业问题。合理的农地产权制度维持稳定的“家庭经营”,作为解决就业的重要手段,稳步推进了工业化和现代化。广大农村地区是劳动力的“蓄水池”,当第二和第三产业需要时,农村劳动力就流入城市,当城市经济萧条时,这些劳动力还可以流回农村,从事稳定的农业生产,从而成为社会最稳定的阶层。合理的农地产权制度,为这些国家和地区实现大多数人口最终在城市就业设立了非常好的缓冲地带,最大限度降低了现代化可能带来的阵痛。

(三)土地权利制度的稳定和完善直接关系到金融市场的健康发展

随着市场经济的发展,不动产抵押已成为融资的主要手段之一,特别是房地产市场,土地抵押已成为房地产开发投资和居民置业的主要资金来源,而土地权利制度改革对盘活土地资产、促进金融市场发展发挥了重要作用。不动产抵押贷款比例的增加,在促进房地产业快速发展的同时,也加大了金融市场的风险。

(四)土地权利制度是促进土地资源合理利用与保护的有力保障

合理利用国土资源是实现可持续发展的基础,国土资源的合理配置和持续有效利用,是国土资源行政管理和土地权利制度建设两条主线的有机结合,旨在调动土地使用者合理用地的积极性。否则,没有土地权利人的主动配合,再严格的行政管理制度也会大打折扣。

第三节　土地国家管理制度

一、土地国家管理的内容

在前面我们已经说过,土地国家管理制度指国家政权以社会代表的身份,对全国土地在宏观上进行管理、监督和调控的制度、机制和手段的集合。在本节中将对土地国家管理制度进行详细讲解。

(一)土地国家管理的内容

土地国家管理的内容有两方面。

1. 土地权属管理

土地权属管理是指国家确认和保护土地所有者和使用者合法权益及调整土地所有权和使用权关系的一种管理。其主要内容是依法确认土地所有权和使用权;管理土地权属的变更;调处土地权属纠纷;查处土地权属方面的违法行为。

2. 土地利用管理

土地利用管理是指国家通过一系列法律、法规和政策,采用行政的、经济的和规划计划等手段,确定并调整土地利用结构、布局和方式,以保证土地资源合理利用的一种管理。土地国家管理是为了维护已经确定的土地所有制和土地使用制,即维护代表一国统治阶级利益的土地所有制及其相应的土地关系,最大限度地满足全社会对土地的需求,并保证国家土地资源得到合理和充分有效的利用,维护良好生态环境。

(二)建立土地国家管理制度的客观必要性

无论什么性质的国家,也无论实行什么样的土地制度,国家政权都要以社会代表的身份,对全国的土地在宏观上进行管理、监督和调控。这是由土地的一系列经济社会特性所决定的。

1. 土地具有特殊的重要性

土地是人类赖以生存和发展的物质基础，土地既是最基本的生产资料，又是人们必要的生活资料。因此，土地对于人类各项生产和消费活动是绝对不可缺少的。人们对土地的各种需求都必须给予保证。

2. 土地供给的稀缺性

土地是自然历史的产物，是有限的资源，不能再生。然而随着人口的增加和经济文化的发展，人类对土地的需求却在不断增加，因而对土地的供给会日益感到稀缺。

3. 土地利用后果的巨大社会性

土地作为一种财产同其他财产不同，土地自身不能移动和分割，土地又是自然生态系统中的基础因子，因此，土地利用的后果具有巨大的社会性。也就是说，任何一块特定的土地资源，其利用的合理与否不仅涉及其所有者和使用者的利益，还必然影响到相邻地块，或者更大地区乃至全国，因而产生巨大的社会后果。

因此，作为“社会代表”的国家政权必须对全国的土地在宏观上进行管理、监督和调控，才能保证土地的合理分配，保证国民经济各个部门对土地的需求，并使土地资源得到合理利用，维护良好的自然生态环境。

（三）土地管理机构

土地管理机构是国家为实现土地行政目标而建立的行政组织，是推行统治阶级在土地方面政治主张或意志的工具，是土地管理的组织形式和组织保证。

土地管理机构是土地管理体制的载体，是社会和公众在土地利益方面的代表，对土地的公共利益进行有效的管理和服务，包括自然资源部和地方各级政府的主管部门。

二、土地国家管理任务

为了做到土地权属清晰，最大限度地满足全社会对土地的需求，促进土地资源得到合理有效利用，国家要完成以下任务。

（一）保护土地所有权与使用权

土地所有权和使用权是土地制度的主要法律体现，因此依法保护土地所有者和土地使用者的正当权益是维护土地制度的关键。

（二）合理调整土地关系

随着经济社会的发展，土地的所有权和使用权经常处于变动过程中。国家必须依照土地管理的目标，采取必要的措施，对客观需要的土地所有权和使用权的变动进行管理、监督和调控，避免盲目性，防止权属混乱及纠纷。

（三）对土地所有权和使用权的必要限制

国家要从整个社会利益出发，对土地所有权的权能范围、行使方式、出让条件和土地使用权的权能范围、土地利用方向、转让条件等进行必要的限制,以使土地所有权和使用权的行使有利于整个社会经济的健康发展。

(四)保证土地资源的有效利用

保证土地资源在国民经济各个部门和各个使用项目上的合理分配与有效利用,防止土地资源的闲置与浪费。

(五)课征土地税收

实施土地有偿使用制度并正确课征土地税收,保证国有土地的地租收入归国家,通过土地税收和土地有偿使用集中国家财政资金。

三、实现土地国家管理的手段

(一)法律手段

完备的土地管理法律、法规,是国家管理土地意志的具体体现,也是国家有关部门管理土地的法律依据,是对土地的所有者和使用者及其他相关人行为的强制规范。此外还要根据土地管理的目标和各阶段的具体情况,制定必要的政策以正确处理各方面的土地关系,调动土地所有者和使用者及其他人管好、用好土地的积极性。同时协同政法部门,对土地管理的法律、法规的执行情况进行检察、监督,以保证有关土地法律、法规的实施。

(二)经济手段

国家通过实行土地有偿使用、征收土地税费、开放土地市场等形式,促进土地资源的合理分配与使用,并集中土地开发建设的资金,保证其合理分配与使用。

(三)行政手段

采用行政手段直接作用管理土地资源,例如进行土地的登记和分类统计。土地登记是对土地所有者和使用者的权属及其变动的登记,具有法律效力,是保护土地所有者和使用者合法权益的法律依据。分类统计是在土地调查、登记基础上,对土地权属以及土地类型、面积和质量的分类统计,为国家管理土地的宏观决策提供依据。

(四)技术手段

土地调查、土地信息与土地评价等是土地管理的技术手段,是一项为土地管理提供土地面积、类型、质量、分布、价格和权属情况的基础性工作。

(五)教育手段

通过宣传教育,提高人民群众的国土观念、生态平衡观念,普及土地管理与利用的法律、法规知识,与此同时,加强土地科研和干部培训,提高土地管理干部和人民群众的素质,是加强土地管理的重要基础和保证。

四、中国土地管理制度

（一）中国土地管理制度的演变与发展

自中华人民共和国成立至今，土地管理体制经历了统一、分散、再统一的几次转变，大体可划分以下几个阶段。

第一阶段（1949—1955 年），内务部地政局负责全国土地的统一管理。

第二阶段（1955—1986 年），土地行政管理以城乡分立、部门分管的多头分散管理体制为主体。

第三阶段（1986—1998 年），以原国家土地管理局成立为标志，确立全国城乡土地统一管理体制，政府的土地行政管理职能得到加强。

1986 年国务院第十次常务会议对如何加强土地管理工作进行专门研究，决定：（1）确定全国土地资源统一管理体制；（2）成立直属国务院的国家土地管理局。经过 12 年努力，到 1998 年，全国形成了中央、省（自治区、直辖市）、市（地）、县（市）、乡（镇）五级土地管理体系。

第四阶段（1998 至今），以中华人民共和国国土资源部成立为标志，土地行政管理体制发展进入一个新的阶段。2018 年 3 月，中华人民共和国自然资源部（通称自然资源部）成立，将原国土资源部等八部门的职责进行了整合。

（二）中国现行土地管理制度的建立与运行

自然资源部统一全面行使自然资源资产的所有职责，统一行使所有控件用途管制和生态修复职责。具体包括：（1）履行全民所有土地、资产、矿产、森林、草原、湿地、水、海洋等自然资源资产所有者职责和所有国土空间用途管制职责；（2）对自然资源进行调查检测和确权登记；（3）建立自然资源有偿使用制度，对自然资源合理开发利用；（4）建立空间规划体系并监督实施；（5）负责测绘和地质勘查行业管理；（6）统筹国土空间生态修复；（7）实施最严格的耕地保护制度等。

自然资源部成立后，既要履行自然资源自查所有者的职责，同时还承担着自然资源管理代理人的职责。通过建立“资源、资产、资本”统筹管理体系，构建“产权明晰、主体丰富、资产活化、促进融通”的自然资源市场体系，有利于自然资源的保护和利用。

从纵向来看，共由五级部门组成：中央人民政府设自然资源部；省级政府设自然资源厅；地级人民政府设市自然资源局；县、区级人民政府设县级自然资源局；乡镇人民政府设乡镇自然资源管理所。

自然资源部对省级地方人民政府自然资源管理部门实行业务领导，其主要干部的任免，需征得自然资源部的同意。上下级自然资源部门之间主要是一种业务和政策指导关系，某一级别行政区国土部门的人事安排主要取决于地方政府的意愿，上级自然资源部门只具有人事建议权利和事后备案义务，而不具有事前决定权力。这种人事制度安排决定了基层（地级市及以下）自然资源部门主要在执行对应级别地方政府的政策意图，只能是同级政府的办事机构和同级政府意志的执行者，不可能对政府的土地违法行为的发生形成制约。

【核心概念】

土地制度，土地所有制

【问题与探索】

1. 简述土地制度的构成。
2. 土地所有制和使用制的关系是什么？
3. 简述土地产权的基本属性。
4. 简述土地产权的构成。
5. 简述你对土地产权的理解。
6. 谈谈你对我国土地管理制度的看法。

【案例分析】

泸县农村土地制度改革 让“沉睡”的宅基地“流动”起来

四川新闻网泸州12月21日讯（记者 岳东） 2015年3月，泸县被确定为全国农村土地制度改革33个试点县之一。在制度试点的近4年时间里，泸县探索出了多项改革经验，得到中央深改办、国务院参事室、自然资源部的高度肯定。那么，泸县是怎样通过改革探索，让“沉睡”的宅基地“流动”起来，得到合理有效利用，从而带动农民增收，使集体经济焕发出新的活力？

2015年3月以来，泸县遵照“中央三条底线控制”“全国人大授权调整实施部分法律”精神，依据中办发〔2014〕71号、国土资发〔2015〕35号文件规定，在自然资源部的关心支持下，在省、市党委政府及其部门的主导下，针对农村人口外流、散老村落衰败、农村宅基地闲置、城乡建设用地紧缺、部分土地管理失范等问题，统筹推进农村土地制度改革三项试点。

60岁的杨珍明是玉蟾街道玉蟾村的村民，家中有4口人，他家宅基地有1.1亩，老宅在山上，是1987年盖的270多平方米的土瓦房。玉蟾村新村聚居点修好后，杨珍明十分动心，“那边位置好，配套好，价格也不贵，村上承诺宅基地复垦之后仍由我家承包使用，在和家人商量后，我决定退出老宅”。

“按退出土瓦房300元/平方米和其他建设用地20元/平方米的标准，我家共收到退出补偿款9万元。”杨珍明告诉记者，按新房1 480元/平方米的价格，自己购买了100平方米的户型，花费不到15万元；拆旧住新的过渡期间，还有每人每月300元的补助，“而且老宅复垦后村里还免费提供茶苗，收益归自己。与当初比起，环境好了，日子舒心了”。

泸县国土局工作人员告诉记者，农村土地制度改革成效主要体现在以下四个方面：

一是土地管理形态大规范。初步形成农村宅基地“法定无偿、节约有奖、跨区有偿、超占有偿、退出补偿”和“规划引领、总量管控、底线保障、有偿调剂、村民自治”的使用管理制度,集体经营性建设用地“县域统筹、分类入市、收益共享”的入市制度,农村征地“程序规范、补偿合理、保障多元”的土地征收制度,农村土地管理更加规范、公平、流畅。

二是农民收入形态大改善。宅基地退出户户均收益超过4.2万元,试点村集体经济组织收入平均突破100万元,政府获得调节金等收入,农民、集体、政府三方共赢。农民的财产性、工资性、转移性、经营性收入平稳较快增长,非农收入占比达到70%以上。

三是环境设施形态大提升。农村生产、生活和生态环境在改革中快速提升,水泥公路通村达社,饮水安全问题基本解决,低压台区全面改造,生活污水实现集中处理,D级危房全部消除,村级卫生室、文化室、幼儿园等公共服务设施达标配备。

四是农村发展形态大融合。土地制度改革三项试点的统筹推进与其他农村综合改革的有机叠加,推动着农村传统散居向新型聚居、传统农业向现代农业、传统农民向城镇市民转变。田坝、玉蟾、复兴、周堰等贫困村,实现村“摘帽”、人“脱贫”;龙桥文化生态园、谭坝现代农业产业融合发展示范园等一批乡村旅游综合体、农村田园综合体应势而生,“资源变资产、一产变三产、农民变股民、农村变社区”正在成为现实。

资料来源:岳东.泸县农村土地制度改革让“沉睡”的宅基地“流动”起来[EB/OL].(2018－12－21)[2022－02－15].http://scnews.newssc.org/system/20181221/000931060.html.

思考:结合案例分析如何推动土地制度改革。

第九章　中国现行土地所有制和使用制

【内容提要】

本章主要包含以下内容：

1. 中国现行土地所有制的性质和形式；
2. 中国现行土地所有制的建立和发展；
3. 中国现行土地征收制度；
4. 中国现行土地所有制的完善；
5. 中国现行农村土地使用制；
6. 中国现行城市土地使用制。

【引导案例】

战旗村集体土地入市实践

战旗村是成都周边一个普通的村子，全村1 704口人，1 930亩土地。2007年，村里开始以“资源换资本”的方式发展，现在战旗村经济总产值近3亿元，集体资产达到5 700万元。（数据来源：《科技日报》采访战旗村党支部书记高德敏，新闻标题《绿色发展，战旗村变“短板”为“优势”》）不禁有人想问，战旗村究竟是如何做到的？成功的核心是什么？是否具备普适性？今天，从土地入股、土地入市、自主经营三方面，告诉大家答案。

战旗村发展的第一步，是土地入股。

有“成都小普罗旺斯”之称的妈妈农庄，11年前被招商引资到战旗村。对于妈妈农庄的运营，战旗村以土地入股，年底保底分红的方式合作。妈妈农庄围绕花卉的观赏交易、旅游观光等形成了一个完整的产业链条，同时解决了战旗村120多人的就业问题。

战旗村发展的第二步，是土地入市。

早在2015年，战旗村被确定为集体经营性建设用地入市改革试点，原有的村办复合肥厂、预制厂和村委会老办公楼用地入市拍卖，以705.967 5万元的总价成交。这宗面积为13.447亩的土地，在四川敲响了农村集体经营性建设用地挂牌拍卖的第一槌。

2018年，战旗村迈出跨越式发展的第三步，是自主经营，也就是打造“乡村十八坊”景点，发展乡村旅游——利用本土工匠技术资源，还原旧时作坊生产方式，打造传统农耕文化记忆。

把乡村变景区，采取自主经营，给老百姓新的财富密码。迄今，战旗村经过近20年的发展和市场淘汰，产业结构进行了很大调整。全村现有13家企业，其中7家集体企业，6家民营企业，主要扎根于乡土资源，以农副产品加工、郫县豆瓣及调味品生产、食用菌生产和旅游业为主。从数据上看，战旗村村域经济总产值近3亿元，集体资产达5 700万元，集体经济收入达450万元。

资料来源：农村宅基地、四荒村、空心村、集体建设用地发展规划（政策+案例）[N].民族日报，2020-10-11(3).

第一节　中国现行土地所有制的性质和形式

中国现行土地所有制的性质是社会主义公有制。关于中国现行土地所有制的性质和形式，在《中华人民共和国宪法》《中华人民共和国土地管理法》和《中华人民共和国物权法》中均有明确规定。

《中华人民共和国宪法》第九条规定：矿藏、水流、森林、山岭、草原、荒地、滩涂等自然资源，都属于国家所有，即全民所有；由法律规定属于集体所有的森林和山岭、草原、荒地、滩涂除外。

《中华人民共和国宪法》第十条规定：城市的土地属于国家所有。农村和城市郊区的土地，除由法律规定属于国家所有的以外，属于集体所有；宅基地和自留地、自留山，也属于集体所有。国家为了公共利益的需要，可以依照法律规定对土地实行征收或者征用并给予补偿。

《中华人民共和国土地管理法》第二条规定：中华人民共和国实行土地的社会主义公有制，即全民所有制和劳动群众集体所有制。全民所有，即国家所有土地的所有权由国务院代表国家行使。第九条规定：城市市区的土地属于国家所有。农村和城市郊区的土地，除由法律规定属于国家所有的以外，属于农民集体所有；宅基地和自留地、自留山，属于农民集体所有。

《中华人民共和国物权法》第四十六条规定：矿藏、水流、海域属于国家所有。第四十七条规定：城市的土地，属于国家所有。法律规定属于国家所有的农村和城市郊区的土地，属于国家所有。第四十八条规定：森林、山岭、草原、荒地、滩涂等自然资源，属于国家所有，但法律规定属于集体所有的除外。第五十八条规定：集体所有的不动产和动产包括法律规定属于集体所有的土地和森林、山岭、草原、荒地、滩涂。

根据《中华人民共和国宪法》《中华人民共和国土地管理法》和《中华人民共和国物权法》的规定，中国现行土地所有制为社会主义土地公有制，分为社会主义全民所有制和社会主义劳动群众集体所有制两种形式。

综合起来，全面理解和认识中国现行土地所有制的性质和形式需要把握以下要点：

第一，全部土地都实行社会主义公有制；

第二，土地的社会主义公有制，分为全民所有制和劳动群众集体所有制两种形式；

第三，土地的社会主义全民所有制，具体采取的是国家所有制的形式。

土地的全民所有制具体采取的是国家所有制的形式，该种所有制的土地被称为国家所有土地，简称国有土地，其所有权由国家代表全体人民行使，具体又由国务院代表国家行使。

《中华人民共和国土地管理法实施条例》规定，下列土地属于全民所有即国家所有：

（1）城市市区的土地；

（2）农村和城市郊区中已经依法没收、征收、征购为国有的土地；

（3）国家依法征收的土地；

（4）依法不属于集体所有的林地、草地、荒地、滩涂及其他土地；

（5）农村集体经济组织全体成员转为城镇居民的，原属于其成员集体所有的土地；

（6）因国家组织移民、自然灾害等原因，农民成建制地集体迁移后不再使用的原属于迁移农民集体所有的土地。

第四，土地的劳动群众集体所有制具体采取的是农民集体所有制的形式，该种所有制的土地被称为农民集体所有土地，简称集体土地。

现行农民集体土地所有权的主体有三种：一是村农民集体，这是最主要、最普遍的集体土地所有权主体。二是乡（镇）农民集体，这主要是指少数原来实行以公社为基本核算单位时已划归全社所有并负责统一管理的土地和划归乡（镇）所有的土地。三是村内农民集体，这种土地所有权主体主要是考虑到有的村民小组仍然是农业的经济实体和发包土地的单位。村内两个以上农村集体经济组织所有，主要是指作为基本核算单位的村民小组所有，也可以指村内两个以上其他基本核算单位的合作经济组织，如村办农场、养猪场、园林队等所有。

《中华人民共和国土地管理法》第十一条规定：农民集体所有的土地依法属于村农民集体所有的，由村集体经济组织或者村民委员会经营、管理；已经分别属于村内两个以上农村集体经济组织的农民集体所有的，由村内各该农村集体经济组织或者村民小组经营、管理；已经属于乡（镇）农民集体所有的，由乡（镇）农村集体经济组织经营、管理。

属于农村集体经济组织所有的土地包括如下几种。

（1）农村和城市郊区的土地，除由法律规定属于国家所有的以外，属于农民集体所有。

（2）宅基地和自留地、自留山，属于农民集体所有。农民在自留山、自留地上虽然可以进行经营并将所获得的产品归其个人所有，但是农民对该自留地、自留山并不享有所有权。

第五，建制镇既不属于《中华人民共和国宪法》和《中华人民共和国土地管理法》所说的城市范畴，也不属于这两种法律所规定的农村和城市郊区的范畴。

关于镇的土地所有权问题，1982 年 11 月 26 日第五届全国人民代表大会第五次会议《关于中华人民共和国宪法修改草案的报告》指出："草案第十条中原来是把镇的土地和农村、城市郊区一律看待的。全民讨论中有人指出，全国各地情况不同，有些地方镇的建制较大，今后还要发展，实际上是小城市，因此，删去了有关镇的规定。镇的土地所有权问题，可以根据实际情况分别处理。"

据有关资料统计，在中国土地总面积中，属于国家所有的约占 54%，属于集体所有的约占 46%。在我国现有耕地面积中，属于国家所有的占 5.6%，属于集体所有的占 94.4%；在现有森林面积中，70% 以上属于国家所有，20% 以上属于集体所有。

第二节 中国现行土地所有制的建立和发展

一、中国现行城市(市区)土地国有制的建立

1949 年以前的中国被帝国主义、封建主义和官僚资本主义所统治，是半殖民地半封建国家，那时的城市土地所有制形式非常复杂，有帝国主义国家的资本家、大房地产业主所有的土地，有官僚资本家所有的土地，有资本主义商业、银行业等民族资本家所有的土地，有国民党政府机关及其各部门所有的土地，等等。

面对当时存在的多样、复杂的所有制形式，中华人民共和国成立以后，分阶段，分别采用接管、没收、赎买、征收和法律程序等方式，逐步实现了城市土地社会主义国家所有制。

(一)接管和没收帝国主义、官僚资本主义、国民党政府及反革命分子等占有的城市土地，无偿地把它们变为国有土地

1949 年 3 月，毛泽东在七届二次全体会议上指出："必须接管帝国主义在华的资产，没收官僚资本归无产阶级领导的人民共和国所有，使人民共和国掌握国家的经济命脉，使国营经济成为整个国民经济的领导成分。"

在 1949 年 3 月至 1951 年 1 月，各地人民政府根据相关规定，接管了一批国民政府、帝国主义、官僚资本家以及战犯、汉奸、反革命分子在城市中的土地。

1950 年 6 月和 1951 年 1 月，中央人民政府政务院先后发布了《关于没收反革命罪犯财产的规定》与《关于没收战犯、汉奸、官僚资本家及反革命分子的财产的指示》，各城市对官僚资本家以及战犯、汉奸、反革命分子在城市中的土地做了进一步的清理和没收。

(二)改造资本主义工商业、私营房地产公司和房地产业主拥有的城市地产，采用赎买方式把它们变成国有土地

中华人民共和国成立后，中央政府没有没收民族资本主义工商业、私营房地产公司和房地产业主拥有的城市地产。

1949 年 4 月，毛泽东、朱德签署的《中国人民解放军布告》宣布，"农村中的封建的土地所有权制度，是不合理的，应当废除"，但是"城市的土地房屋，不能和农村土地问题一样处理"。同年 8 月，《人民日报》刊登题为《关于城市房产、房租的性质和政策》的文章，对"城市的土地房屋不能和农村土地问题一样处理"做了详细说明：城市房屋有公有房屋和私有房屋的分别。就私有房屋来说，其之所以不能和农村中的土地问题一样处理，是因为由这二者的所有权关系而产生的这二者的剥削关系一般是不相同的。农村的土地是自然物，人们虽然可以开辟，但是却不能创造出一块土地来。因此地主占有土地并利用土地对农民施行极其残酷的剥削，是我们国家民主化、工业化、独立、统一及富强的基本障碍。这种土地制度是必须废除的。废除封建剥削的土地制度，实行耕者有其田的制度，是新民主主义革命的基本任务。但是城市房屋问题却与此不同。房屋不是自然物，而是劳动的产品。在商

品生产的社会里，房屋就是一种商品，建筑房屋需要一定的投资，而且要经常出资加以修缮，当利用房屋的投资收取租息时，它就成为一种资本。因此城市里私人房主对房屋的占有，一般不是封建性质，而是资本主义性质制度。在新民主主义革命时期，这种资本主义性质的房屋所有权，应当和其他官僚资本以外的私人资本的所有权一样受到保护。至于和城市房屋相联系的地产的占有，因为城市土地有填平整理的关系，有若干投资在内，并且经过几手的买卖，其情形比较复杂，且已构成房产资本的不可分离的一部分，和农村土地不同，因此目前亦应暂不处理。

后来，这类资本主义性质的地产，是通过生产资料私有制的社会主义改造，采用赎买的方式转变为国有的。

不过，改造资本主义工商业的地产与改造私营房地产公司和私有房地产业主的地产在具体做法和时期上均有所差异。

城市资本主义工商业的地产，是从 1950 年开始，在从加工订货、经销代销到公私合营的改造资本主义工商业的过程中，随同工商业资本家的其他财产一起收归国有的（其中工商业者出租的与企业无关的房屋及其地产，处理办法与私有房地产业主的房屋及其地产的处理办法相同）。在 1956 年之后，在全社会公私合营的社会主义改造中，对私营企业厂房、仓库、商店、办公用房，通过进行清产核资、估价之后，由国家每年支付 5% 的定息，归国家占管。因此，尽管在法律上没有取消资本家的土地所有权，但其事实上已名存实亡，地产的实际占有权和使用权已转归国家所有。

1966 年 9 月 23 日，中共中央批转了《关于财政贸易和手工业方面若干政策问题的报告》，其中提出取消资本家定息。定息停止后，资本家所有的土地就完全转变为国家所有。

城市私营房地产公司和私有房地产业主的地产，是在国家对私有出租房屋进行社会主义改造中，随同房屋一起收归国有的。对私有出租房屋进行社会主义改造（以下简称私房改造）的工作，是根据 1956 年中央批转中央书记处第二办公室“关于目前城市私有房产基本情况及进行社会主义改造的意见”和 1958 年《人民日报》刊登的《中央主管机关负责人就私有出租房屋的社会主义改造问题对新华社记者发表的谈话》，先后开展起来的。私房改造的形式，除少数大城市对私营房产公司和一些大房主实行公私合营以外，绝大多数是实行国家经租。经租的办法是，凡房主出租房屋的数量达到改造起点的，即将其出租房屋全部由国家统一经营，在一定时期内付给房主原房租 20% ~40% 的固定租金。根据 1956 年中央对中央书记处第二办公室“关于目前城市私有房产基本情况及进行社会主义改造的意见”的批示，国家经租房屋是“对城市房屋占有者用类似赎买的办法，即在一定时期内给以固定的租金，来逐步地改变它们的所有制”。这如同向工商业资本家支付定息一样，房地产业主的土地所有权受到了很大限制。国家经租绝不仅意味着房主丧失了经营自主权，而是意味着也丧失了房屋所有权。《关于私有出租房屋社会主义改造问题的报告》指出：“凡是由国家经租的房屋，……房主只能领取固定租金，不能收回已由国家经租的房屋”；并明确批判了“有些房主认为房屋由国家经租还没有过渡到全民所有制，仍然属于个人所有”的主张，将之定性为“尖锐的两条道路的斗争”。1966 年中央政府宣布停止付租后，私营房地产公司和私有房地产业主的房屋及其地基便完全变成国家所有的财产。

改造起点的规定，大城市一般是建筑面积150平方米（约合10间房），中等城市一般是100平方米（合六七间房），小城市（包括镇）一般是50～100平方米（合3～6间房）。对私房地基的处理为：房屋和地基同属一人的，地基随房带进，不另处理；房屋和地基分属两人以上的，由房主将所领取的利息分给地基所有人一部分。在改造过程中，国家还规定，一切私人占有的城市空地、街基等地产，经过适当的办法也一律收归国有。

（三）为了国家建设和公共利益的需要，采用征收方式把部分城乡非国有土地变成城市国有土地

中华人民共和国成立以后，国家在城市进行了大量的经济、文化和国防建设，兴办了许多社会公共事业，开辟了许多新的工业区，新建了一大批城市。到2013年底，全国设市城市657个，是1949年132个的4.98倍；城市建成区面积由1952年的3 900平方千米，增加到2013年的45 565.76平方千米，增长了10.7倍。城市建设需用的土地，少量是靠原国有土地解决，大量是靠征收城乡非国有土地解决。征收的土地，所有权属于国家，用地单位和个人只有使用权。

国家采用征收的方式把城乡非国有土地转变为城市国有土地，历来都是有偿的，并对土地征收的原则、程序、审批权限以及各项补偿费的标准等，都有明确规定。1950年11月21日由政务院公布实施的《城市郊区土地改革条例》第十四条规定："国家为市政建设及其他需要征用私人所有的农业土地时，须给以适当代价，或以相等之国有土地调换之。对耕种该项土地的农民亦应给以适当的安置，并对其在该项土地上的生产投资（如凿井、植树等）及其他损失，予以公平合理的补偿。"1953年11月5日，政务院通过的《国家建设征用土地办法》第三条规定："国家建设征用土地，既应该根据国家建设的实际需要，保证国家建设所必需的土地，又应该照顾当地人民的切身利益，必须对被征用土地者的生产和生活有妥善的安置。"第十四条规定："已征用的土地，所有权属于国家。"在实行人民公社化之后，农民私有的土地一律变为农民集体所有。在所有制转变后，土地征用以及征地补偿费的原则一直是中国立法的重要内容。全国人民代表大会于1982年和1986年分别颁布了《国家建设征用土地条例》的专项法规和《中华人民共和国土地管理法》，对土地的征用做了具体的规定。在以上法律规定中，土地征用的确切含义是国家依照法律规定的条件有偿地将原为私人所有的土地或农民集体所有的土地转移为国家所有。因此，土地的征用也成为中华人民共和国成立以后，国家所有土地的主要来源。

（四）通过法律程序，把城市其余尚未国有化的土地变成国有土地

到1982年，通过接管和没收帝国主义、官僚资本主义等占有的城市土地，改造资本主义工商业、私营房地产公司和房地产业主拥有的城市地产和国家建设征收土地等方式，绝大部分的城市土地已归国家所有，但还有少量属于集体和个人所有。据1982年全国226个城市统计，城市建成区土地面积为7 438平方千米，集体和个人所有的土地约有335平方千米，占4.5%左右。属于集体所有的城市土地，主要是城市中的个体劳动者在组织成为合作社时将其作业场所入股变为合作社的作业场所所占用的土地。属于个人所有的城市土地，

主要是个人自住房屋及当时在社会主义改造起点以下的个人出租房屋的宅基地。1982年12月4日第五届全国人民代表大会第五次会议通过的《中华人民共和国宪法》第十条规定："城市的土地属于国家所有。"不仅明确了原来的国有土地的权属，而且把城市中残存的占城市建成区面积4.5%的非国有土地通过立法也宣布为国有土地。至此，就在全国范围内（香港、澳门、台湾地区除外）实现了城市土地国有化。

通过这种方式将土地收归国有是无偿的，但这并没有引起波动。原因是涉及的土地面积较小，而且长期以来就对私人土地所有权做了严格限制，只准使用，不得买卖、出租或以其他形式进行转让，土地私有权早就是极不完全的了。同时，这些土地的所有权虽然法律规定已为国家所有，但其使用权仍然由房屋所有权人长期（在房屋存续期内）无偿使用。

除以上方式外，中国扩大城市国有土地还有两种方式，一是购买，二是拨用。购买主要发生在1953年11月《国家建设征用土地办法》公布以前的时期。当时国家机关、企业、学校、团体以及合营企业等使用民族资本家、房地产业主或其他私人的土地，是通过购买取得的。购买后的土地产权并不是直接归国家所有，而是归各使用单位所有或者作为各该企业的投资。直到1953年《国家建设征用土地办法》公布实行以后，才规定凡征用之土地，产权属于国家。用地单位不需要时，应交还国家，不得转让。拨用是把交给农民耕种使用的农村国有土地从农民手里收回成为城市国有土地。这类土地，一是1950年11月10日政务院第五十八次政务会议通过的《城市郊区土地改革条例》规定"城市郊区所有没收和征收得来的农业用地，一律归国家所有"的土地；二是国家历年建设征而不用、多征少用、早征晚用退还给农民使用的土地；三是农村中其他规定为国有的土地。

二、中国现行农村和城市郊区土地国有制的建立

现行农村和城市郊区土地国有制，主要是在中华人民共和国成立后，通过土地改革确立的。

旧中国是半殖民地、半封建国家，官僚买办资产阶级掌握着国家政权，一切国家的经济命脉，包括全国的大荒地、大森林、大草原，以及河流、湖泊等，都归这个政权所有。

中华人民共和国成立后，在全国范围内开展了土地改革，把这些大荒地、大森林、大草原和部分其他土地通过立法手段收归新成立的国家所有，构成了农村国有土地。

1950年3月，林垦部召开了全国林业工作会议。该会议研究了一些具体政策，其中包括所有不能耕种的荒林、荒山、荒地一律收归国有。同年6月中央人民政府委员会第八次会议通过的《中华人民共和国土地改革法》规定："分配土地时，县以上人民政府得根据当地土地情况，酌量划出一部分土地收归国有，作为一县或数县范围内的农事试验场或国营示范农场之用。"还规定："大森林、大水利工程、大荒地、大荒山、大盐田和矿山及湖、沼、河、港等，均归国家所有。""沙田、湖田之属于地主所有或为公共团体所有者，均收归国家所有。""使用机器耕种或有其他进步设备的农田、苗圃、农事试验场及有技术性的大竹园、大果园、大茶山、大桐山、大桑田、大牧场等，由原经营者继续经营，不得分散。但山地所有权原属于地主者，经省以上人民政府批准，得收归国有。"

在土地改革中，对于城市郊区的土地还做了一些特别的规定。1950年11月政务院第

五十八次政务会议通过的《城市郊区土地改革条例》第九条规定:“城市郊区所有没收和征收得来的农业土地,一律归国家所有,由市人民政府管理,连同国家在郊区所有的其他可分的农业土地,交由乡农民协会按照土地改革法第十一条及第十二条规定的原则,统一地、公平合理地分配给无地少地的农民耕种使用。”

1954 年 9 月 20 日召开的第一届全国人民代表大会第一次会议,通过并公布了新中国第一部宪法。《中华人民共和国宪法》规定:“矿藏、水流,由法律规定为国有的森林、荒地和其他资源,都属于全民所有。”“国家为了公共利益的需要,可以依照法律规定的条件,对城乡土地和其他生产资料实行征购、征用或者收归国有。”

1982 年通过的《中华人民共和国宪法》和 1996 年公布的《中华人民共和国土地管理法》,对农村和城市郊区的国有土地做了进一步明确的规定。

三、中国现行农村集体土地所有制的建立

封建、半封建的旧中国的土地制度是极其不合理的。在农村,占农村人口总数 10% 以下的地主和富农,却占有 70% ~80% 的土地;而占农村人口总数 90% 以上的贫农、雇农、中农和其他阶层,只占有 20% ~30% 的土地。地主、富农凭借着这种封建、半封建的土地所有制和政治上的特权,对广大农民进行经济剥削和政治压迫。中华人民共和国成立后,先后通过开展土地改革、农业合作化、人民公社化和家庭联产承包等运动,废除了这种封建、半封建的土地所有制,逐步建立起现行的农村集体土地所有制。

(一)开展土地改革运动,没收、征收地主、富农的土地,无偿分配给无地少地的农民,把封建、半封建的土地所有制变成农民个人土地所有制

早在抗日战争时期,减租减息的制度就成为中国共产党主要的土地政策。解放战争时期,各老解放区积极发动农民开展土地改革运动。中华人民共和国成立以后,在新解放区继续开展了这一运动。

1949 年 9 月 29 日,中国人民政治协商会议第一届全体会议通过曾经起着临时宪法作用的《中国人民政治协商会议共同纲领》(以下简称《共同纲领》)。《共同纲领》规定,“中华人民共和国必须取消帝国主义国家在中国的一切特权,没收官僚资本归人民的国家所有,有步骤地将封建、半封建的土地所有制改变为农民的土地所有制”。《共同纲领》指出,建立农民的土地所有制是我国土地改革的目标。为了贯彻这一目标,《共同纲领》第二十七条规定:“凡尚未实行土地改革的地区,必须发动农民群众,建立农民团体,经过清除土匪恶霸、减租减息和分配土地等项步骤,实现耕者有其田。”《共同纲领》明确了土地改革分阶段的实施步骤:在清匪除霸、减租减息的基础上再分配土地,并进行复查以保证土地改革的顺利执行。1950 年 6 月,中国共产党第七届中央委员会第三次全体会议通过了在全国范围内开展土地改革的决议。同月 28 日,中央人民政府通过了《中华人民共和国土地改革法》(以下简称《土地改革法》)。《土地改革法》规定:“废除地主阶级封建剥削的土地所有制,实行农民的土地所有制,借以解放农村生产力,发展农业生产,为新中国的工业化开辟道路。”根据这些规定,从这一年冬季开始,在中国大陆除西藏、新疆等地区外,各地都开展了轰轰烈烈的

土地改革运动。

各地的土地改革工作，一般分四个步骤进行。第一步为反霸；第二步为划分阶级；第三步为没收、征收与分配；第四步为复查。清匪反霸，减租退押，使广大新解放区匪患解除，农民从斗争中得到了经济和政治利益。这一斗争提高了农民的阶级觉悟，为即将开始的土地分配准备了条件。新区土改中的划分阶级，一般经过讲阶级、评阶级、通过阶级和批准阶级四个环节。划定阶级之后，就进入没收、征收土地阶段。没收、征收土地的内容是：没收地主的土地；征收祠堂、庙宇、寺院、教堂、学校和团体在农村中的土地及其他公地；征收工商业资本家在农村中的土地；征收半地主式的富农出租的土地，《土地改革法》第六条规定“半地主式的富农出租大量土地，超过其自耕和雇人耕种的土地数量者，应征收其出租的土地”；征收因从事其他职业或因缺乏劳动力而出租的超过当地每人平均土地数200%以上的那部分土地，这主要是指革命军人、烈士家属、工人、职员、自由职业者、小贩等出租的土地；在某些特殊地区征收富农出租土地的一部分或全部。对于没收、征收来的土地的分配，《土地改革法》第十条规定：“所有没收和征收得来的土地和其他生产资料，除本法规定收归国家所有者外，均由乡农民协会接收，统一地、公平合理地分配给无地少地及缺乏其他生产资料的贫苦农民所有。”农民协会将没收与征收来的土地分配给无地少地的农民。复查主要是针对不法地主阶级的反攻倒算、农村基层组织的不纯、阶级成分的错划与漏划。当然，复查也包括果实分配不公、公地保留过多及干部贪污多占等问题。复查之后，由县级人民政府颁发土地证，确定地权。

到1952年底，全国土地改革基本完成。经过土地改革，废除了封建、半封建的土地所有制。土地改革的胜利，使占全国农业人口总数60% ~70%的3亿无地少地的农民，无偿得到了4 600多万公顷(7亿亩)土地，实现了农民个人土地所有制，使农民免除了每年交给地主约350亿千克粮食的地租，激发了他们前所未有的生产积极性。

（二）开展农业合作化运动，对个体农民经济进行社会主义改造，逐步把农民个人土地所有制变成农业生产合作社集体所有制

土地改革完成后，我国农村在微观层面上普遍建立起土地的农民个体小私有制。这种土地所有制形成的分散经营与当时落后的生产条件产生了某些不适应，如农民个体缺少必要的耕畜、农具，无力修建必需的农田水利等基础设施。为了克服这种不适应，农民中出现了自发的互助活动。同时为了避免农村中买地卖地的猖獗现象出现以致重现旧社会的高利贷和大地主，造成两极分化，所以土地改革一结束，政府就开始对个体农民经济的社会主义改造，开展了农业合作化运动。在这个运动中，逐步实现了土地的农民个人所有制向合作社集体所有制的转变。农业合作化运动是通过相互联系的三步(也有交叉)进行的。

第一步，建立农业生产互助组，即在土地和其他生产资料私有制和分散经营的基础上实行劳动互助。农业生产互助组是按照自愿互利的原则组建的，一般由几户至十几户组成，实行共同劳动，分散经营。土地、耕畜、农具等生产资料和收获的农产品，均归私人所有。但由于换工互助，在一定程度上提高了劳动生产率，产量一般高于个体农户。农业生产互助组的建立，扩大了农民劳动的范围，农业劳动开始具有了某些直接的社会性，产生了

社会主义萌芽。

第二步，建立初级农业生产合作社，即在土地和其他生产资料私有的条件下，实行土地入股，统一经营，集中劳动，统一分配，农业生产合作社给予土地和其他生产资料的所有者一定的报酬。在这种农业生产合作社中，农民仍然拥有土地的所有权，但土地使用权却归农业生产合作社，土地经营使用权成功地从所有权中分离出来。初级农业生产合作社表现出比农业生产互助组更大的优越之处。它能够解决共同劳动和分散经营的矛盾，而且能够实现对土地进行统一规划、统一生产和统一收获。因而提高了劳动生产率，有效促进了粮食增产。但这形式的农业合作化运动也具有一些弊端，如以劳动日为计算单位的评工积分的计酬方法，实行起来难以做到准确，难免产生平均主义倾向；另外，劳动管理过于集中，经营决策权集中在少数干部手中，社员缺乏一定的自主权。初级农业生产合作社是半社会主义性质的。

第三步，建立高级农业生产合作社，即在土地等基本生产资料公有制的基础上，实行统一经营，统一分配，分配原则为"各尽所能，按劳取酬"。高级农业生产合作社取消了土地报酬，农民个人所有的土地无偿转归农业生产合作社集体所有。全国人大常委会于1956年6月制定的《高级农业生产合作社示范章程》规定，入社的农民必须把私有的土地和耕畜、大型农具等主要生产资料转为合作社集体所有。社员土地上附属的私有的塘、井等水利设施，随着土地转为合作社集体所有。如果这些水利设施是新修的，本主还没有得到收益，合作社应该适当地偿付本主所费的工本。如果修建这些水利所欠的贷款没有还清，应该由合作社负责归还。社员私有的藕塘、鱼塘、苇塘等转为合作社集体所有的时候，对于塘里的藕、鱼、苇子等，合作社应该付给本主以合理的代价。社员私有的耕畜、大型农具和社员经营家庭副业所不需要而为合作社所需要的副业工具转为合作社集体所有，要按照当地的正常价格议定价款的数目，分期付给本主。社员私有的成群的牲畜，一般应该由合作社按照当地的正常价格作价收买，转为合作社集体所有。社员私有的大量成片的经济林、用材林以及幼林和苗圃，作价归合作社集体所有。社员私有的生活资料和零星的树林、家禽、家畜、小农具、经营家庭副业所需要的工具，仍属社员所有。农业生产合作社抽出当地每人平均土地数5%左右的土地分配给社员，作为自留地。高级农业生产合作社是完全社会主义性质的。

到1957年，全国已有97.5%的农户加入了农业生产合作社，其中加入高级农业生产合作社的农户占全国总农户的96.2%。至此，全国农村的土地（耕地）已基本上由农民私有制变成了农业生产合作社的集体所有制。

（三）开展人民公社化运动，把土地的农业生产合作社集体所有制变成人民公社所有制，后又变为"三级所有、队为基础"的制度

1958年春夏，各地农村掀起了合并高级社办大社的高潮。同年夏秋，又进一步发展承办大型的综合性的人民公社运动，而且在两三个月内（到1958年底），全国农村普遍实现了人民公社化，实行了土地等生产资料的公社所有制。

公社所有制超越了当时的生产力水平，导致了对生产力的极大破坏。为了纠正人民公

社运动对农业经济所造成的滑坡，中共中央逐步对农村土地制度进行了调整。1962 年 9 月，中国共产党第八届中央委员会第十次全体会议通过《农村人民公社工作条例修正草案》，该修正草案第二条规定了人民公社的基本核算单位是生产队。根据各地方不同的情况，人民公社的组织可以是两级，即公社和生产队；也可以是三级，即公社、生产大队和生产队。修正草案第二十一条规定了生产队范围内的土地，都归生产队所有。集体所有的山林、水面和草原，凡是归生产队所有比较有利的，都归生产队所有。

至此，中国便在全国确立了人民公社、生产大队、生产队三级集体所有制，以生产队为基本核算单位的土地制度。这种对于稳定和恢复农业发展起到一定效果的土地制度一直延续到 1978 年实行家庭联产承包责任制。

（四）通过《宪法》《土地管理法》和《民法典》，进一步从法律上明确了农村土地农民集体所有制

1978 年以后，中国农村开始经济体制改革，推行家庭联产承包责任制，将土地承包给农户家庭经营，但就实质而言，土地的集体所有制没有发生根本性变化。1982 年第五届全国人民代表大会第五次全体会议通过的宪法，重申了对农村集体土地所有权的确认。《宪法》第十条规定："农村和城市郊区的土地，除由法律规定属于国家所有的以外，属于集体所有；宅基地和自留地、自留山，也属于集体所有。"1986 年 6 月 25 日公布的《土地管理法》则进一步明确了农村土地的集体所有权。现行《土地管理法》第十条规定："农民集体所有的土地依法属于村农民集体所有的，由村集体经济组织或者村民委员会经营、管理；已经分别属于村内两个以上农村集体经济组织的农民集体所有的，由村内各该农村集体经济组织或者村民小组经营、管理；已经属于乡（镇）农民集体所有的，由乡（镇）农村集体经济组织经营、管理。"《民法典》第二百六十二条还把《土地管理法》第十条中的"经营、管理"两词进一步明确为代表集体行使所有权。

第三节　中国现行土地征收制度

一、中国现行土地征收制度概述

（一）土地征收的概念和原则

在中国，土地征收是指国家为了公共利益，依据法律规定的程序和权限批准，将农村集体所有土地的所有权收归国有并给予农村集体经济组织和农民补偿的行政行为。

2004 年以前，我国的《宪法》和《土地管理法》没有对土地征收和土地征用两种不同的情形进行区分，而是统称为"土地征用"。2004 年 3 月修订的《中华人民共和国宪法》将宪法第十条第三款"国家为了公共利益的需要，可以依照法律规定对土地实行征用"修改为"国家为了公共利益的需要，可以依照法律规定对土地实行征收或者征用并给予补偿"。随后，2004 年 8 月修订的《土地管理法》也做了相应修改。这是首次将"土地征收"和"土地征

用”区分开来。

土地征收和土地征用是两个不同的法律概念,二者既有共同之处,也有不同之处。二者的共同之处在于都是为了公共利益的需要,都要利用国家强制力,都要经过法定程序并且都要依法补偿。不同之处主要体现在土地征收是所有权的改变,是国家将集体土地强制地征归国有,不存在返还的问题,国家也会给予被征收者较高的补偿以平衡其财产损失;土地征用只是使用权的改变,是国家强制地使用集体土地,被征用的集体土地使用后,应当返还被征用人,被征用人获得补偿的程度也会相对较低。

根据现行法律规定,土地征收应遵循以下三个基本原则:一是十分珍惜、合理利用土地和切实保护耕地的原则;二是保证国家建设用地的原则;三是妥善安置被征地农民的原则。

(二)土地征收的前提

《宪法》第十条第三款规定,国家为了公共利益的需要,可以依照法律规定对土地实行征收或者征用并给予补偿。《土地管理法》第二条第四款规定,国家为了公共利益的需要,可以依法对土地实行征收或者征用并给予补偿。《民法典》第二百四十三条规定,为了公共利益的需要,依照法律规定的权限和程序可以征收集体所有的土地和组织、个人的房屋以及其他不动产。

由此可见,土地征收的前提有三个:为了公共利益的需要,依照法定程序并给予合理的补偿。“为社会公共利益的需要”,只有在为了社会公共利益,需要使用集体土地的情况下,才能对集体所有的土地实行征收。但目前对公共利益的界定缺乏明确性。

(三)土地征收的特点

土地征收具有如下特点。

(1)征收土地的主体必须是国家。只有国家才具有征收土地的权利,各级土地管理机构和人民政府代表国家行使此项权利。

(2)土地征收是国家行政行为,具有强制性。在土地征收法律关系中,国家与被征收土地的集体组织的地位是不平等的,土地征收是基于国家单方面的意思表示,而非基于双方的自愿和一致,无须被征收土地的集体组织同意。国家征收土地作为一种行政命令,被征收土地的集体组织必须服从。

(3)土地征收是国家为了公共利益的需要。大多数学者认为,公共利益的需要是国家依法征收土地的唯一原因。

(4)土地征收必须以土地补偿为必备条件。土地征收是有偿的行政强制行为,被征收土地的集体经济组织和成员可以依法得到经济上的补偿。

(5)土地征收的标的只能是集体所有的土地。对全民所有的土地国家可直接行使处分权利。

二、中国现行土地征收程序

根据现行《土地管理法》和《土地管理法实施条例》的有关规定,土地征收程序一般如下。

（1）征收前提要求。为了公共利益的需要，确需征收农民集体所有土地的，可以依法实施征收。因此在申请土地征收前，应当审查征收是否符合《土地管理法》第四十五条所规定的公共利益的需要，并且在请示中应当明确拟征收土地是为了公共利益的需要。

（2）发布征收预公告。需要征收土地，由县级以上人民政府发布征收土地预公告，并开展拟征收土地现状调查和社会稳定风险评估。其中土地预公告应当包含征收范围、征收目的、开展土地现状调查的安排（包括调查时间、地点、程序、参加人员及相关要求）等。预公告时间不少于十个工作日。

（3）展开土地现状调查。土地现状调查需查明土地的位置、权属、地类、面积，以及农村村民住宅、其他地上附着物和青苗等的权属、种类、数量等情况，并如实填写调查表，参与人员需签字确认。

（4）社会稳定风险评估。社会稳定风险评估土地的位置、权属、地类、面积，以及农村村民住宅、其他地上附着物和青苗等的权属、种类、数量等情况。对土地征收过程中可能影响社会稳定的因素进行调查、预测、分析和评估，制定风险应对策略和预案。评估结果将作为决定申请征地的重要依据。

（5）编制征地补偿方案。拟征地的市、县（市、区）人民政府根据社会稳定风险评估结果，结合土地现状调查的情况，组织自然资源、财政、人力资源和社会保障等有关部门，编制征地补偿安置方案。征地补偿安置方案包括征收范围、土地现状、征收目的、补偿方式和标准、安置对象、安置方式、社会保障等内容。

县级以上人民政府应当及时落实土地补偿费、安置补助费、农村村民住宅以及其他地上附着物和青苗的补偿费用、社会保障费用等，并保证足额到位，专款专用。有关费用未足额到位的，不得批准征收土地。

（6）发布征地补偿安置方案。发布征地补偿安置公告，公告时间不少于 30 日。征地补偿安置公告应当一并告知办理补偿登记的方式和期限、异议反馈渠道、复议诉讼权利等内容。多数被征地的农村集体经济组织成员不同意征地补偿安置方案的，拟征地的市、县（市、区）人民政府应当组织召开听证会。

（7）办理征地补偿登记。被征地的所有权人、使用权人按照征地补偿安置公告规定的方式和期限，持不动产权属证明材料办理征地补偿登记手续，未如期办理征地补偿登记手续的，其补偿内容以前期调查结果为准。

（8）签订征地补偿安置协议。市（县）人民政府依法修改土地征收补偿安置协议后，与拟征收土地的所有权人、使用人签订土地补偿安置方案，对于难以达成征地补偿安置协议的，在申请土地征收时要如实说明。

（9）申请土地征收。完成上述征地申请程序以后，方可申请土地征收。

（10）发布土地征收公告。土地征收申请依法批准后，市（县）人民政府应当自收到批准文件之日起十五个工作日内在拟征收土地所在的乡（镇）和村、村民小组范围内发布征收土地公告，公布征收范围、征收时间等具体工作安排。对前期个别无法达成征地补偿安置协议的，可以依法做出征地补偿安置决定，并依法实施征收。

三、中国现行土地征收补偿标准

国家征收集体土地时，对给土地权利人造成的经济损失应当给予补偿。依照我国现行法律的规定，集体土地征收的补偿内容和标准主要包括如下内容。

（一）征收耕地的补偿内容和标准

2019 年修正后的《土地管理法》第四十八条第二款规定：“征收耕地的补偿费用包括土地补偿费、安置补助费以及地上附着物和青苗的补偿费。”《物权法》第四十二条第二款规定：“征收集体所有的土地，应当依法足额支付土地补偿费、安置补助费、地上附着物和青苗的补偿费等费用，安排被征地农民的社会保障费用，保障被征地农民的生活，维护被征地农民的合法权益。”可见，征收耕地的补偿费用包括土地补偿费、安置补助费、地上附着物补偿费、青苗补偿费。

征收耕地的土地补偿费，为该耕地被征收前三年平均年产值的六至十倍。征收耕地的土地补偿费归农村集体经济组织所有。征收耕地的安置补助费，按照需要安置的农业人口数计算。需要安置的农业人口数，按照被征收的耕地数量除以征地前被征收单位平均每人占有耕地的数量计算。每一个需要安置的农业人口的安置补助费标准，为该耕地被征收前三年平均年产值的四至六倍。但是，每公顷被征收耕地的安置补助费，最高不得超过被征收前三年平均年产值的十五倍。需要安置的人员由农村集体经济组织安置的，安置补助费支付给农村集体经济组织，由农村集体经济组织管理和使用；由其他单位安置的，安置补助费支付给安置单位；不需要统一安置的，安置补助费发放给被安置人员个人或者征得被安置人员同意后用于支付被安置人员的保险费用。征收土地的安置补助费必须专款专用，不得挪作他用。市、县和乡（镇）人民政府有义务对安置补助费使用情况进行监督。

被征收土地上的附着物和青苗的补偿标准，由省、自治区、直辖市规定。地上附着物及青苗补偿费归地上附着物及青苗的所有者所有。

（二）征收城市郊区的菜地的补偿内容和标准

征收城市郊区的菜地，除土地补偿费、安置补助费、地上附着物和青苗的补偿费外，用地单位应当按照国家有关规定缴纳新菜地开发建设基金。

（三）征收其他土地的补偿内容和标准

征收其他土地的土地补偿费和安置补助费标准，由省、自治区、直辖市参照征收耕地的土地补偿费和安置补助费的标准规定。

如果支付的土地补偿费和安置补助费，尚不能使需要安置的农民保持原有生活水平的，经省、自治区、直辖市人民政府批准，可以增加安置补助费。但是，土地补偿费和安置补助费的总和不得超过土地被征收前三年平均年产值的三十倍。在特殊情况下，国务院根据社会、经济发展水平，可以提高征收耕地的土地补偿费和安置补助费的标准。

四、我国土地征收制度的完善

目前我国土地征收制度主要存在公共利益界定模糊、土地征收程序不规范、征收补偿不合理以及缺乏有效的监督机制等问题。我们应主要从以上几方面来完善我国的土地征收制度。

2015 年 1 月，中共中央办公厅和国务院办公厅联合印发了《关于农村土地征收、集体经营性建设用地入市、宅基地制度改革试点工作的意见》，改革试点的任务之一就是完善土地征收制度。针对征地范围过大、程序不够规范、被征地农民保障机制不完善等问题，要缩小土地征收范围，探索制定土地征收目录，严格界定公共利益用地范围；规范土地征收程序，建立社会稳定风险评估制度，健全矛盾纠纷调处机制，全面公开土地征收信息；完善被征地农民合理、规范、多元的保障机制。

第四节　中国现行土地所有制的完善

一、关于变革现行农村集体土地所有制的讨论

人们对中国现阶段城市土地国家所有制没有任何异议，但对农村集体土地所有制的争议较大，可谓众说纷纭，见仁见智。对相关观点进行梳理，我们发现主要有以下几种主张。

（一）实行单一的土地国有制

这种观点主张，应将现行的城市土地国家所有和农村土地农民集体所有这两种形式变为单一的国家所有，实行土地国有化。

这种观点的论据主要有如下几方面。

（1）由于集体土地所有制在土地使用、收益、处分等方面的权利受到国家的种种限制，因而是一种名存实亡的不完全的国家所有制。因此。实行土地国有化只不过是把现有的不完全的土地关系完全化、明确化。

（2）实行单一的土地国有制，有利于国家对土地资源的综合整治，有利于土地管理的法律化、制度化，有利于克服土地管理的无政府状态，避免土地投机。

（3）在实行土地国有化后，通过实行“永佃制”之类的土地使用制度，可以增加农民的信任感与安定感等，调动其经营好国有土地的积极性。针对“中国现阶段农业生产力水平低，商品经济不发达，实行土地国有违背生产关系适应生产力规律的要求”这种观点，有的学者认为，一种土地所有制现实形式的确定，具有相对的独立性和能动性，从历史角度来看，无论是古代还是中世纪，无论是东方国家还是西方国家，都有采取土地国有制的先例。

（二）实行农村土地私人所有制

一些人，如著名华人经济学家杨小帆就主张实行农村土地私人所有制。为适应中国现有生产力的状况，认为应当把土地的占有、使用、收益和处分权回归给土地的最终使用

者——农户，即把土地按“耕者有其田”的原则划归私人所有。这种“耕者”，以经营能力和劳动力素质为条件。私人获得土地后，有权转让、买卖、租赁和抵押。“耕者”按其实际面积，向国家缴纳一定量的土地税。但私人对土地的“自由处置权”是有限的，未经许可，不能改变土地的用途。

(三)实行土地的国家、集体、个人三元所有制

这种观点认为：就目前农村的实际情况来讲，应当实行土地的国家、集体、个人三者所有，即三元所有制。一元为国家所有，即国营农、林、牧、渔场的土地为国家所有。二元为社区村社集体所有，即原来集体耕地、林果园地、公用的其他场地等均为本社区村社集体所有，它们有权经营，有权同其他“集体”交换、转让、抵押、买卖，有权在内部实行经营权和利益的分配。三元是私人所有，即原来个人占有的房基地、长期经营的口粮田和自留地、长期归个人所有的果林占用的土地等，为私人所有。持此观点的人认为，三元所有制符合当前中国农村的实际情况，有利于分层次对土地进行管理。

(四)实行土地双轨所有制，即国家基础上的个人占有制

这种主张认为：土地双轨所有制，既承认土地国有，又承认土地私人占有。法律上规定土地最终为国家所有，在经营形式上允许私人占有和继承；宏观上受法律的硬性约束，微观上按商品经济规律自由结合。这样做的好处是：既有利于土地的统一规划和统筹使用，又能使经营(占有)土地的商品生产者自由进行土地规模的调整。这种主张的一种典型称呼是：土地国有基础上的个人占有制。

(五)强化现行农村集体土地所有制

这种主张认为：无论从生产发展的角度还是从现有生产力水平来看，唯一的选择是必须强化土地集体所有制，建立健全农村土地财产的代理组织，进一步明确土地所有者与使用者之间的权利和义务关系。国家通过这类组织，间接地管理与控制农业用地。

二、应当坚持现行的农村集体土地所有制

以上有关农村土地所有制改革的观点，从土地最终归谁所有来看，主要可归纳为三种观点：土地国有化、土地私有化及坚持和完善现行农民集体所有制。

(一)是否要对现行的农民集体所有制进行变革

是否要对现行的农民集体所有制进行变革，我们应从以下几方面进行综合考虑。

(1)要考虑到土地制度的稳定性和连续性。一项土地制度确定之后，就要保持它的稳定性和连续性，切忌朝令夕改，使其在相当长的时间内发挥作用。土地所有权制度作为土地产权制度的根本，更应注意保证它的稳定性和连续性。

(2)土地所有制的确定要考虑生产力发展水平。土地所有权制度的确定既要与当前社会的生产力发展水平相适应，同时也要考虑到随着生产力发展水平的提高，土地所有权制

度能为生产力发展水平的提高创造条件,留有余地。

(3)要充分考虑到中国农民现有的思想觉悟程度。既不能侵犯农民的利益,同时也要注意逐步提高他们的思想觉悟。

(4)要全面考虑因土地所有制的变革可能带来的社会影响。如果因土地所有制的变革带来的影响超过了社会承受能力,那么必然会带来巨大的社会摩擦和震荡,改革的效果可能会被因改革所带来的各种社会问题所湮没,此种情况则不宜进行改革。

(5)要考虑到国家对土地资源的宏观管理和控制能力。

综合衡量以上各方面,我们认为坚持和完善现行的农民集体土地所有制是最为切实可行的。与实行单一的土地国有化、私有化、三元所有制和双轨所有制相比,坚持和完善现行的农村集体土地所有制都是比较现实的。

(二)目前农村尚不具备实行土地国有化的条件

实行土地国有化的主张,没能正确认识我国目前农村的生产力水平、农民的思想觉悟水平以及地区发展的不平衡性,显然是不现实的。从长远来看,中国农村土地最终会走向国有化道路,但目前乃至未来较长一段时期内不具备实行土地国有化的条件。

(1)中国农村土地所有制的变动有自己的特点。土地改革以前,地主和富农占据了农村70% ~80%的土地,但绝大部分地主和富农也会将拥有的土地分成小块租给农民,农民惜土如金,具有较强的土地私有观念。农业合作化以后,土地所有制由农民私有变为集体所有。经过40多年的实践,农民已经习惯于土地的小范围集体所有制。可见,由于地少人多,土地不仅作为一项宝贵的资源,也是广大农民的基本生活保障。如果目前就宣布实行土地国有化,相当多的农民和农村干部是难以理解和接受的。

(2)目前农村实行的是小范围的土地集体所有制,各个生产单位所拥有的土地在数量、质量方面均存在较大差异。如果贸然宣布农村土地实行国有化,等于是在土地上对集体和农民的一次平调,不仅不利于农村经济的稳定发展,带来社会混乱,甚至会破坏改革开放以来所形成的大好形势。

(3)实行农村土地国有化,提高了国家对土地的宏观管理、调控和监督能力的要求。目前,国家对农村地区国有土地的管理任务已十分艰巨,如果再将农村集体土地收归国有,取消农民及农村集体对土地的管理,国家是很难胜任对全部土地的直接管理的。

(4)现阶段的农村土地集体所有权虽然在很多方面受到国家的限制,但不能就此认为它是不完全的国有制。国家征收集体土地要按照相关法律、法规给予补偿,农民承包集体土地也付出一定的代价,这都证明了集体土地所有制的存在。

(三)土地私有化的主张不符合当前中国国情

(1)鼓励农民向土地投资不一定非要实行土地私有制。在实行家庭联产承包责任制的情况下,承包期的长短只是影响农民进行土地投资的一个因素而已,既不是唯一因素也不是最主要的因素。影响农民土地投资意愿的主要因素应该是种植业(尤其是粮食生产)比较效益偏低。近年来,国家采取了取消农业税、增加粮食生产补贴、提高农产品收购价格等多项支持政策,在一定程度上调动了农民对农业生产和土地投资的积极性。

(2)土地的私有化不利于农业生产的规模经济效益的提高。由于我国人多地少,目前农民数量还很多,人均耕地面积较少,势必会造成小块土地的私有化。加之目前农村非农业生产还不发达,土地仍在发挥着社会保障功能,这就加剧了土地流转和集中的困难。所以土地的私有化势必会限制农业生产的机械化和现代化,不利于农业生产的规模经济效益的提高。

(3)把现有的集体土地私有化,是一场巨大的社会和经济变革,弄不好会造成社会动荡,产生难以预料的后果。

(4)在我国,土地私有化不利于对土地的合理利用。土地与其他生产资料不同,其他生产资料很难实现绝对垄断,但土地由于其不可再生性和数量有限性等特点,一旦被私人占有,就会形成土地私有制下的小块土地的私人垄断,将不利于对土地的统一规划和合理利用。

综上所述,实行单一的土地国有制和私有制都是不现实的,不利于农村经济乃至整个国民经济的健康发展。实行农村集体土地所有制既符合我国当前的生产力水平,又符合广大农民的意愿。坚持和完善现行农村集体土地所有制是当前农村土地所有制改革的必然选择。

三、完善现行社会主义土地公有制的途径

(一)完善现行国有土地所有权制度的途径

虽然人们对现阶段我国国有土地所有权制度没有任何异议,普遍认为它符合现代城市建设、管理的要求和城乡经济发展的需要,为社会主义市场经济的发展提供了有力的制度保证,在实践中也显示出较大的优越性,但是现行土地国有制还需要进一步完善。

1. 国有土地所有权的行使充分体现全民意志

《土地管理法》第二条第二款规定:“全民所有,即国家所有土地的所有权由国务院代表国家行使。”国务院代表国家行使国有土地的占有、使用、收益和处分的权利。在具体形式上,可以由国务院直接行使,也可以通过制定行政法规或者发布行政命令授权地方人民政府或者其他职能部门行使国家土地所有权。地方政府或其他职能部门在行使土地所有权的过程中,可能会利用土地管理中的漏洞,通过非法手段,滥用和侵吞国有土地资源与资产。为了使国有土地所有权在行使中体现全民意志,必须强化国家所有土地的利用和管理的监督检查机制。

2. 国务院是国有土地所有权的代表

《土地管理法》明确规定由国务院代表国家行使国有土地的所有权。但在现实中,往往是市县人民政府对国有土地进行管理、使用、开发、出让和出租等,其收入也主要归市县政府所有,所以往往是市县人民政府行使国有土地的所有权。应加强土地管理体制的改革,强化国务院的土地管理职能,使国务院作为国有土地所有权的代表名实相符。

3. 正确解决新建制市土地所有权的转换问题

《宪法》《土地管理法》和《民法典》均明确规定城市的土地属于国家所有。这就意味着某个县若在行政建制上改为市，就要将市区内原农民集体所有的土地转换为全民所有制形式，否则视为违法。随着新建制市的成立，如果在没有经过征收补偿的情况下就宣布市区内的集体土地归国家所有，无疑是对集体土地所有权的否定和侵害。对此问题，一定要慎重研究、妥善解决，一定要按照法定程序和科学合理的补偿办法逐步实现集体土地向国有土地的转变。

（二）完善现行农村集体土地所有权制度的途径

1. 明确集体土地所有权主体或代表

对集体土地所有权主体或代表在《民法通则》《民法典》《土地管理法》以及相关的政策规定中均有所规定。《土地管理法》第十一条规定："农民集体所有的土地依法属于村农民集体所有的，由村集体经济组织或者村民委员会经营、管理；已经分别属于村内两个以上农村集体经济组织的农民集体所有的，由村内各该农村集体经济组织或者村民小组经营、管理；已经属于乡（镇）农民集体所有的，由乡（镇）农村集体经济组织经营、管理。"

即集体土地所有权的主体有三个：村农民集体、村内两个以上农村集体经济组织的农民集体（即村民小组）、乡（镇）农民集体。即农村集体土地所有权的法定主体是三个级别的"农民集体"。村集体经济组织的执行机构是村民委员会，是村内集体经济组织和乡镇集体经济组织的执行机构，目前在法律上尚未明确。这主要是由于，为了解决农民的温饱问题我国实行了家庭联产承包责任制，导致使用权从所有权中分离出来相对独立成为必然。家庭联产承包责任制的实行，使得作为原农村人民公社基本核算单位的生产队或生产大队纷纷解体，而相应的经济组织又未建立起来，由此产生了集体土地所有权主体的虚位。按照法律规定和农村实际，原则上应由独立核算的地区性经济合作组织来充当农村集体土地所有权的主体，暂无集体经济组织的，可由村委会、村民小组代管。

2. 建立完整的集体土地产权体系

比较完整的集体土地所有权不仅包括土地的占有权、使用权和收益权，还应包括对土地的相对完整的处分权，如出卖、出租、出包、入股、抵押等权能。我们应尽快建立起权能相对完整的集体土地产权体系，以便使集体土地所有权权能能够比较充分地实现，从而有利于土地的合理利用和顺畅地流动和集中。

3. 加强农村集体土地权属管理工作

集体土地的确权登记发证工作一直是自然资源管理工作中的薄弱环节，情况复杂、任务繁重。但明晰集体土地财产权，加快推进农村集体土地确权登记发证工作意义重大，有利于对农村集体土地的合理利用，严格落实耕地保护制度和节约用地制度，有效解决农村集体土地权属纠纷，保障农村集体土地在征收和流转中的合法权益，有利于建设城乡统一的土地市场等。目前，全国各地的集体土地确权登记发证工作正在紧锣密鼓、有条不紊地进行着。

第五节 中国现行农村土地使用制

一、中国现行农村土地使用制及其特征

现行农村土地使用制包括农地使用制、“四荒地”使用制、建设用地和宅基地使用制。

(一)现行农村土地使用制及其特征

1. 家庭承包经营制度

中华人民共和国成立以后,在全国范围进行了土地改革。土地改革于1952年基本完成,使得农民既拥有了土地的所有权,又拥有了土地的经营使用权。自1953年开始的全国范围的农业合作化运动,逐步收回了农民的土地经营使用权和所有权,最终形成了“三级所有,队为基础”的土地制度。这种土地制度缺乏多样性和灵活性,不能与农村经济的发展相适应,不能调动广大农民的积极性。直到1978年,中国开始了又一次重要的土地经营制度改革,将农地的集体统一经营制度改为家庭承包经营制度。

对家庭承包经营制度的相关规定,主要体现在以下法律条款中。

《土地管理法》规定,农民集体所有的土地由农村集体经济组织内部的成员承包经营,从事种植业、林业、畜牧业、渔业生产。家庭承包的耕地期限为三十年。发包方和承包方应当订立承包合同,约定双方的权利和义务。承包经营土地的农民有保护和按照承包合同约定的用途合理利用土地的义务。农民的土地承包经营权受法律保护。在土地承包经营期限内,对个别承包经营者之间承包的土地进行适当调整的,必须经村民会议三分之二以上成员或者三分之二以上村民代表的同意,并报乡(镇)人民政府和县级人民政府农业行政主管部门批准。

该法还规定,国有土地可以由单位或者个人承包经营,从事种植业、林业、畜牧业、渔业生产。农民集体所有的土地,可以由本集体经济组织以外的单位或者个人承包经营,从事种植业、林业、畜牧业、渔业生产。发包方和承包方应当订立承包合同,约定双方的权利和义务。土地承包经营的期限由承包合同约定。承包经营土地的单位和个人,有保护和按照承包合同约定的用途合理利用土地的义务。

农民集体所有的土地由本集体经济组织以外的单位或者个人承包经营的,必须经村民会议三分之二以上成员或者三分之二以上村民代表的同意,并报乡(镇)人民政府批准。

《中华人民共和国农村土地承包法》第二十一条规定:耕地的承包期为三十年。草地的承包期为三十年至五十年。林地的承包期为三十年至七十年;特殊林木的林地承包期,经国务院林业行政主管部门批准,可以延长。

2. 家庭承包经营制度的具体形式

不同地区在自然、经济、社会条件等方面的差异,造成了家庭承包经营制度在不同的地区有不同的实现形式。这些不同实现形式差异的实质,是土地使用权的内容和结构的不同。根据这种承包经营权内容和结构的差异,可将目前存在的家庭承包经营制度划分为六

种形式:“大稳定、小调整”模式、“两田制”模式、苏南模式、温州模式、“生不增地、死不减地”模式和土地股份制模式。

(二)现行“四荒地”使用制及其特征

“四荒地”一般是指荒山、荒沟、荒丘和荒滩,是农村土地的重要组成部分,尤其是山区农村,其“四荒地”所占的比重更大。依据国务院办公厅于1996年颁布的《关于治理开发农村“四荒”资源进一步加强水土保持工作的通知》(国发办〔1996〕23号),四荒地指荒山、荒沟、荒丘、荒滩,包括荒地、荒坡、荒沙、荒草和荒水等。1998年修订的《土地管理法》中并未规定四荒地的概念,而是依据土地用途,将土地分为农用地、建设用地和未利用地三大类,其中未利用地指农用地和建设用地以外的土地,并按权属区分为国家所有和集体所有。为明晰四荒地的范围及其与未利用地的关系并规范其开发利用,国务院办公厅于1999年颁发了《关于进一步做好治理开发农村“四荒”资源工作的通知》,明确四荒地属于未利用地且必须为农村集体经济组织所有,不包括耕地、林地(含自留山、责任山)、草原以及国有未利用地,且四荒地界定须以土地行政主管部门会同有关部门编制土地分类和划定土地利用区规划为基础进行。

《中华人民共和国农村土地承包法》第三条规定:国家实行农村土地承包经营制度。农村土地承包采取农村集体经济组织内部的家庭承包方式,不宜采取家庭承包方式的荒山、荒沟、荒丘、荒滩等农村土地,可以采取招标、拍卖、公开协商等方式承包。该法第八条和第三十三条规定:未经批准不得将承包地用于非农建设。同时根据国办发〔1996〕23号以及国办发〔1999〕102号文的要求,开发利用四荒地资源旨在治理水土流失,改善生态环境,促进农业可持续发展,四荒地的开发利用不得用于非农用途。

现行“四荒地”使用制的特征有以下几点。

(1)使用权期限稳定。《中华人民共和国农村土地承包法》第二十一条规定,耕地的承包期为三十年;草地的承包期为三十年至五十年,林地的承包期为三十年至七十年,其中特殊林木的林地承包期,经国务院林业行政主管部门批准可以延长。延长“四荒地”承包期,使农民有了稳定的预期,有利于克服权利行使过程中的短期行为。

(2)承包权与使用权适当分离,避免了由于权利界定不清导致的一种权利对另一种权利的侵犯,使得产权制度更富有效率。

(3)“四荒地”使用权分配采取拍卖的方式,有利于土地使用权的流转及土地产权市场的形成,促进了土地合理配置与利用。

(三)现行农村建设用地和宅基地使用制及其特征

根据《土地管理法》的规定,乡镇企业、乡(镇)村公共设施、公益事业、农村村民住宅等乡(镇)村建设,应当按照村庄和集镇规划,合理布局,综合开发,配套建设;建设用地,应当符合乡(镇)土地利用总体规划和土地利用年度计划,并依照《土地管理法》第四十四条、第六十条、第六十一条、第六十二条的规定办理审批手续。

农村集体经济组织使用乡(镇)土地利用总体规划确定的建设用地兴办企业或者与其

他单位、个人以土地使用权入股、联营等形式共同举办企业的，应当持有关批准文件，向县级以上地方人民政府土地行政主管部门提出申请，按照省、自治区、直辖市规定的批准权限，由县级以上地方人民政府批准；其中，涉及占用农用地的，依照《土地管理法》第四十四条的规定办理审批手续。

按照前款规定兴办企业的建设用地，必须严格控制。省、自治区、直辖市可以按照乡镇企业的不同行业和经营规模，分别规定用地标准。《土地管理法》第六十一条规定：乡（镇）村公共设施、公益事业建设，需要使用土地的，经乡（镇）人民政府审核，向县级以上地方人民政府自然资源主管部门提出申请，按照省、自治区、直辖市规定的批准权限，由县级以上地方人民政府批准；其中，涉及占用农用地的，依照本法第四十四条的规定办理审批手续。

第六十二条规定：农村村民一户只能拥有一处宅基地，其宅基地的面积不得超过省、自治区、直辖市规定的标准。……

农村村民建住宅，应当符合乡（镇）土地利用总体规划，不得占用永久基本农田，并尽量使用原有的宅基地和村内空闲地。……

农村村民住宅用地，经乡（镇）人民政府审核；其中，涉及占用农用地的，依照本法第四十四条的规定办理审批手续。

农村村民出卖、出租、赠予住房后，再申请宅基地的，不予批准。

农民集体所有的土地的使用权不得出让、转让或者出租用于非农业建设；但是，符合土地利用总体规划并依法取得建设用地的企业，因破产、兼并等情形致使土地使用权依法发生转移的除外。

现行农村建设用地使用制具有如下特征。

（1）无偿无期限使用。无论是乡镇企业、乡（镇）村公共设施、公益事业，还是农村村民住宅用地，均具有无偿、无限期使用的特征。

（2）安排的随意性。因农村建设用地是由村集体拨付的，根据农村经济发展情况会随时进行调整，因此常常会与土地用途国家管制产生冲突。

（3）宅基地使用权不能流转，不能出租和买卖，也不能赠予转移给非农户所有。

（4）经营性农村集体建设用地使用权流转已成趋势，制定相关政策法规进而规范有序地推动集体经营性建设用地市场已成为当务之急。

二、农村土地使用制度的改革与完善

（一）土地承包期长期化，承包经营权权能结构完整化

土地承包期的调整会让农民对土地使用的合理预期受到影响，致使一些农民对土地进行粗放、掠夺式经营，不利于土地的合理使用。因此，对承包期规定一个较长期限是赋予农民长期而有保障的土地使用权的根本保证。此外，也要不断完善承包经营权的权能结构。在坚持和完善最严格的耕地保护制度的前提下，赋予农民对承包地占有、使用、收益流转及承包经营权抵押、担保权能，使之成为完整的土地使用权，以利于土地使用权的充分有效行使。

（二）明确土地承包经营权的性质

承包经营权具有双重性质。其中，承包权在一定程度上具有所有权的性质；经营权为土地使用权，具有使用权的性质。这一性质说明，既不能否认农民对土地承包权的要求，也要使承包经营权变成真正的使用权。因此，正确处理所有权与使用权的关系就成为承包经营权的核心内容。

（三）使承包经营权债权物权化

关于土地承包经营权的法律性质，学术界曾存在债权说和物权说两种不同观点。

债权说认为，土地承包经营权是由承包合同规定的，而不是由法律明确规定，因而具有明显的债权性质。这种债权性质的土地承包经营权不具有对抗第三人的效力，其权利经常受到土地终极所有权人以及上级政府部门的侵害。尤其是从土地转包来看，承包人取得的权利都是短期的，承包人不能自主转让承包权，而须经发包人同意。

物权说认为，土地承包经营权是以对物的占有、使用、收益为内容的权利，性质上只是对物的支配权。“承包经营合同所确立的承包经营权，是对标的物直接占有、使用和收益的权利，因而是物权；承包经营权的作用主要是保障承包人对发包人的物进行使用和收益，所以它应属于用益物权。”

随着《农村土地承包法》的颁布实施，我们认为，我国的土地承包经营权的权能明显加强，已经具有了明显的物权性质。该法明确规定了承包经营权的物权性质，对提高当前土地使用权的效率具有非常重要的意义。

（四）加快建设和完善城乡统一的建设用地市场

加快建设和完善城乡统一的建设用地市场是我国城市化发展过程中土地资源配置的必然选择。建设城乡统一的建设用地市场对严格保护耕地、加快农村经济发展和实现提高农民财产性收入等方面均发挥着重要作用。我们要在严格保护耕地、符合土地利用规划和土地用途管制的前提下，允许农村集体经营性建设用地出让、租赁、入股，实行与国有土地同等入市、同权同价，加快建立农村集体经营性建设用地产权流转和增值收益分配制度。

（五）建立健全农村社会保障体系

农村社会保障体系的建立与健全，能够对土地的保障功能进行替代，降低农民的“恋土”情结，消除农村土地产权的福利性安排对土地产权的流转的阻碍。因此，加快农村社会保障体系的建立，有利于充分发挥土地市场的作用，提高资源配置的效率。

第六节 中国现行城市土地使用制

一、中国现行城市土地使用制度的形成

1982年以前，我国城市土地实行无限期的、无偿的、无流动的行政划拨使用制度，导致土地使用者多占地、占好地；不准土地转让，导致使用者即使将土地荒芜，也不能将土地转让给他人使用，使得土地配置低效，土地收益流失；掩盖了我国土地资源严重稀缺的事实；不利于正确地评价企业的生产效益，造成土地使用者利益不均等。1979年以后，随着经济体制的改革，市场因素迅速向各个领域渗透，城市土地使用制度已暴露出明显的缺陷。为此，中国开始进行城市土地管理体制和使用制度的改革。

从1979年开始，我国理论界对城市土地的特征和土地的有偿使用等问题展开了热烈讨论，土地的价值被重新认识。在一些城市首先进行了土地有偿使用、土地管理体制改革、土地价格评估和土地市场构建等试点工作。尤其是1982年，深圳特区率先开征土地使用费，接着，抚顺和广州也陆续开征土地使用费。1987年，深圳特区首先进行土地使用权有偿出让和转让的试点，同年，中国首块土地在深圳出让。效仿深圳经验，自1988年后，福州、厦门、海口、广州、上海和天津相继进行土地出让试点。此后，各地先后制定和颁发了地方性的土地使用权有偿出让和转让的条例或规定。

1988年，在宪法修正案中，确立了“土地使用权可以依法转让”的制度。同年，国务院还颁布了《中华人民共和国城镇土地使用税暂行条例》，开始按土地不同等级对城市、县城、建制镇和工矿区征收土地使用税。城市土地制度改革的基本目标是，在维护社会主义公有制和“两权”分离的条件下，实行依法转让的制度。改土地无偿、无限期使用为有偿、有限期使用，并逐步建立土地交易市场，运用市场机制促进土地资源的优化配置。同年，土地管理法也做了相应的修改。

1990年，在国务院颁布的《中华人民共和国城镇国有土地使用权出让和转让暂行条例》中，明确提出了土地使用权可以“出让、转让、出租、抵押”。并规定了境外依法取得土地使用权的人可以进行土地开发、利用和经营。同日，国务院还发布了《外商投资开发经营成片土地暂行管理办法》。对于非营利性用地，继续实行行政划拨方式获得土地使用权。至此，基本形成了现行城市土地使用制度的格局。

二、现行城市土地使用制度基本内容

现行城市土地使用制度的基本形式是：在土地国家所有的前提下，城市土地使用权与所有权相分离，并采取诸如拍卖、招标、挂牌、协议等方式将土地使用权有偿、有限期地出让给土地使用者；土地使用者的土地使用权在使用年限内可以转让、出租、抵押或者用于其他经济活动，其合法权益受到国家保护；土地使用权期满，土地连同地上建筑物由政府无偿收回；需要继续使用的，经过批准，期限可以延长，同时根据届时的市场情况补交土地价款。通过这一过程，国家城市土地的所有权在经济上得到了实现。城市土地使用制度包括如下

几项具体内容。

（一）土地使用权出让

土地使用权出让是指国家以土地所有者的身份将土地使用权在一定年限内让与土地使用者，并由土地使用者向国家支付土地使用权出让金的行为。

根据现行相关法律、法规，城市土地使用权出让最高年限按用途有所差别，具体出让土地使用权的年限，在最高年限内由出让方决定，或由出让、受让方共同决定。各类用途的土地使用权出让最高年限如下：居住用地 70 年；工业用地 50 年；教育、科技、文化、卫生、体育用地 50 年；商业、旅游、娱乐用地 40 年；综合或者其他用地 50 年。

城镇国有土地使用权的出让方式主要有四种：协议出让、招标出让、拍卖出让和挂牌出让。协议出让国有土地使用权，是指市、县自然资源管理部门以协议方式将国有土地使用权在一定年限内出让给土地使用者，由土地使用者支付土地使用权出让金的行为；招标出让国有土地使用权，是指市、县人民政府土地行政主管部门（以下简称出让人）发布招标公告，邀请特定或者不特定的公民、法人和其他组织参加国有土地使用权投标，根据投标结果确定土地使用者的行为；拍卖出让国有土地使用权，是指出让人发布拍卖公告，由竞买人在指定时间、地点进行公开竞价，根据出价结果确定土地使用者的行为；挂牌出让国有土地使用权，是指出让人发布挂牌公告，按公告规定的期限将拟出让宗地的交易条件在指定的土地交易场所挂牌公布，接受竞买人的报价申请并更新挂牌价格，根据挂牌期限截止时的出价结果确定土地使用者的行为。协议、招标、拍卖、挂牌是法定的四种使用权的出让方式。在具体实施土地使用权出让时，由国有土地代表根据法律规定，并结合实际情况决定采用哪种方式。一般而言，对地理位置优越、投资环境好、预计投资回报率高的地块，应当采用招标或拍卖方式；反之，可适当采用协议方式。2007 年国土资源部《招标拍卖挂牌出让国有建设用地使用权规定》（部 39 号令）第四条规定："工业、商业、旅游、娱乐和商品住宅等经营性用地以及同一宗地有两个以上意向用地者的，应当以招标、拍卖或者挂牌方式出让。"其中工业用地包括仓储用地，但不包括采矿用地。

土地使用者需要改变土地使用权出让合同所规定的土地用途的，应当征得市、县人民政府土地管理部门的同意，并经土地管理部门和城市规划部门批准，依照有关规定重新签订土地使用权出让合同，调整土地使用权出让金。

（二）土地使用权转让

土地使用权转让是指土地使用者将土地使用权再转移的行为，包括出售、交换、赠予。未按土地使用权出让合同规定的期限条件投资开发、利用土地的，土地使用权不得转让。土地使用权转让应当签订转让合同。土地使用权转让时，土地使用权出让合同和登记文件中所载明的权利、义务随之转移。土地使用者通过转让方式取得的土地使用权，其使用年限为土地使用权出让合同规定的使用年限减去原土地使用者已使用年限后的剩余年限。土地使用权转让时，其地上建筑物、其他附着物所有权随之转让。土地使用者转让地上建筑物、其他附着物所有权时，其使用范围内的土地使用权随之转让，但地上建筑物、其他附着物作为动产转让的除外。土地使用权和地上建筑物、其他附着物所有权转让，应当按照规定办理过户登记。土地使用权和地上建筑物、其他附着物所有权分割转让的，应当经市县人民政府土地管理部门和房产管理部门批准，并依照规定办理过户登记。

（三）国有土地租赁

国有土地租赁是国家将国有土地出租给使用者使用，由使用者与县级以上人民政府土地行政主管部门签订一定年限的土地租赁合同，并支付租金的行为。国有土地租赁是国有土地有偿使用的一种形式，是出让方式的补充。国有土地租赁，可以采取招标、拍卖或者双方协议的方式。国有土地租赁的租金标准应与土地价格标准相均衡。国有土地租赁可以根据具体情况实行短期租赁或长期租赁，具体租赁期限由租赁合同约定，但最长租赁期限不得超过法律规定的同类用途土地出让最高年限。采取短期租赁的，一般按年度或季度支付租金；采取长期租赁的，应在国有土地租赁合同中明确约定土地租金支付时间、租金调整的时间间隔和调整方式等。

（四）土地使用权作价出资（入股）

土地使用权作价出资（入股）是指国家根据需要，以一定年限的国有土地使用权作价，作为出资人投入改组后的新设企业，该土地使用权由新设企业持有，可以依法转让、出租抵押。土地使用权作价出资（入股）形成的国家股权委托给有资格的国有股权持股单位持有。

（五）土地使用权授权经营

土地使用权授权经营是指国家根据需要，以一定年限的国有土地使用权作价后授权给经批准设立的国家控股公司、作为国家授权投资机构的国有独资公司和集团公司经营管理。国有土地使用权授权经营，由国家土地行政主管部门审批，并发给国有土地使用权经营管理授权书。被授权的国家控股公司、作为国家授权投资机构的国有独资公司和集团公司凭授权书，可以向其直属企业、控股企业、参股企业以作价出资（入股）或租赁等方式配置土地。国有土地资产授权经营方式作为处置土地资产的重要方式，在国家授权机构所属企业的改革中被普遍采用。

（六）土地使用权划拨

土地使用权划拨是指县级以上人民政府依法批准，在土地使用者缴纳补偿、安置等费用后将该幅土地交付其使用，或者将土地无偿交给土地使用者使用的行为。以划拨方式取得的土地使用权，除法律、行政法规另有规定外，没有使用期限的限制，土地使用权不能进行转让。虽然我国土地使用制度改革的总体方向是实行土地有偿使用，但在建设用地供给上仍在一定范围内保留了行政划拨的方式。根据《土地管理法》规定，国家机关用地和军事用地，城市基础设施用地和公益事业用地，国家重点扶持的能源、交通、水利等基础设施用地，法律、行政法规规定的其他用地，经县级以上人民政府依法批准，可以以划拨方式取得。实际上，即使是在香港这种主要采取土地批租方式的地区，对于某些特殊用地，如香港政府机关本身的用地,也是采取无偿划拨的方式的。

(七)土地使用权出租和抵押

土地使用权出租是指土地使用者作为出租人将土地使用权随同地上建筑物、其他附着物租赁给承租人使用,由承租人向出租人支付租金的行为。土地使用权出租期间,出租人与国家的权利义务关系不变,仍须履行土地使用权出让合同中规定的权利义务。土地使用权抵押是指土地使用者将其依法取得的土地使用权作为清偿债务的担保行为。即债权人对享有土地使用权的债务人或第三人的土地不转移占有,继续由债务人或第三人使用收益,而在债务不履行时,有权依照国家法律、法规和抵押合同的规定处分债务人或第三人提供的土地使用权(担保物),并从处分抵押物所得价款中优先受偿。未按土地使用权出让合同规定的期限和条件投资开发、利用土地的,土地使用权不得出租、抵押。土地使用权出租、抵押时,其地上建筑物、其他附着物随之出租、抵押;地上建筑物、其他附着物出租、抵押时,其使用范围内的土地使用权随之出租、抵押。土地使用权出租、抵押,出租人与承租人、抵押人与抵押权人必须签订合同,合同不得违背国家法律、法规和土地使用权出让合同的规定。以土地使用权和地上建筑物、其他附着物抵押的,应当依照规定办理抵押登记。

(八)土地使用权终止

土地使用权终止是指因土地使用权出让合同规定的使用年限届满、提前收回、不履行土地使用权出让合同及土地灭失等原因而终止。《中华人民共和国城市房地产管理法》(以下简称《城市房地产管理法》)对土地使用权终止的原因进行了说明。

1. 使用年限届满

《城市房地产管理法》第二十二条第二款规定:“土地使用权出让合同约定的使用年限届满,土地使用者未申请续期或者虽申请续期但依照前款规定未获批准的,土地使用权由国家无偿收回。”

2. 根据社会公共利益的需要而提前收回

《城市房地产管理法》第二十条规定:“国家对土地使用者依法取得的土地使用权,在出让合同约定的使用年限届满前不收回;在特殊情况下,根据社会公共利益的需要,可以依照法律程序提前收回,并根据土地使用者使用土地的实际年限和开发土地的实际情况给予相应的补偿。”

3. 因逾期开发而被无偿收回

《城市房地产管理法》第二十六条的规定:“以出让方式取得土地使用权进行房地产开发的,必须按照土地使用权出让合同约定的土地用途、动工开发期限开发土地。超过出让合同约定的动工开发日期……满二年未动工开发的,可以无偿收回土地使用权;但是,因不可抗力或者政府、政府有关部门的行为或者动工开发必需的前期工作造成动工开发迟延的除外。”

4. 土地灭失

土地灭失是指由于自然力量或人为造成原土地性质的彻底改变或原土地面貌的彻底

改变。如因地震或战争而使原有土地变成湖泊或河流等。土地灭失,导致土地使用权客体丧失,受让人因此而终止其土地使用权。

三、现行城市土地使用权制度的完善

虽然经过改革形成了现行的城市土地使用制度,但也不能说现行的城市土地使用制度已经至善至美。现行的城市土地使用制度仍然存在着不完善之处,需要进一步深化改革。

(一)应部分保留行政划拨方式

对于这个问题,根据国内外的实践经验,为了满足特殊性质用地的需要,行政划拨的方式还应当保留,并将这种方式经过适当改进后纳入新的城市土地使用制中。当然,在保留行政划拨的同时,要对划拨用地的使用对象做出明确规定。一般来说,这种方式仅适用于如下对象:①各级财政拨款的党政军机关、行政事业单位的办公用地;②城市基础设施、公用设施和公益事业用地;③国家重点建设的能源、交通、国防和农业水利工程用地;④政府批准的其他用地(含城市居民的保障房用地)。在保留该种土地供应方式的同时,要对行政划拨的程序做出严密的规定。另外,还应规定划拨土地使用权不应具有财产权性质。也就是说,划拨土地并不是土地使用者的财产,土地使用者无权对划拨土地进行经营。但为了促进土地的合理流动,达到优化配置土地资源的目的,应允许有条件地转让土地使用权,但必须按照规定补交土地出让金,办理土地变更登记。

(二)应明确限定协议、挂牌、招标和拍卖四种土地使用权出让方式的适用范围

在这四种土地使用权出让方式中,招标和拍卖的出让方式能够较好地体现市场竞争的原则,协议出让方式如果操作不当会形同行政划拨。所以应对这四种不同的土地使用权出让方式的适用范围做出明确限定,并逐步减少协议出让数量。

(三)原划拨土地即1990年以前通过行政划拨方式获得的城镇国有土地使用权也应逐步纳入新的土地使用制中来

可采取以下三种办法来解决此问题:①向土地使用者征收土地使用费(地租),但土地使用期限不做规定,土地使用权不允许转让。②向土地使用者征收土地使用费,土地使用期限也不做规定,但土地使用权允许转让。当土地使用权转让时,对承让人应明确规定土地使用期限(在国家规定的最高使用年限范围内),同时土地使用权转让人应补交地价。③对于原无偿划拨的土地,根据土地使用权出让年限的规定,均确定一个使用年限,到期后土地连同地上建筑物,由政府无偿收回。在此期限内,土地使用者可以分年向国家缴纳地租,也可以购买该使用年限的土地使用权,同时允许土地使用权有偿转让。对于已经购买了整个使用年限的土地使用权,其转让规定视同国家出让的土地;对于分年缴纳地租的土地,必须补交地价。

上述三种方法中,第三种能最快转入新的土地使用制中,当然也可以先选择第一种,待

时机成熟后改选第二种，以后再改选第三种。

【核心概念】

土地征收，土地使用权出让，土地使用权转让，国有土地租赁，土地使用权作价出资（入股），土地使用权授权经营，土地使用权划拨，土地使用权出租，土地使用权抵押，土地使用权终止

【问题与探索】

1. 如何正确理解我国现行土地所有制的性质与形式？
2. 我国现行城市土地所有制是如何建立的？
3. 我国现行农村土地所有制是如何建立的？
4. 什么是土地征收，土地征收的特点有哪些？
5. 简述土地征收的程序。
6. 目前对农村集体土地所有制存在较大争议，主要有哪些主张？
7. 为什么应当坚持现行的农村集体土地所有制？
8. 完善现行农村集体土地所有制的途径有哪些？
9. 如何对农村土地使用制度进行改革与完善？
10. 现行城市土地使用制度的基本内容有哪些？
11. 如何完善现行城市土地使用制度？

【案例分析】

黄冈市农村承包地“三权分置”改革落地见效

主要做法

（一）出台了文件。市委办公室、市政府办公室印发了《关于完善农村土地所有权承包权经营权分置办法的实施意见的通知》（黄办发〔2017〕32 号），就我市“三权分置”总体要求、主要任务、工作措施和组织保障进行了系统明确，在研究出台该文件的市深化改革工作领导小组会议上，市委书记刘雪荣强调：过去我们搞“三权分置”是处于探索层面，现在我们要将其上升到制度层面，这是农村改革的一项中心工作，是重点改革事项，事关现代农业发展和乡村振兴战略，要按照中央和省委的要求抓落实。

（二）召开了会议。市委、市政府为落实“三权分置”召开多次专题会议。今年在黄梅县召开全市能人回乡美丽乡村建设会上，市委副书记张社教就农村集体产权制度改革和承包地“三权分置”改革等工作进行了政策宣传，对下步工作进行了再动员、再部署。市农业农村局为贯彻会议精神，及时召开了党组扩大会议，就具体改革工作进行了细化安排。

（三）制定了政策。落实“三权分置”的重点是放活经营权，为支持鼓励农村土地有序流转，发展适度规模经营，市政府出台了相关扶持政策：对当年新认定的省级以上示范农民合

作社或家庭农场给予奖励,国家级示范农民合作社或家庭农场每个给予20万元奖励,省级示范农民合作社每个给予10万元奖励,省级示范家庭农场每个给予5万元奖励。对新型农业经营主体流转土地面积1 000亩以上、时间5年以上并保持正常经营的,一次性给予每亩100元奖励。对返乡农民工、复退军人、大学生等领办新型农业经营主体,流转土地500亩以上、时间3年以上并保持正常经营的,给予以上同等奖励。对新型农业经营主体获得无公害、绿色、有机认证的,每新获得一项给予2万元奖励。对当年新认定的省级农业产业化龙头企业一次性给予10万元奖励,对当年新认定的国家级农业产业化龙头企业一次性给予20万元奖励。

改革成效

(一)开展农村承包地确权登记颁证"回头看"初见成效。这次确权实测面积753.2万亩,比二轮延包面积增加288.7万亩,山林确权面积1 124万亩,水面270万亩(其中可养殖水面136.7万亩),全市重新签订承包合同和颁发经营权证137.8万份,共涉及10个县(市、区)、139个乡(镇、办、场)、4 277个集体经济组织,141.2万个承包农户。2019年,我市按照省《关于开展农村承包地确权登记颁证"回头看"的实施方案的通知》要求,全面开展确权工作"回头看",全市各地通过扎实开展排查工作,全面解决证书未发放到户或证书滞留在村(组)集体经济组织,暂缓确权的启动等情况;切实解决漏人漏地、面积四至不准等信息不准问题;稳妥调处权属争议和矛盾纠纷,进一步规范确权档案和数据管理。同时认真办理农民上访反映承包地确权存在的各类问题。据统计:这次农村承包地确权登记颁证"回头看"实际调查132个乡(镇、办)、4 247个村(社区)、131.9万个承包农户,权证颁证率和领取登记率均达到100%;排查出整村暂缓确权106个、涉及暂缓确权农户18 557户;承包地确权纠纷发生767件,其中权属争议300件、经营纠纷467件,已解决承包经营纠纷294件;排查出工作程序不规范的村33个,确权登记信息错误1 237件、身份证信息错误343件、漏人信息增加527件、漏地信息增加1 220件。

(二)持续推进农村土地规范有序流转。近几年来,随着新型农业经营主体不断发展,土地流转面积不断扩大,流转方式、去向呈多样化。截至目前,全市各地家庭承包耕地流转总面积达到220万亩,流转方式有转包、转让、互换、出租、入股等类型;流转主体主要有规模农业经营户、合作社、龙头企业、家庭农场、普通农户等。县(市、区)农村承包合同纠纷仲裁庭全面建设,乡镇流转服务平台进一步健全完善,为土地流转提高政策咨询、价格指导、合同签订、纠纷协调等服务。

(三)新型农业经营主体不断发展壮大。近几年来,我市各地突出抓好家庭农场和农民合作社两类新型农业经营主体培育创新,全面开展家庭农场培育计划和农民合作社规范提升行动,深入推进示范家庭农场和示范合作社建设。一是大力发展家庭农场。截至2020年11月底,全市共有家庭农场4 886个,其中省级示范家庭农场74家、市级示范家庭农场159家、县级示范家庭农场180家,省级标杆家庭农场、明星家庭农场各1家。二是大力发展农民专业合作社。据统计,全市共有农民专业合作社11 076家,创建国家级示范社48家,省级示范社 69 家，市级示范社 238 家。家庭农场和农民合作社的建立，加快了农业产业的规模扩张，促进了农产品生产销售，提高了农民收入，带动了地方经济的快速发展。

资料来源：掌上黄冈. "优秀改革案例"黄冈市农村承包地"三权分置"改革落地见效[EB/OL]. (2021－01－27)[2022－02－10]. https://mp.weixin.qq.com/s/linzOBn2BCI9jGDOTI－8dQ.

思考：黄冈市农村承包地"三权分置"经验的推广有什么意义？

第十章 土地利用概述

【内容提要】

本章主要包含以下内容：

1. 土地利用的内容及目标；

2. 土地利用的原则；

3. 土地利用现状效益评价方法。

【引导案例】

土地资源利用——以昆明为例

2020年1月20日，习近平总书记在昆明考察时强调："我们不能吃子孙饭，要造福人类。"习近平总书记的讲话为我们做好土地等自然资源的保护与合理利用，提供了根本遵循。土地资源是民生之本、发展之基，是不可再生的宝贵资源。守住耕地保护红线是保障国家粮食安全、推进农业发展和农业现代化建设的根基和命脉。

对昆明而言，当前的土地资源现状是人口多、耕地少，山地多、平地少，荒地劣地多、良田好地少，宜垦耕地后备资源不足、建设用地供给矛盾突出，特别是随着城市化进程的加快，各类建设项目用地需求与日俱增，但土地资源有限，耕地保护、集约利用、生态平衡等问题日益突出。因而保护和合理利用土地对可持续发展、高质量发展提出了考验。

长期以来，昆明市紧紧围绕实施乡村振兴战略，严格落实党中央、国务院决策部署和省委、省政府的工作要求，坚守土地公有制性质不改变、耕地红线不突破、农民利益不受损三条底线，着力加强耕地数量、质量、生态"三位一体"保护，着力加强耕地管控、建设、激励多措并举保护。采取更加有力措施，依法加强耕地占补平衡规范管理。落实藏粮于地、藏粮于技战略，提高粮食综合生产能力，为高质量推进区域性国际中心城市建设构筑坚实的资源保障。

近年来，昆明市委、市政府高度重视节约集约用地工作，为破解城市发展中土地资源制约问题，坚持开源与节流并举、保护与开发并重。严格贯彻落实最严格的耕地保护制度和节约集约用地制度，以土地利用为闸门，引导资源利用由粗放型向集约型转变。不断创新制度管理，全面推进节约集约用地，深化土地供给侧结构性改革，促进经济结构的优化调整和改善。

2019年，昆明市委、市政府印发的《关于加强耕地保护和改进占补平衡的实施意见》明确，2020年全市耕地保有量不少于592万亩，永久基本农田保护面积不少于474万亩。已经确定的耕地红线不能突破，已经划定的永久基本农田绝不能随意占用；实行建设用地总量和强度双控，提高土地节约集约利用水平，以更少的土地投入支撑更高质量的经济社会可持续发展；形成保护更加有力、执行更加顺畅、管理更加高效的耕地保护新格局。

2020 年 5 月，昆明市作为“土地节约集约利用成效好、闲置土地少且用地需求量较大的地方”喜获国务院通报表彰，获得新增建设用地计划指标 2 000 亩奖励。昆明也是云南省唯一获此殊荣的城市。与此同时，深化改革取得新突破，矿山生态修复治理约 9 000 亩等多项重大改革引人关注。

昆明市深入贯彻落实习近平总书记考察云南重要讲话精神，更加重视资源节约和生态保护修复，目前正在高质量推进区域性国际中心城市建设，着力打造蓝天永驻、碧水长流、净土常绿的“世界春城花都”，努力争当全省生态文明建设排头兵示范城市和“美丽中国”典范城市。

文献来源：罗顺英. 呵护土地资源 建设美丽家园[N]. 昆明日报，2020－06－24(3).

人类为了某种目的，对土地进行的干预活动，是在特定的社会生产方式下，依据土地的自然和社会属性进行的。土地利用是一项经济活动，需要运用一定的技术，遵循一定的经济规律，在一定的社会制度下，总结前人的经验，不断改进土地利用的方式，提高土地利用的效率。

要了解土地利用目标实现的程度，就必须对土地利用的效益进行全面评价。全面评价土地利用效益，包括土地利用经济效益评价、生态效益评价和社会效益评价。

第一节　土地利用的内容及目标

一、土地利用的含义

土地利用是人类通过一定的活动，利用土地的特性来满足自身的需要的过程。它是一个抽象概念，没有固定的定义，常随目的而定，依目的而变，范畴也不易确定。有人认为土地利用就是“指对于某一国、某地区、某一单位之土地，在社会需要的不同方向上，在国民经济各个不同部门之间，在各个不同项目上的分配和使用”。[①] 也有人说：“土地利用是在特定的时期和地区条件下，对土地资源的开发、利用、治理、保护和管理，并通过一系列的合理利用、组织、协调人地关系及人与资源、环境的关系，以期达到最大生态经济效益”。[②] 虽然人们对土地利用的含义理解并不统一，但从土地利用行为的缘起来看，都是针对人类的需求而展开的。

实际上，土地利用是人类通过与土地结合获得物质产品和服务的经济活动过程，在此过程中既要开发利用又要治理保护，开发利用是土地综合利用的核心和主体，而治理、保护则是合理开发利用的必要保证，它们共同构成一系列综合利用的机制。

---

① 周城. 土地经济学[M]. 北京：商务印书馆，2003：37.

② 刘书凯，张月荣. 土地经济学原理[M]. 南京：江苏科学技术出版社，1988：122.

土地利用的后果有两种：一种是好的、良性的合理利用，即从非集约化利用向集约化利用，使土地生态环境不断地良性循环，并取得良好的生态效益、经济效益和社会效益，使土地不断得到可持续利用；另一种是坏的、恶性的不合理利用，也就是对土地的滥用和掠夺性利用，造成土地生产力下降甚至完全损失。

所以人类土地利用必须遵循一定的自然规律，因地制宜利用土地，在利用土地的同时，还要担负起保护土地的任务。

(一)土地利用的影响因素

1. 自然因素

自然因素与土地所含物质状况及所处的环境有密切的关系，包括土地位置、土质、地貌、水文、气候、景观等。这些要素对土地资源利用的影响，主要表现在以下三个方面。首先，它在很大程度上决定土地的可用性。可用性的大小，在其他条件为既定时，主要取决于土地所在位置及其基础性条件。若土地所处位置偏僻，又为沼泽、沙漠、冻土、裸岩等，则可用性必然很低；反之，若处于可及性强之地，且承载力强、土质优良，必然早已为人们所争相利用。其次，决定土地的最适用途。再次，土地的自然条件本身，对于土地利用的技术效益、经济效益、生态效益、社会效益等都会产生巨大影响。

2. 经济因素

经济因素对土地利用的影响，主要表现在三个方面：首先表现为经济发展状况对土地数量、质量的需求；其次表现为土地利用的可能性；最后表现为土地利用的经济效果，这三者结合，影响土地的实际利用的具体情况。

3. 技术因素

技术改变会对土地利用产生直接或间接的影响，科技进步会大大提高土地利用的广度和深度。随着科技的进步，不毛之地变为绿洲，低产田变为高产田，高层大厦不断在城市中耸立。

4. 社会因素

这里所说的社会因素指的是生产资料所有制和社会经济制度，无论是生产资料的私有制还是公有制都对土地的利用有重大影响，尽管在生产资料私有制的条件下，国家也能够对土地的利用进行必要的社会管理和控制，但土地私有制使得这种管理和控制受到极大限制。

以上四个方面的因素是结合在一起综合发挥作用的。但各具有不同地位和作用，其中，自然条件是确定土地用途的基本条件——经济条件，经济条件制约人们对土地资源的需求和利用的可能性，技术条件影响着土地资源的深度、广度的利用，社会条件则为人们提供了利用自然条件、经济条件的不同的可能性。

(二)土地利用的基本内容

1. 土地资源的调查

在人类长期利用土地的过程中，盲目利用所受到的惩罚和合理利用所带来的好处，使人类逐步清楚地认识到，合理利用土地首先要对土地资源进行调查。土地资源的调查指对土地类型、数量、质量、基本情况进行调查，寻求每类土地的最适合的利用方向、利用途径。土地调查是土地统计、登记的基础工作。

2. 土地开发

广义土地开发泛指把尚未利用的土地经过清理、整治，使之可投入利用；也包括把通常无法利用的土地加以改造，然后投入利用；还包括将农业用地，经过平整和基础设施建设后转为非农业的建设用地（也就是非农业土地开发）。狭义的土地开发即土地开垦，是指把适于耕作的生荒地经过开垦变为耕地种植农作物。仅就农业而言，土地开垦是补充扩大耕地，改变耕地分布、改善农作物布局的重要措施。

3. 土地利用现状分析

土地利用现状分析指在一定的自然、社会经济条件下，对一地区分类土地的不同利用方式及其组合所做的分析。土地利用现状分析的目的是为更合理地利用土地指明方向。土地利用现状分析采用定性和定量分析相结合的方法，一般要进行土地利用程度、土地利用结构、土地利用数量等方面的分析。

4. 土地利用规划

土地利用规划是指通过合理的空间布局，使各种用地各得其所，使各方面在用地的位置、数量、方式上得以协调。土地利用规划是在总结过去土地利用经验的基础上，用于指导今后土地利用规划的实践，既包括对未利用土地的开发利用设想，也包括对已利用土地的合理调整及挖掘土地潜力的措施。总之，土地利用规划是上述土地利用内容的集中体现。土地利用规划的技术性较强，发展历史较久，现在已有一门较成熟的学科“土地规划学”对土地规划问题进行专门研究。

5. 土地保护

土地保护是指依据自然生态规律采取各项保护措施或在利用土地时，停止采用原来的破坏性措施，从而达到保护土地资源的目的，如退耕还林、植树造林，适当减轻草场载畜量，施用复合肥料，少施农药，推广生物技术，改进耕作制度等。近年来，由于工业污染日益严重，调整工厂布局、加强工厂排污治理的呼声日益增高。环境污染已成为世界性公害，它破坏人类赖以生存的空气、水源、土地，使人类面临生存危机。当然，对土地的破坏也有来自农业的，或社会其他方面的。总之，保护土地资源是一项复杂的工作，需要社会各方面的共同努力才能完成。

二、土地利用的目标

人类通过利用土地获得物质产品或服务，来满足自己的生存和发展的需要。物质产品指生产和生活资料，即直接的食物或资源；服务是指生产生活的场所或空间。土地利用的目标按其最终发挥的作用又可分为经济目标、生态目标、社会目标。

1. 经济目标

经济目标即最大限度地满足社会物质生产和生活对土地的需求。中国是社会主义国家，要建立市场经济体制，通过市场经济机制，促进土地的合理布局，实现土地供给与需求的平衡。

2. 生态目标。保护土地利用的良好生态系统，不仅是中国土地利用要注意的目标，也是全人类共同关注的重大问题。保护土地利用的生态系统，首先就是保护耕地，保护一切土地资源。耕地锐减、土地资源遭受污染破坏，已成为中国经济发展的重要制约因素。因此，在中国保护耕地、保护一切土地资源，保护土地利用生态系统，并提高其功能，不仅具有巨大的现实意义，同时也是造福子孙后代的伟大事业。

3. 社会目标

社会目标就是土地利用的社会效益，也是现代人生活所要求的一个重要目标。好的环境，能使人们身体健康，而且生活具有乐趣，包括美丽的自然景观、新鲜的空气、清洁的环境、赏心悦目的家园、融洽的人文环境。现代人，尤其是都市人，经过白天紧张的工作，回到家后，希望有一个良好的生活环境，让人消除疲劳，恢复精力。城市的文化生活比农村丰富，但城市的空气和环境往往不及农村。在工业化初期，人们为了享受都市的文明，纷纷涌进城市。而在城市居住一段时间后，发现他们为此失掉了农村的新鲜空气、优雅安静的环境以及和谐的人际关系，并受到环境污染的威胁，因而又开始逐渐返居农村。这种情况在一些工业发达国家已经出现。所以，城乡土地利用的社会效益越来越受到人类的重视。

要实现上述土地利用目标，就需要有社会控制和管理的办法，如制定和完善有关的法律、法规、制定合理的土地利用规划、改革和完善土地制度、土地市场的健全、科技手段及税收手段等。目的就在于实现各类土地资源的优化配置，满足社会经济发展的需要，同时保护土地生态系统。

第二节　土地利用的原则

土地利用的基本原则，是指人们在利用与管理土地中必须遵守的基本准则。这些基本原则，是人们依据社会经济规律并在总结长期利用与管理土地的经验的基础上提出来的。不同社会制度的国家，不同的土地资源条件，会有不同的土地利用基本原则。结合我国土地资源特点，其利用原则主要有以下几方面。

一、科学规划，统筹兼顾的原则

土地是人类和万物赖以生存和发展的物质基础，它具有多种功能和用途，但这些土地资源分布是不均匀的，因而人们在利用土地时，应该根据国民经济各部门发展的需要，结合本地区土地资源的特点，来综合考虑土地资源开发、利用和规划。统筹兼顾就是统筹生产和生活的关系，以便协调各部门对土地的需求，全面安排各行业用地，以保证各部门健康地发展。

二、农业优先的原则

土地利用中，坚持统筹兼顾，全面安排，并非不分主次，各个国家，各个地区，在不同时期，不同条件下，客观上应有自己在土地利用上的重点。一般来说，在世界各国中，除了少数土地面积较少而人口较多的国家外，较大的国家以及中等国家，通常要以自己的土地生产农产品来养活自己，必须优先保证农业用地，即在用地上保证农业优先。

所谓农业优先，就是说凡是自然条件适于开发为农业用地的土地，在同等条件下，应该首先用于农业生产，其实质就是优先保证人民的生活资料生产。另外，优质土地也只有用于农业生产，才能发挥优质土地的优势，达到社会效益、生态效益和经济效益全面提高。

就我国而言，由于人均耕地后备资源不足，而我国这样一个人口大国，不能以进口农产品为主，只能靠本国来解决。这就决定了我国的土地利用，务必要保证农业优先而不能有一丝一毫的含糊。具体来说要做到：在既定的土地利用生产率的前提下，全国用于农业生产的土地面积应保证全国对农副产品的需求。扩展非农用地，需尽可能不占耕地；在占用耕地时，应不超过每年国家下达的耕地减少的数量指标。占用耕地时，要尽可能先劣后优，先低产后高产，对一些名优特产品的生产用地，则应严加保护。要为农业土地利用创造一切机会，已征而尚未利用的土地应允许农民耕种。

三、节约用地和集约经营原则

土地面积的有限性和我国人口众多的实际情况，决定了土地的珍贵性和土地的供求矛盾，于是实行节约用地和集约经营显得特别重要。节约用地和集约化主要内容包括：

（1）因地制宜地充分利用一切可利用的土地，避免空地和土地荒芜；

（2）做到优地优用，劣地劣用，使土地各尽其用；

（3）非农业用地应严格控制用地标准，避免任意扩大和多占少用，早占晚用和占而不用等；

（4）实行农业的集约化经营，合理增加单位面积上的物化劳动和活劳动的投入，提高农业现代化水平；

（5）非农部门实行集约经营，提高单位土地上的建筑面积、人口居住密度、工商业产值，城市建设向空间、地下实行立体化发展等。

四、专业化利用与综合利用相结合

土地的专业化利用与综合利用相结合，既是土地利用的趋势，又是土地利用所应遵守的原则。土壤是由地质大循环和生物小循环共同作用而形成的。土壤在其漫长的形成过程中，形成了其独特的功能，并养育了最适合它自己的动植物，如果让这些动植物改变其生存环境，那么它们或者难以生存，或者其生物产量和经济产量很低。而人类的农业生产活动，正是通过这些动植物来获得食物的，要想获得高产，就应遵循因地制宜的原则，而不能任意“想种什么，就种什么”，这就是土地专业化的道理。专业化生产还要求适当地“集中连片”，以便于进行专业化管理和专业指导。

由于中国耕地资源稀缺，地域广阔，交通运输力量薄弱，就更要注意土地的综合利用，即在各个地区除种植一种（或几种）最适宜的农作物之外，同时要尽可能种植各类农作物，发展林牧渔业，把各种土地都充分利用起来。土地综合利用既能充分利用土地，又能改良土壤的理化性质，提高土壤肥力，提高经济效益。

五、永续利用和提高地力原则

保证土地的永续利用并不断提高土地的生产能力，是人类面临的一个极其重要而持久的任务。一方要使每块土块都能发挥其作为土地应有的功能，并且发挥其最优功能；另一方面要使每一块土地都能提高其生产潜力。这一原则的主要内容是：①对土地利用与对土地的改造相结合；②对土地的利用与培养地力相结合；③对土地的利用与保护相结合。

人类在长期利用土地中过多地强调了人的主观能动作用，在开发利用土地时，"投入太少，获取太多；协调太少，征服太多"。现在，不但已经开发利用的土地退化严重，而且人类未涉足的地方也受到了污染或不良影响。所以，现在要改变人们的观念，消除人地对立局面，建立协调的人地关系，改善生态环境，以提高土地利用的社会经济效益和生态环境效益。

农业生产过程本身又是一个消费过程，它消费人力、物力、空气中的二氧化碳、土壤中的各种可用元素。生产过程一结束，所消耗的这些物质就变成物质产品离开自然界而进入社会经济系统。随着年复一年的农产品的输出，自然界原有的平衡也就一次又一次地被打破。当人类向自然界所获取的物质不太多时，自然界的失衡可以自动调节，恢复平衡；但当人类取得过多，再加之不合理的生产行为破坏自然界的平衡机制时，自然界的原有平衡就很难恢复。这时自然界就会以恐怖的报复对待人类，如频繁的洪灾、干旱、水土流失等。

总的来说，要协调人地关系，改善生态环境，可以有两条途径：一是增加向土地的投入；二是改善人类开发利用土地的方法和措施。具体说来主要有以下几种方式：(1)土地的利用与改造相结合。改造主要是指对已遭受严重破坏的土地资源，如通过植树、种草改造沙漠，用灌溉方法改良盐碱地等。(2)土地利用与培养地力相结合。主要是通过增加投入，提高土壤的经济肥力。这些措施有，向黏土掺沙，增施有机肥料、休耕或免耕以保护土壤的团粒结构等。(3)土地利用与保护相结合。如轮作有助于恢复地力；植树种草可防止水土流失；严格控制农药的种类和用量，正确处理工业"三废"物，可防止农业环境进一步遭到污染。(4)土地利用与复垦相结合。如被采矿、挖沙、烧砖、垃圾、洪水等破坏的土地，通过清理、填土等措施可以再度恢复土地的其他许多功能。

第三节 土地利用效益评价

一、土地利用效益的概念与内容

(一)土地利用效益的概念

土地利用效益是土地利用所得到的各种成果与劳动消耗之间的相互关系。土地利用效益包括土地利用的经济效益、土地利用的社会效益和土地利用的生态效益三个方面。

（二）土地利用效益的内容

1. 土地利用的经济效益

土地利用的经济效益是指在土地利用中通过一定的劳动消耗，能给社会提供符合实际需要的经济效益。土地利用的经济效益包括以下两个方面的内容。

（1）物质利益。是利用实物形态来表示土地利用的经济效益，包括节约物质资源、合理利用物质资源，土地产品的品种、质量以及产品的品种、质量实际满足社会需要的程度。

（2）经济利益。经济利益就是利用价值形态代表土地利用的经济效益，包括劳动的消耗、劳动的占用等，实际上就是产品的成本、资金的占用、产值和利润等。

2. 土地利用的社会效益

土地利用的社会效益指土地利用所创造的使用价值和价值满足社会需要的程度。随着人类社会的发展，人们的生产和生活内容不断丰富，对土地利用的劳动成果已超出单纯的物质产品的需求，土地利用效益也扩展到了经济效益。社会需求的多样性决定了社会效益的多样性。土地利用的社会效益应服从于不同社会的目标，社会主义社会的再生产包括物质产品的再生产、精神产品的再生产和人类自身的再生产。因此，在土地利用过程中，我们不仅要注意物质产品的经济效益，还要考虑各种非物质产品效益和其他各种社会效益。

3. 土地利用的生态效益

土地利用的生态效益是指人类利用土地而取得较佳的经济效益和社会效益的同时，维护土地生态系统平衡，促进其良性循环的程度。土地利用的主体是人类，客体是土地，土地利用活动无疑会给生态系统造成影响，如果这种影响是正效益，生态系统就可以保持和提高生态平衡水平，从而保护、改善人类的生活和生产环境，土地利用的生态效益就好。如果这种影响是负效益的，则破坏了生态系统的生态平衡，人类的生产和生活环境恶化，则土地利用的生态效益就坏。因此，我们应该努力使人类土地利用对生态系统产生正效益的影响，保持和提高生态平衡，从而提高土地利用的生态效益。

二、土地利用的经济效益评价

在分析土地利用经济效益时，要把产出与投入相比较，投入产出率高，则土地利用的经济效益就好；如果投入产出率低，则经济效益就差。对土地利用经济效益进行评价必须有一定的指标来反映和度量，评价指标是度量、分析经济效益大小或优劣的重要工具。这就需要单独计算产出和投入指标。

产出类的指标有产品的实物量、总收入、净收入、利润。

投入类的指标有土地面积、劳动力、资金（开发或基建性投入）、成本。

将产出类的任意一种指标与投入类的任意一种指标相比较，就可得出有关的经济效益指标。如用产品的实物量与土地面积（单位：亩）相比，就得“亩产量”。亩产量是土地利用经济效益的重要指标之一。

如果是开发或基建性投入，则分别有静态和动态两种分析方法。

（一）静态分析法

1. 单位投资产品增长率

其一般按百元投资平均每年增加产量表示。

$$\text{平均每年增加产量} = \frac{\text{每百元投资增加产量}}{\text{投资总额}} \times 100\%$$

平均每年增加产量可以是一种作物产量，也可以是几种作物折算后的总产量。

2. 单位投资收入增长率

其一般按百元投资平均每年增长的总收入计算。

$$\text{每百元投资增加总收入} = \frac{\text{平均每年增加总收入}}{\text{投资总额}} \times 100\%$$

3. 投资收益增长率

其一般用平均每年的纯收入或利润与投资相比计算。

$$\text{投资收益增长率} = \frac{\text{平均每年增加纯收入（或利润）}}{\text{投资总额}} \times 100\%$$

4. 投资回收期

它表示需要多少年，平均每年的纯收入（或利润）总额等于投资总额，或者收回全部投资。

$$\text{投资回收期} = \frac{\text{投资总额}}{\text{平均每年的纯收入（或利润）}}$$

（二）动态分析法

因为开发性或基建性投资不是一次性收回，这些资金要经过若干年的土地利用后逐年收回。这样，为了使投资与收入具有可比性，就需要引进“贴现系数”和“复利系数”这两个指标。

贴现系数表示的是从现在起，第 n 年的一单位货币量相当于现在的多少；也可以是现在的一单位货币相当于 n 年前的多少。其公式为

$$\text{贴现系数} = \frac{1}{(1+r)^n}$$

复利系数表示的含义正好相反，即现在的一单位货币在 n 年后变成了多少倍；或者 n 年前的一笔货币到现在是多少倍。其公式为

$$\text{复利系数} = (1+r)^n$$

对于不同时期发生的投入和收入，就可通过贴现系数和复利系数，把它们拉回同一时点进行比较。例如，两年前投了一笔数量为 A 的资本，两年后，才开始有收入，当年获得的纯收入为 B。要比较两笔货币量的大小，最好加上贴现或复利因素，即 $A \cdot (1+r)^2$ 与 B 比较，或 $B \cdot \frac{1}{(1+r)^2}$ 与 A 比较。

三、土地利用的生态效益评价

土地是自然综合体，它本身就是一个巨大的生态系统，人类的一切土地利用活动都会对该系统产生作用和影响，这会对人类今后生活与生产发生巨大的反作用，这种作用和影响随着人类改造自然能力的增加而越来越明显，如果保持生态平衡，就会产生无形的生态效益。土地利用的生态经济效益评价是近代才提出的，目的在于把土地利用的生态效益转化为经济效益，或者把生态效益与经济效益结合起来进行分析。生态经济效益评价目前还没有独立的系统的定量分析方法，一般都是采用定性方法、综合方法或利用代用指标来评价。

（一）农田的生态效益评价方法

把气候－作物－土壤作为一个完整的系统，下分三个子系统：一是气候类的光、温、水、二氧化碳；二是作物类的作物种类及其生态要求和生长特征；三是土壤类的土层厚薄、土壤结构、肥力状况及防水能力等。农田资源潜力在某种程度上取决于作物生产能力，目前一般可通过资源开发利用的潜力与限制进行评价。

（二）农业能量投入产出效果分析法

农业生产过程就是在自然再生产的基础上，依靠人类劳动，从外部输入一定的能量和物质来强化生物化学反应的转化作用，获得更多的生物产品，这种人类劳动过程，又叫农业生产的经济再生产过程。因此，农业生产过程，也可以抽象为能量的投入产出过程。

农业的能量投入产出，是指农业生产中输入物质能量转化为输出物质能量之间的关系。从广义来讲，农业投入能量包括自然投入能量和人工投入能量。产出物能成熟后的农作物含有生物产品能量，它们之间的关系为

自然投入能量（自然能量）＋人工投入能量（经济能量）＝产出物能量＋损耗的能量

从狭义来讲，农业的投入能量仅指农业生产过程中的人工投入能量（经济能量）；农业产出能量仅指农作物经济产品中的能量。在计算时，一般用狭义的农业能量产投比进行分析。

农业能量投入产出效果＝经济产品能量/人工投入能量

农业能量投入产出效果分析也可采用投入产出方法分析，就是用数学方法分析能量投入产出的综合平衡关系（包括能量投入产出表和数学模型）。

四、土地利用的社会效益评价

中国实行的是社会主义市场经济制度，目前在商品的价值与价格、价格与社会需求还没有完全一致起来的情况下，不能仅以商品的价格变化来安排生产。例如，中国的粮食、生猪价格就明显低于生产价格，如果仅从商品经济的一个角度来看，这些商品要么不生产，要么大幅度提价，但中国的现实情况又决定这两条路都不能走。因为，充足的低价粮食和猪肉的供应，对于稳定中国的政治、经济局势具有极其重要的意义。因此，评价土地利用效

益,不能只看直接的经济效益,还必须与社会效益结合起来进行综合评价。

目前,对土地利用社会效益评价,还没有找到系统的评价指标,因此还只能进行定性分析、评价。在具体分析评价时,除了要注意经济效益、生态效益和社会效益三者的统一外,还要注意把局部效益与全局效益、短期效益与长期效益结合起来进行分析评价。

【核心概念】

土地利用,土地利用的基本原则,土地利用效益

【问题与探索】

1. 土地利用的影响因素有哪些?
2. 实现土地利用目标的手段有哪些?
3 土地利用的基本原则是什么?
4. 土地利用经济效益的本质是什么?

【案例分析】

区域发展中土地利用政策再探讨(节选)

在长江三角洲和粤港澳大湾区的土地利用实践中,从供给配置到利用再到管理的过程中,土地利用政策总体朝着集约化、区域一体化、管理高效化等方向发展。为进一步促进区域发展,土地资源的利用政策依然要进一步深化以下几方面的探索。

一是国土空间规划落地规则需要尽快细化。在现有国土空间规划市级编制指南的基础上进一步加强研判,着力加强空间规划的衔接性和整体性。进一步落实村镇一级国土空间规划,发挥其对于乡村建设用地科学集约利用的调节和引领作用。二是土地资源保护的市场化进程需要加快。在可持续发展观念的引导和生态保护红线的硬性约束下,各地的生态保护工作正逐步推进。但是如何显化耕地和林地等的生态价值,如何克服生态保护行政管控手段单一的弊端,需要进一步加强政策研究和突破。三是国土资源管理的法制化进程需进一步推进。随着土地资源改革进程的不断加快,土地产权等改革需要进一步理顺法律逻辑,土地管理过程需要不断加强法律支持。四是数字化治理长效机制需要进一步完善。目前数字化技术在耕地保护监管和土地资源督察等方面的运用尚未形成常态化、长效化的机制。因此,需要加强国土资源数据平台建设和整合。

资料来源:王梅. 区域发展中土地利用政策再探讨[N]. 中国自然资源报,2021－04－09(3).

思考:如何挖掘土地资源利用潜力?

第十一章　土地分区利用

【内容提要】

本章主要包含以下内容：

1. 土地分区利用理论；

2. 土地合理配置的原则；

3. 农业土地分区利用；

4. 城市土地分区利用。

【引导案例】

广西田阳县土地利用现状分析

田阳县位于广西壮族自治区的西部，百色地区的中部，珠江流域西江水系的上游。东接田东县，西靠百色地区政治、经济、文化和交通中心——百色市，南临德保县，北与巴马瑶族自治县接壤。全境东西最大距离 43 千米，南北最大距离 117 千米。县城与自治区首府——南宁市陆路相距 228 千米，水路相距 330 千米。县内主要居住壮、汉、瑶等多个民族，以壮族最多，汉族次之。全县土地总面积为 238 730.8 万平方米，辖 6 个镇 9 个乡，152 个村民委，2 261 个村民小组，总人口 329 463 人。

南昆铁路及南宁至百色二级公路(即国道 324 线)横穿田阳中部，国道 323 线和省道 20312 线纵贯南北，构成田阳县对外交通的大动脉。东可达自治区首府南宁，西经百色可抵云、贵等省，北可通巴马、东兰、河池等县市，南可至德保、那坡、靖西等县，是大西南出口的必经之地，也是德保、那坡、靖西、巴马、东兰、河池等通抵百色的要道。右江自西向东横穿田阳县中部，四季可通航，可上溯百色、下至南宁，直至广州。县城位于田州镇，是全县政治、经济、文化、交通、金融的中心。

田阳县地形地貌复杂多样，主要有石山、土山、丘陵和平原台地。山地、丘陵占土地总面积的 85.6%，台地、平原占 9.2%。地势中间低、南北高，东西狭、南北宽。全县可分为三大自然区域：沿右江两岸是狭长的河谷平原，海拔一般为 105 ~200 米，河谷南北两边为田阳县，有右江、百东河、磺桑河、田州河、那音河、驮里河、古美河、扁村河、活旺河、惠洞河、玉凤河等大小 11 条河流。县内河长 272 千米。除玉凤河流入红水河外，其余均流入右江。全县地表年径流量约为 99 874 万立方米，人均 3 025 立方米，按耕地每万平方米地表径流量为 3.362 万立方米。低于广西壮族自治区人均 5 600 立方米的水平。地表水资源地区分布不平衡，北、中部较为丰富，南部山区则较贫乏。全县地下水总量为 52 550 万立方米，枯季径流总量为 9 720 万立方米，其中有陇田阳、扁村、谷布、那音、指挥等五条地下河，其汇水面积达 1 298.7 平方千米,长 115.4 千米,年径流模数为每平方千米 3.48 升/秒。地下河多分布于南部岩溶地区,水位埋藏较深,一般难于开发谷一带,含油面积 14 平方千米,储油量为 1 700 万吨,年产原油 3.5 ~4 万吨。

上述分析表明,田阳县具有良好的地理区位条件,丰富的自然资源和优越的气候条件,对于发展农、林、牧业和多种经营都十分有利。

土地的固定性是土地资源的一个基本特点,在其他条件相同时,位置的差别可以决定其经营效益的差别。土地分区利用就是根据土地的区位特点,对土地在空间上进行科学布局并合理利用的过程,土地分区利用也可以称为土地区位利用。

第一节 土地分区利用原理

一、区位理论及其发展

“区位”概念最早是由 W. 高次于 1882 年提出的。区位简单理解就是位置,但其本质已与位置不同,含有位置、布局、分布与位置关系等方面意义。除了解释为地球上某一事物的空间几何位置,还强调自然界的各种地理要素和人类经济社会活动之间的相互联系和相互作用在空间位置上的反映。区位是自然地理区位、经济地理区位和交通地理区位在空间地域上有机结合的具体表现。

区位理论是关于人类活动的空间分布及其空间中的相互关系的学说。具体地讲,是研究人类经济行为的空间区位选择及空间区内经济活动优化组合的理论。区位理论是土地分区利用的基本原理。区位论从产生到现在,大致经历了以下几个阶段。

(一)农业区位论

德国经济学家屠能是区位理论的创始人。1926 年,他在《孤立国同农业和国民经济的关系》(通常简称《孤立国》)这部著作中,采用孤立化的研究方法,创立了农业区位理论。屠能的《孤立国》的中心内容是农业土地利用类型和农业土地经营集约化程度,不仅取决于土地的天然特性,更重要的是依赖于当时的经济状况和生产力发展水平,尤其是农业生产用地到农产品消费地(市场)的距离,屠能阐述了对农业生产的区位选择进行经济分析的方法。

为了阐明距离对农业土地利用类型的影响,屠能做出几点假设:(1)在一个大面积的区域内,有一个圆形范围的“国家”,其中有人居住和耕种,而在这个“国家”的外围是大片荒凉不能耕种的土地;(2)这个“国家”的土地是一定的,且完全被投入使用,并要获得尽可能高的纯收入;(3)在“孤立国”中只有一个城市,且位于中心,其他都是农业用地,城市是农产品的消费中心;(4)在城市和其郊区之间只有陆上大道联系;(5)在这个“国家”中,各地的土壤质量和气候特点是相同的;(6)运输费用与农产品的重量和生产地到消费市场的距离成正比例。

从这些假设条件出发，屠能推导出关于土地利用类型的下述结论：在距城市最近的郊区，可以生产易腐烂的、不适于长途运输或者是质量大、单位质量价值低的产品。这些农产品，如在距城市较远的地方生产，其成本（生产成本加运费）就会超过在城市的销售价格，因而在经济上不合算。由于城市中每种农产品销售价格是一定的，生产这种农产品的企业越靠近城市，纯收益就越大。但当靠近消费中心的农业企业的产品不能全部满足市场需求时，市场价格就将提高，结果会扩展农产品的生产范围。相反，如果市场上某种农产品的消费需求可以从城市近郊得到满足，那么距市场远一些的企业就应种植单位质量价值较大的产品，并相应地降低生产资料和劳动费用，结果是，随着到消费地距离的增加，土地经营也就愈加粗放；相反，距城市最近的郊区，经营最为集约。

由以上分析可以得出这样的结论：城市周围土地的利用类型以及农业集约化程度都是呈圈层变化的。围绕城市消费中心形成一系列的同心圆，即“屠能圈”。在“屠能圈”的中心为消费市场，每一圈的土地利用类型如下：（1）第一圈距市场最近，种植园艺作物，饲养奶牛，以及种植饲料、土豆、甜菜等；（2）第二圈发展林业因为它的产品量大、运费高；（3）第三圈适宜发展以集约程度较高的方式种植的农作物，并实行二年轮作制；（4）第四圈种植牧草及粮食，但不实行集约生产；（5）第五圈实行粗放的三年轮作制；（6）第六圈放牧，也可发展粗放的种植业；（7）第六圈以外区域，由于距消费地太远，只能供作狩猎。如图 11－1 所示。

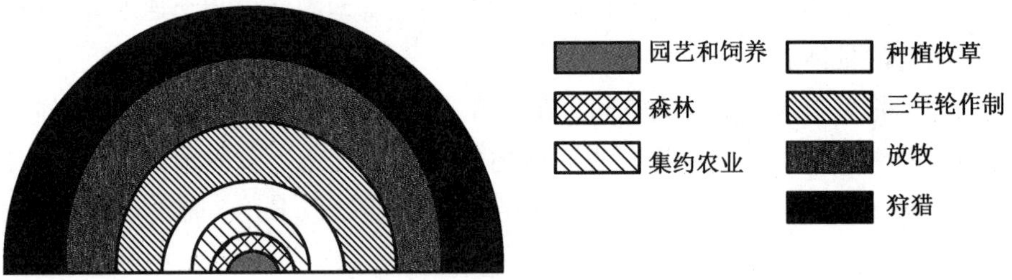

图 11－1　屠能的农业圈

从经济角度来看，屠能理论的核心是农业区位的级差地租问题。在这里，区位级差地租可以解释为土地作经济利用时的价格，它与需求之间是正相关的。这为土地资源的合理利用提供了一个重要的经济依据。

屠能发表农业区位论距今已有近 200 年，其基本前提是建立在中世纪生产和交通方式基础上的，所以存在很大的局限性。随着社会的进步和经济技术的发展，屠能的理论模型与现实存在的农业区位之间出现了差异，因为屠能的理论本身只讨论了产品由产地到市场的运输成本，没有涉及燃料、原料和劳动力问题。新的农业区位论认为，任何农业模式都是多个因子综合作用的产物，在不同的历史条件下，不同的因子所起的作用也会随之发生变化。

（二）工业区位论

在工业区位论方面最早的重要成果是德国经济学家艾尔弗雷德 · 韦伯（Alfred Weber）

在 1909 年提出的。韦伯在其著作《论工业的区位理论》一书中提到,一个厂商选择厂址(假设是在完全竞争的条件下)的问题是以假定该厂商的市场在某处而原料产地又在另一处为前提的。在完全竞争理论中,厂商要争取获得最大利润,如果假定各地的生产成本都相同,那么区位的决定就在于寻找运输费用最低的地点。

工业区位论的核心是,通过对区位因子(运输、劳动力及集聚因素相互关系)的合理组合,将工厂的厂址选在生产成本最低的点,作为工业企业的理想地点。与屠能建立在中世纪交通工具基础上的农业区位论不同,韦伯的工业区位论是以现代交通运输方式为前提的。它寻求的是在原材料和消费中心一定的情况下,工业企业的最佳分布点。

韦伯在其区位理论中运用的"区位因素",是指一个地理点上能对工业生产起积极作用或破坏作用的因素。根据其特性可以分为:(1)自然-技术方面的区位因素,例如气候、劳动力技术水平等;(2)社会-文化方面的区位因素,例如居民的消费水平与习惯、利息率的地区差异等。韦伯在推导他的区位理论时,排除了社会-文化方面的区位因素,认为只要考虑到原材料、劳动力和运费就足够了。至于原材料费用及其他区位差异,可纳入运费之中,价格贵一些的原材料可以理解为运输距离远些。这样,工业的区位选择只涉及两个因素:运输费用与劳动成本。

1. 运费对工业区位选择的影响

韦伯将工业中需要的原材料分为稀有性原材料和常见性原材料。稀有性原材料指在特定地点贮存的或开采的原材料,其又分成纯重原材料(在生产过程中,全部进到制成品中去)和失重原材料(在生产过程中,有一部分质量损失);常见性材料指到处都有的原材料。常见性原材料对工业区位影响很小,因此在研究中一般只考虑稀有性原材料。

依据原材料在生产中的上述特点,韦伯设计了原材料系数公式:

原材料系数 = 稀有性原材料总重/产成品总重

此公式用以分析工业所需稀有性原材料总重与产成品总重的比率,即运进工厂的原材料和燃料与运出工厂产品总重之比。常见性原材料不计运费,但需计算其产品中留有重的运费。

韦伯就此公式阐明了三个基本原则。

(1)凡原材料系数小于 1 的工业,为节省运费计,工厂应设在产品的中心消费区。适于这一条件的工业,其所用物质大都是随地物质,如制冰厂、酒厂、饮料厂等。

(2)原材料系数大于 1 的工业,为节省运费计,工厂应设在稀有性原材料产区,如金属冶炼、食品加工等。

(3)凡原材料系数等于 1 的工业,即运进的物质与运出的产品质量相等,工厂可选择在原材料产地与产品消费区间任何一点。

2. 劳动成本对工业区位选择的影响

韦伯在分析劳动成本对工业区位的影响时,提出了劳动成本指数、地域重量和劳动系数的概念。劳动成本指数是指制造一单位产品所支付的平均劳动工资,地域重量是指每生产一单位产品所需运输的重量,劳动系数则是劳动成本指数与地域重量的比例:

劳动系数 = 劳动成本指数/地域重量

根据此式分析，指导厂址的选择。

(1)劳动系数大。劳动成本指数大，即劳动成本高；而地域重量小，即运输成本低的，其厂址的选择，应离开运输成本最低点，偏向于劳动成本较低点，使劳动成本的减少超过运输费用的增加。

(2)劳动系数小。厂址应选在偏向运输成本低的地点。

以上推导是工业区位分布的基础，继而韦伯又进一步研究了集聚因素对运费指向或劳动成本指向区位的影响。集聚因素可使运输和劳动力指向的区位产生偏离，一个工厂如果因集聚所节省的费用大于因离开运费最小或劳动力费用最小的位置需追加的费用，则其区位由集聚因素决定。

（三）城市区位论

20 世纪 30 年代德国经济和地理学家克里斯塔勒（Walter Christaller）从城市或中心居民点的物品供应、行政管理、交通运输等主要职能角度，论述了城镇居民点的结构及形成过程，被后人称为中心地理论，即城市区位论。

城市区位论的基本内容是关于一定区域内城市和城市职能、大小及空间结构的学说，即城市的“等级 – 规模”学说，克里斯塔勒形象地将其概括为区域内城市等级与规模关系的六边形模型。

克里斯塔勒建立模型时提出了以下几个假设条件：(1)一块均质的平原上人口均匀分布，居民的收入水平和消费方式完全一致；(2)统一的交通系统，同一等级规模的城市的便捷性相同，交通费用和距离成正比；(3)厂商和消费者都是经济人，消费者都利用距离自己最近的中心地就近购买，以减少交通费；(4)平原上货物可以完全自由地向各方向流动，不受任何关税或非关税壁垒的限制；(5)相同的货物和服务在任何一个中心地价格都相等，消费者购买货物和享受服务的实际价格等于销售价格加上交通费。

克里斯塔勒认为：(1)任何一个确定级别的中心地生产的某一级产品或提供的某级水平的服务，都有大致确定的经济距离和能达到的范围。中心地的规模与其所影响区域的大小、人口规模，是通过对产品和服务的需求这个环节而建立起相关关系的。(2)交通作为“中间介质”是城市经济发展中独立的经济因素，它使得物质空间交换得以进行。由于运输必须克服一定的距离，付出高低不等的代价，因此在很大程度上影响到中心货物到达的范围，进而影响到城市的规模、居民点之间的距离及空间分布等。(3)行政管理因素也是影响乃至决定城市分布的重要因素，行政职能位于某一城市或居民点，依靠处理行政事务及颁布法令等管理它的管辖区。

克里斯塔勒从以上三方面分析了城市等级的形成，同时指出：城市对其周围地区承担的各种服务职能，理论上必须最接近所属地区的地点。从几何上看，这些地点在正常情况下应当位于六边形服务区域的中央，这样，就形成了他的六边形的城市空间分布模型。如图 11 – 2 所示。

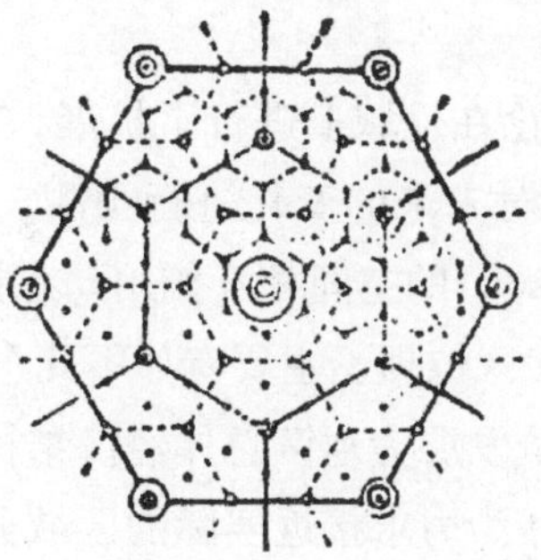

图 11－2　正六边形城市空间分布模型图

(四)市场区位论

德国经济学家廖什(August Losch)在1940年出版了《经济区位论》一书,提出了与克里斯塔勒的中心地理论极其相似的中心地模型。通过研究,廖什认为克里斯塔勒的等级体系原理仅是中心地系统整个系列的特殊情况,他综合了克里斯塔勒体系并运用图表来解释他的理论,从而推导出一种"经济景观"。廖什认为经济景观包括了所有的市场区域的一般模型,也称为完全系统,在这一系统中,两个以上的职能可以拥有同一规模的市场区域,即各职能可孤立地存在,因此在廖什的模型内,除中央大城市外,各中心地间特别是同一等级的中心地由于中心职能的专业化,相互间可以供给货物,而且低级中心地也有可能向高级中心地供给货物。基于这一点,廖什中心地等级体系中各级中心地人口分布呈现出阶梯状变化,因此,廖什的中心地等级体系更符合实际,具有更大的适用性。

廖什的市场区位论的特点是把生产区位和市场结合起来分析。他从工业配置要寻求最大市场的角度,得出了与克里斯塔勒的城市区位论模型相似的六边形区位模型。廖什的市场区位理论,是通过对整个企业体系的考察,从总体均衡的角度揭示整个系统的建立问题。他更把生产区位与市场结合起来,以利润来判明企业配置方向,并且把利润同产品的销售范围联系起来。他还从市场区位的概念出发,提出了区域集聚和点集聚的问题,从理论上剖析了经济区位形成的内部机制。

(五)区位理论的新发展

以往的区位理论主要存在以下几个方面的限制:

(1)研究对象是单个的或某一方面的经济客体;

(2)是在一定假设条件下的纯理论推导;

(3)没有考虑因素的动态变化。

20世纪50年代以来,工业化和城市化突飞猛进,为区位理论的研究提供了更为广泛的空间;现代科学技术的发展,也为区位理论的研究提供了方法和技术支持,使区位理论不断得到更新与发展,为解决实际问题发挥了重要的作用。另外,随着经济的发展,第三产业的内容有了很大发展,现代生产中,任何一个企业都离不开服务网络,生产企业与服务企业的组合,既带来了集聚效果,也带来了过分集聚和环境质量下降。这些会影响到社会经济客体的空间分布及区位的空间结。

现代区位论对传统的区位理论在地域上进行了扩展，在时间上进行了延续。二者分别将空间尺度由点、线拓展到面，并对未来的变化进行预测。哈格斯特朗（T. Hagerstrand）的新技术扩散和威尔逊（A. G. Wilson）的空间相互作用动态推演，都是动态研究成功的例子。

与传统的区位理论相比，现代区位理论主要有如下几个方面的新发展：

(1)研究对象从单个经济单位发展为地区总体经济结构；

(2)从抽象的纯理论推导发展为力求接近实际的区域分析和建立在实践中的可应用的模型；

(3)研究客体除工业、农业、市场外，还拓展到第三产业。

现代交通工具的发展、高新技术产业的兴起，对传统的区位论提出挑战。现代交通工具的应用，改变了传统区位论的研究条件和范围，为区位论提出新的研究课题。而高新技术产业发展对软资源（非实物资源）的要求，和一般意义上的工业生产具有本质上的区别，对这一问题的研究，极大地丰富了区位论的研究内容。

二、土地利用的区位选择

人们的生产和生活与土地的利用密切相关，人类的生产水平和生活水平也反映出对土地利用的程度。随着生产力的不断进步和人们生活水平的日益提高，土地的利用程度也必然不断加深。土地利用程度的加深，使其在不同方向上的利用表现出不同的区位过程。人们总结各类用地区位过程的特点，从而指导人们由对土地的盲目利用发展到自觉地进行区位选择。

（一）农业土地利用的区位选择

由于农业生产对土地的强烈依赖性，农业生产受到土地条件的严格限制，因而，农业土地利用的区位过程只能是在同等土地条件下，受其他社会经济因素的影响时，才得以表现出来，这就是屠能首先发现并总结出来“屠能圈”。屠能认为，在相同的自然地理条件下，影响农业土地利用区位选择的主导因素是生产地到消费地之间的距离。在这种距离因素的影响下，农业生产的空间差异不但表现在产品方向上，而且表现在经营种类、经营方式和强度上。

随着社会的进步和经济技术的发展，生产地到消费地之间的经济距离和时间距离较之它们之间的地理距离已大为缩短，加上冷藏车的利用，使得某些易腐产品直接靠近消费中心生产的必要性降低了。如大城市消费的牛奶、鲜菜等也可以在较远处生产和供应，并通过边界的交通方式运送到城市消费中心。但只要还存在着向集中的消费市场而进行的农业生产和因距离差别所引起的运费差异，农业土地利用的区位过程就还必然要受距离这一主导因素的影响。屠能的理论也就还会具有一定的实际价值。

（二）城市土地利用的区位选择

城市的形成和发展是各类非农业用地区位集聚的结果，是各种非农业用地区位集聚中心。历史上，生产的发展使得交换日益频繁，逐步形成了固定的交易场所——市场，出现了专营商品交易的商人。这些商人为了经商之便，逐步在市场区内定居下来，由此又吸引附近一些手工业者为节约运输费用，也到市场区来定居并开业生产，于是形成了初具规模的居住工业商业区，此即城市的雏形。

这类居住、工业、商业区是以商业为主导行业的，商业的进一步发展便成了中心商业区的萌芽，并吸引了更多的手工业者来此生产和生活，于是在中心商业区周围形成了混合居住区。随着生产和交换活动的兴盛，一些富裕的商人和手工业者为寻求更好的居住环境，从混合居住区中迁出，即形成了独立的居住区。工业的进一步扩张，使许多工业企业逐渐游离出商业和混合居住区，从而形成了独立的近郊工业区。当城市内各行业用地分化基本完成，城市内各区职能出现了明显分异，中心商业区职能更为突出，生活居住区和工业区也各自独立。随着郊区工业区的进一步发展，出现了分担中心商业区部分职能的副城市中心，城市的发展走向其成熟形态。城市的形成和发展全过程如图 11－3 所示。

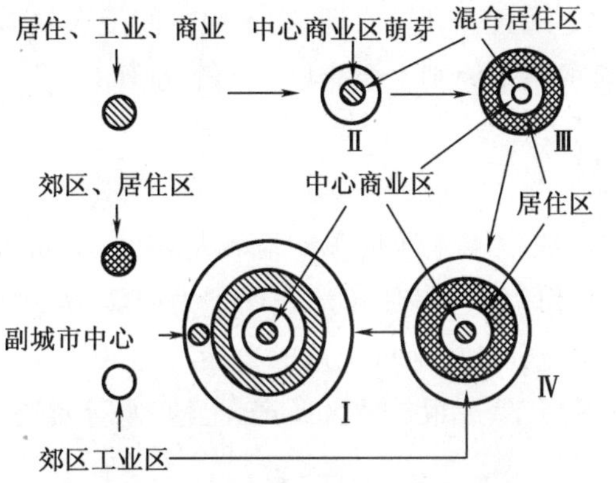

图 11－3 城市的形成和发展全过程

实际上，城市的形成和发展过程就是城市土地利用的区位分化过程。城市中各行各业用地的区位特点分述如下。

1. 商业用地的区位特点

商业是满足人们物质文化生活、直接将工业和其他各业产品输送给消费者的服务业，因而，商业用地必须方便生活的要求，集聚于市中心、交通枢纽、繁华街道和大型公共设施周围。整个城市的生产和生活与商业密切相关，商业的产生和发展最初是促使城市形成的一个重要动力，城市的形成和发展又进一步推动商业繁荣。

2. 工业用地的区位特点

从城市的形成过程来看，工业并不是促使城市生成的动力。但是，从世界范围内由农业社会过渡到工业社会的现实来看，工业却是城市发展的直接推动力，工业发展推进商业繁荣和城市经济文化水平的提高，从而推动城市发展。

工业用地的区位特点表现为：一是不断向市区边缘迁移。随着城市经济的发展，各行业用地逐步分化，工业用地与市民的日常生活无直接联系。工业企业往往有一定程度的污染，因而与城市其他各业用地的距离日渐趋于远。于是，随着城市基础设施的日益完备及交通条件的逐步改善，工业企业逐渐游离到城市郊区。二是各行业有自动集结成团的倾向。工业企业之间一般都有一定的技术经济联系，相互之间为了取得外部环境的集聚经济效益，它们在游离市中心的同时，技术经济联系较为密切的企业逐渐集结成团。同类企业不仅便于建立统一的服务体系，更有助于相互之间的学习和竞争，继而推动技术改革和技术进步。三是寻求交通方便的低平地带。交通方便的低平地带便于设备安装，便于原材料和制成品的输入输出，从而降低生产成本。

3. 居住用地的区位特点

居住区不但讲求方便，而且随着人们生活质量的提高，对居住环境也提出更高的要求。在城市的形成和发展过程中，居住区逐渐从工商混合区中独立出来，选择交通方便、环境条件相对优越的外围地带建成独立的居住区。

三、土地合理配置原则

土地的配置即是依据土地区位利用原理，在土地空间上布局城乡居民点及各行业生产用地。土地资源合理配置的基本原则主要有以下几个方面。

（一）地域分异原则

土地的自然特性，首先决定了土地资源的地域差异性，不同地区的土地资源具有不同的自然特性，这在土地资源作为农业利用时，表现尤为明显。因而各地区在进行区域内土地资源利用规划时，一定要充分考虑地域土地的自然特性，因地制宜，首先满足农业用地的特殊要求，以保证农业的发展，然后根据地区矿产、土地、水等资源分布，进行工业及其他各行业用地的具体配置。

（二）区位利用原则

土地资源的自然空间结构和千百年来土地经济利用的结果，形成了土地区位的差异，同时也形成了各项用地特定的区位要求。人们对土地利用的研究发现，土地利用存在着强烈的区位效益差异。同时，由于土地面积是有限的，区位效益高的土地的面积就更为有限，因而要求我们在进行土地资源配置时，要自觉利用区位理论，确定各种区位土地的最佳利用途径及方式，以求得更高的土地利用总效益。

（三）生态系统平衡原则

土地资源是一个自然综合体，它是由地形、地貌、水文、地质、土壤、植被等自然地理要素有机组成的土地生态系统。

在经济社会发展中，人类对土地的多方面利用，使得土地这一自然综合体与人类的经济活动发生了广泛关联，土地综合体的各要素之间以及其与人类之间相互联系、相互作用。所以，科学的土地资源配置，还需要土地资源生态平衡，遵循生态规律，结合土地资源的区位利用，确定其不同的经济用途，以提高土地资源生态系统的总体功能。

(四)系统综合原则

土地既是一个自然综合体,由组成它的各自然地理因素构成一个系统,相互联系、相互作用、相互影响,同时它又是一个经济综合体,作为农业生产的基本生产资料利用时,与劳动力、资金、技术之间有机结合构成一个农用地生态经济系统;作为非农业生产用地时,非农业部门各企业用地之间又是一个系统——用地结构系统,集聚效益即是这种系统的功能体现。

农用地生态经济系统与非农用地结构系统作为社会经济生活的两个相对独立的系统,又相互联系、相互影响,共同构成一个综合的土地利用系统。所以,在进行土地资源配置时,要还从研究系统理论出发,根据系统综合原理,不仅要注意农用地和非农用地内部的配置问题,更要注意农用地与非农用地之间有机结合,以提高土地利用系统的综合效益。

第二节　农业土地分区利用

一、农业土地分区利用原理

(一)农业布局理论

农业布局理论的核心是以区位地租的方式探求农业生产合理布局问题。区位地租是指经营不同区位的土地所获得的收益差额。计算农业区位地租的公式为

$$L = Y(m - c) - Ytd$$

式中　L——区位地租;

Y——总产量;

m——产品的市场价格,假定它完全取决于市场供求关系;

c——单位产品的生产成本;

t——单位产品单位距离的运费;

d——作物产地与市场的距离。

将各种农作物的区位地租曲线在坐标图上标出。O 点表示市场所在地的位置,纵坐标表示区位地租,横坐标表示农作物生产地与市场的距离。每条线表示一种作物分布距中心市场的距离与它可能提供的区位地租间的函数关系。根据农业区位地租公式,分别计算出每种农作物的合理分布范围,即区位地租曲线。相邻两条区位地租曲线交叉点的横坐标,即为两种作物的合理分布范围的分界线,如图 11－4 所示。

(二)农业生产专业化理论

生产力的迅速发展、城市带的形成、巨大的消费市场建立以及交通运输的发展和运费的降低,使分散的相对独立的小农生产转化为现代化、专业化的大农业生产成为可能。农业生产用地的位置不再依赖农业生产用地与中心市场之间的距离。通过综合分析影响农

业布局的一切条件，预测农业布局的最终经济效果，并以此为依据来划分农业生产专业化地区，建立全国性的农业生产区分工体系，结合各地区的特点，充分发挥自身在农业生产上的优势，促进规模化、高效率的专业生产体系。

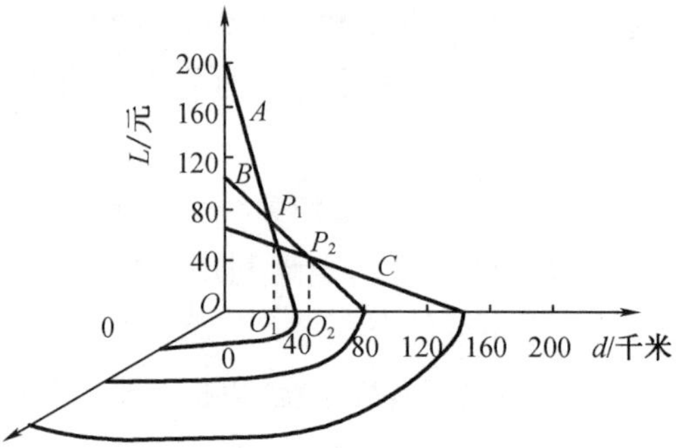

图 11 –4　城郊不同作物的区位地租线

与一般的农业布局理论相类似，农业地区专业化理论以单位土地面积上可能获得的纯收益作为分析手段确定农业地区专业化方向。具体分析可用公式表示：

$$R = Y(P - C)$$

式中　R——单位土地面积上可能获得的纯收益；

Y——单位面积产量；

P——单位农产品在其产地的收购价格；

C——单位农产品的生产成本。

公式本身说明，在决定农业地区专业化方向时，考虑的是如何从单位面积上获得最大的纯收益，而不仅是其中的级差地租。

有的地方自然与劳动力等条件均适合某种农作物的生产，因此，它的单位面积产量高且生产成本低。但如果当地该种农产品的收购价格极低，以致 P 与 C 的差额很小，甚至接近于零，那就显然不可能在此地建立这种作物的专业化产区。有的地方，某种农产品的收购价格虽然仅略高于生产成本，P 与 C 之差不大，但由于生产条件好，单位面积产量很高，种植这种农作物仍然可获得很大收益。因而此地仍可能发展成该种农产品的专业化生产区。反之，即使某种农产品的收购价格高出生产成本很多，P 与 C 之差相当大，但种植该农作物的单位产量极低，这就要视 R（纯收益）的大小而定。

二、中国农业土地综合分区利用

农业土地综合分区利用是为了充分发挥各地区的优势，在合理进行农业区划的基础上，因地制宜地利用土地，达到合理利用土地的目的。

（一）中国农业的地域差异规律

中国土地辽阔，由于气候、地质地貌、水文等自然因素的差异，东部与西部、南北之间、高山地区的垂直差异都存在很大不同。

1. 东部与西部的差异

东部与西部的差异是中国最大的农业地域差异。其原因是自然地理环境特别是水文条件存在差异。根据地带性与非地带性因素的地域差异,全国分为三大自然区域:东部季风区、西北内陆干旱区和青藏高寒区。东部季风区与西北内陆干旱区的界线,即湿润、半湿润区与半干旱、干旱区的界线;与青藏高寒区的界限,即地势的第一级阶梯与第二阶梯的界线。这既是中国自然地理区划的开始点,也是农业区划的开始点。三个区域的自然地理特征和农业特征,存在本质的差别。东部的季风湿润区,形成农业区;西部的西北内陆干旱区和青藏高寒区形成牧业区。东部地区,是农作物、森林、畜禽饲养、渔业和农村工业、副业的集中地区。西部牧业区,由于受降水量及地形的限制,土地利用的适宜性很小。

2. 南北之间的差异

东部农业区和西部牧业区,南北差异明显,尤以东部农业区更为明显。东部农业区南北之间的界线主要是秦岭—淮河线,西部牧业区南北之间的界线是昆仑山—阿尔金山—祁连山。

东部农业区南北之间的农业地域差异,主要受水、热资源分布的影响。南北之间的最大差异,是耕地类型,即耕地是水田还是旱田。西部牧业区南北之间的农业地域差异是青藏高寒区与西北内陆干旱区的差别。

3. 高中山地区的垂直差异

农业区域带受温度和水文因素影响,随着海拔的增高而呈带状的有规律更替,从而造成农业的垂直差异,即"立体农业"。纬度和海拔差异造成农业垂直结构的类型不同,即东部季风湿润型、西部内陆干旱型、青藏高寒型三种结构类型。东部季风湿润型,从山麓至山顶,主要反映热量资源的减低,而温润程度的增加则不甚显著。西部内陆干旱型,随着海拔高度的上升,气温逐渐降低,湿度增加,在一定范围内还有较多的降水量。青藏高寒型,随海拔的升高,反映其高寒的程度。垂直差异主要受湿度的影响,在农业上的反映为草地类型和森林类型的布局。

(二)土地利用分区

为了因地制宜地指导各地区的土地利用结构、布局调整和土地利用管理,根据2017年通过的《全国国土规划纲要(2016—2030年)》,统筹推进"五位一体"总体布局和协调推进"四个全面"战略布局,按照自然资源、社会经济条件及土地利用现状,以资源环境承载能力为基础,推动国土集聚开发和分类保护相适应,立足比较优势,促进区域协调发展,切实优化国土空间开发格局。提出构建"五类三级"国土权与保护格局。依据主体功能定位,按照环境质量、人居生态、自然生态、水资源和耕地资源五大类资源环境主题,区分保护、维护、修复三个级别,将陆域国土划分为十六类保护地区,实施全域分类保护。推进形成"四区一带"国土综合整治格局。以主要城市化地区、农村地区、重点生态功能区、矿产资源开发集中区及海岸带("四区一带")和海岛地区为重点开展国土综合整治。开展城市低资用地再开发和人居环境综合整治,优化城乡格局,促进节约集约用地,改善人居环境;农村地区实施田水路林村综合整治和高标准农田建设工程，提高耕地质量，持续推进农村人居环境治理，改善农村生产生活条件；生态脆弱和退化严重的重点生态功能区，以自然修复为主，加大封育力度，适度实施生态修复工程，恢复生态系统功能，增强生态产品生产能力；矿产资源开发集中区加强矿山环境治理恢复，建设绿色矿山，开展工矿废弃地复垦利用；海岸带和海岛地区修复受损生态系统，提升环境质量和生态价值。依托国土开发轴带，进一步打破行政区划限制，鼓励和支持开发集聚区在国土开发保护、基础设施建设、市场体系构建等重点领域开展合作，促进产业承接转移，实现要素跨区域自由流动和优化组合，全面提升合作层次和水平。

第三节　城市土地分区利用

一、城市土地利用及其意义

（一）城市土地利用的特性

城市土地利用特性相对于农业土地利用更为复杂多样，主要特征如下。

1. 位置的重要性

位置会形成较大的级差收益，直接影响企业的经营效果。对工业企业而言，位置会对运输成本和销售价格产生重要影响，从而影响其纯收益。对商业企业而言，交通是否便利，人口是否密集，周围商业环境如何都会直接影响商业利润。对于居民住宅用地来说，位置选择因素与生活便利程度、生活环境等均有关系，都将影响劳动力的生产和再生产。

2. 用途的多样性

城市是一个复杂的、庞大的经济综合体，存在着许多的功能和发达的分工协作，生产社会化程度较高，这就使得城市土地利用方式更为复杂。

3. 面积对城市土地利用具有较小的限制作用

土地面积对农业生产有较大的限制作用，是规模化、集约化、科学化生产的基础。而在城市土地利用中，单位面积的土地可以吸收巨大的土地投资，随着土地利用技术水平的迅猛发展，这种差距会更加明显。

4. 交通的重要性

对于城市而言，其内部交通运输的畅通性直接影响城市整体功能的发挥。城市的社会经济文化生活，是一个流动性极强的有机整体，交通事业十分发达的城市，人流、物流、信息流畅通，就会出现勃勃生机。

5. 用途改变的不易性

土地投资固定在土地上，体现在其具体的使用价值上，利用方式一旦确定下来，改变将费时费力，代价巨大。土地投资与使用价值一般呈正相关，所以土地投资量越大，改变其利用方式的困难性也就越大。

(二)土地利用在城市中的经济地位和作用

城市经济是由工业、商业、交通运输、教育卫生、居民消费、城市生态等经济系统组成的多层次的经济大系统。在城市经济大系统中,土地饰演着重要的角色,起着多方面的作用。

1. 土地是城市各种经济活动的运行空间

城市中的各项经济活动必定是在土地空间中进行的。因此,城市的发展,经济的繁荣,与城市土地的集约高效利用密切相关。

2. 城市是地域系统的中心

城市土地在空间上是国民经济宏观大系统中各个地域分系统的中心,同时也是影响其周围经济区的辐射源。城市发展要求合理、有效地利用城市土地,协调好各行业用地的关系,这不仅有利于城市经济的发展,也会带动和促进周围农村地区的发展。处理好各行业用地、城乡用地的矛盾,对于整个国民经济的发展都很重要。

3. 城市土地是居民生活的基本空间

居民的衣食住行都需要一定的空间,文教、卫生、商业和居民生活等都要占据大量的城市土地。通过城市土地上的消费经济活动,以及生产和再生产活动,社会生产能够最大限度实现。

4. 城市发挥着承接及转运功能

城市一般都是交通枢纽,起着承载和传递人流、物流的作用,其运行效率关系到整个国民经济的发展。

5. 土地是城市生态经济的基础

在城市土地上进行的一切经济活动,都在城市生态经济链上相互联结、相互影响。因而城市土地利用必须遵循生态经济规律,城市的布局、土地利用结构、工厂厂址的选择、居住区的确定等,都必须考虑生态效益、社会效益,而不能仅顾及经济效益。

二、城市的土地分区及原理

在城市土地分区利用的过程中,首先要解决一定区域内城市本身的布局问题,即如何布局大小不等的各级城市,才能形成一个合理的城市结构体系,带动整个区域经济的发展。在城市布局的基础上,城市土地分区利用还要解决城市内部不同产业用地的合理布局问题。城市的形成和发展是各类非农产业组合和聚集的过程。在这一过程中,不同产业根据其对土地区位的要求相对集中在城市的特定区域,形成了不同的功能区,如商业区、工业区、居住区、文化区等,这是城市土地分区利用的基础。

城市土地分区利用就是按照城市功能分区的规律对土地进行有序、合理利用的过程。西方布局学运用屠能的圈层说与级差地租理论,研究城市功能区的形成与各功能区的结构组合。他们假设,城市内所有的工厂、企业都希望配置在交通最方便、经济收入最高的市中心区,而距离市中心越近,土地面积也越小,争夺越激烈,加之级差地租也越高,所以只有那些出得起最高地租的企业主,才能把他的企业配置在市中心。而其他企业主就不得不离开到较远的外围圈层去找自己适宜的位置。

一个企业主为建设自己的企业愿意支付地租的高低，并不取决于他本人的财力，而取决于他因占用这个有利位置有以增加的收入。因此，当企业主把他的企业配置在特定地点时，他支付地租的能力取决于占用这里每平方米土地可能增加的收益，这可用公式表示如下：

$$\text{单位面积土地支付地租的能力} = \frac{\text{把企业配置在特定位置有望获得的收益} - \text{把企业配置在边际位置有望获得的收益}}{\text{企业占用土地面积}}$$

这样，不同的企业、居民，对距离市中心远近不同的地块，愿意或能够支付的地租数额是不一样的。可用支付地租能力曲线图表明城市内各种不同的功能单位在距离市中心远近不同的地点支付地租的能力，如图 11－5 所示。

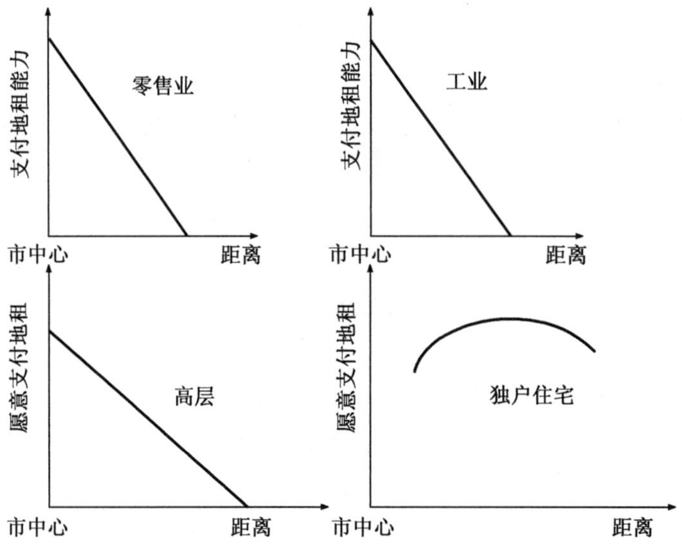

图 11－5　城市中不同行业支付地租能力曲线

从图 11－5 可看到，为了占有市中心的位置，零售业可以支付很高的地租，但一旦离开市中心位置，它支付地租的能力就急剧下降。而独立住宅则根本不要求布局在市中心，它的最佳位置在郊区，但又离市中心不太远的地方。为了争夺这个区位，富裕家庭愿意付出相对较高的地租。如果把图 11－5 的支付地租能力曲线综合表现在一张图上，则可以表现出各行各业、各种居民区的竞争能力在全市各个距离带内消长变化情况，从而可确定它们各自的合理分布圈层范围，如图 11－6 所示。

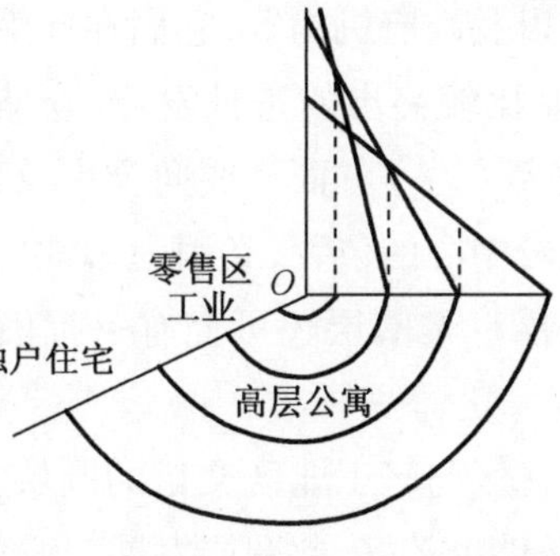

图 11-6 城市各业用地合理布局范围

以上述理论为基础，形成了几种城市内部功能区布局设想。

（一）圈层布局模式

假定城市内部各区其他条件都相同，区位地租是唯一影响功能区布局的因素，那么各种用地都会按其支付地租能力的大小呈圈层状分布，支付地租能力强的产业分布在接近市中心位置，如图 11-7 所示。

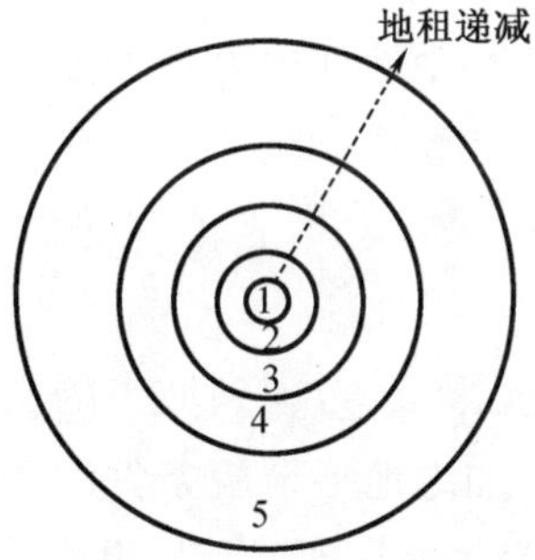

1—商业中心区；2—商业及公用服务业；3—低收入居民区及轻工业区；4—高收入居住区；5—市郊居住带。

图 11-7 圈层布局模型

市中心最内部的一个圈层是中央商业区。这里是全城的神经中枢，全市交通与通信网络的主要结点。首先，企业设置在这里，辐射范围最广，但这里地租最高，因此集中在这里的只能是那些支付地租能力最高的企业，其中占主导地位的是全市最主要的零售商业、金融业与服务业。其次，是许多公司的总经理处或分支经理处、办事机构。此外还有律师事务所、会计师事务所等。这一圈层若是有工业，也只是可以办在高层建筑物中的高级时装厂、首饰加工厂等。这一圈层的企业经营的商品、提供的劳务的限界值都很高，在布局上越接近市中心位置越可以大幅度增加营业额，因而可以支付高额地租。如果偏离了这个中心位置，营业额就会急剧下降，且很可能造成亏损。

中央商业区的外层的第二圈层靠近市中心，交通也相当方便，公共服务和服务业也比较发达。但地租却要比第一圈层低得多，可是仍然大大高于下一圈层。如学校、博物馆、体育馆、影剧院及其他娱乐设施，以及政府机构等，它们在此圈层集中布局主要是便于面向全市、服务全市。这一圈层的商业比较突出的是批发业、仓储业。因为批发业一方面要与位于核心地区的公司、银行取得联系，另一方面又要向全市及其全国广大地区的零售商、批发商发货。它们既要占有全市比较中心的位置，又因为占地面积大，不能支付过高的地租，所以集中分布在中央商业区的外圈。本圈层还可拥有一批面向全市的单位产品占地面积较小的工业企业。

第三圈层是低收入居民居住区与轻工业区交错的圈层。一方面是地租低，另一方面邻近就居住着大量工人，且交通条件也较好，此圈层发展工业条件较好。

第四圈层主要是居住区，居住环境质量较高。由于这个圈层位于由城市中心地区到郊区的中间地带，又是居民集中居住区，因此商业也较为发达。

第五圈层已进入城市郊区，居住环境质量最高，地租也较低。某些方位上拥有大量独家住宅和别墅。不过另一些方位上可能还分布着一些大型的重工业企业。

（二）三维布局模式

这是对圈层布局设想的一个重要补充。城市不是平面结构，当考虑到交通条件、地形条件、水陆交通分布状况以及一些其他社会经济因素的限制时，城市土地立体利用就成为必然。这样一来，城市内部各地的交通方便程度、收益大小、居住环境质量不但会随着它距离市中心的远近而变化，也会随着其距地面的高低而变化。因此，一栋楼的各层按其与外面联系的方便程度，可分别划归不同圈层。

（三）扇形布局模式

圈层布局模式过于理想化。实际上，考虑到城市的交通条件差别，各功能区之间存在着不同程度的吸引与排斥的关系，加之地形地貌条件的差异，其布局是随着交通干线和地形呈扇形发射分布的。扇形布局设想是在圈层布局设想基础上，考虑到城市所处的地理环境及功能区的性质而做出的更为科学的城市布局。扇形布局模型如图 11－8 所示。

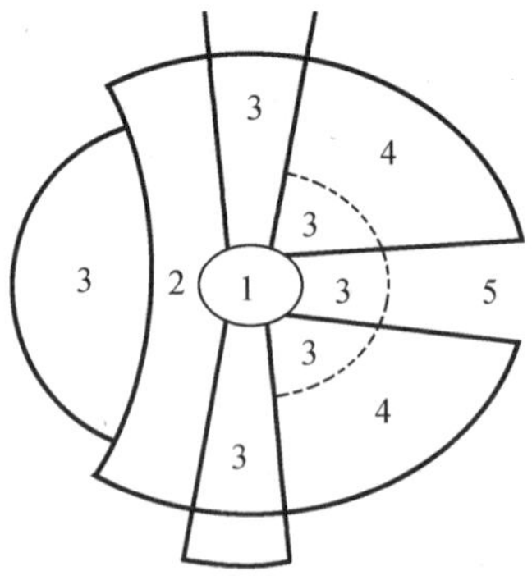

1—中心商业区；2—制造业和仓库；3—低收入居住区；4—中收入居住区；5—高收入居住区。

图 11－8　扇形布局模型

(四)多中心布局设想

随着城市发展,多中心城市逐渐代替了单中心城市。围绕多个空间位置分离的核心逐渐形成,有些超大城市,某个城区会因某种原因迅速扩大,成为新的核心,城市用地布局围绕各个中心来合理规划,对人流、物流进行适当分散,形成相对完整的生产、生活服务体系。多中心的设想是根据城市迅速发展和扩大的要求由人们采取的主观规划措施。多中心布局模型如图 11-9 所示。

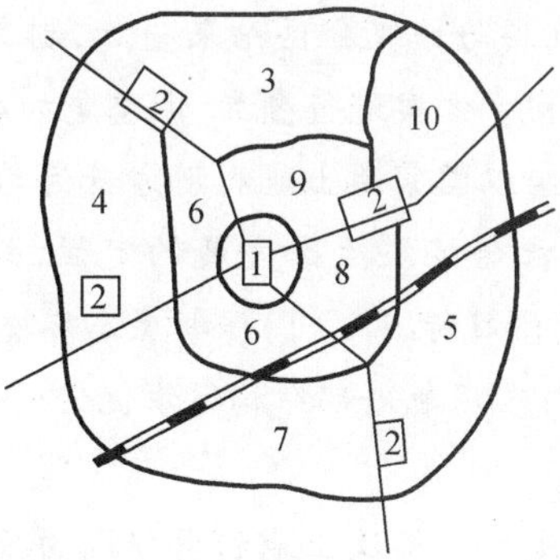

1—中心商业区;2—次级商业中心;3—高收入住宅区;4—低收入住宅区;5—中收入住宅区;
6—轻工业区;7—工业区;8—娱乐区;9—市政机关、公用事业;10—主要风景区。

图 11-9 多中心布局模型

【核心概念】

土地区位利用,区位

【问题与探索】

1. 简述土地区位理论的发展。
2. 简述土地合理配置的原则。
3. 简述城市土地利用的特点。
4. 城市如何进行区位利用?
5. 区位理论对土地合理利用有哪些指导作用?

【案例分析】

县级土地利用分区研究——以重庆巫山县为例

经过多次的分区试验与深入研究,认为可以分别通过划定基础分区、借鉴二级分区思想的方式解决上述问题。

划定基础分区:根据巫山县地形地貌,结合巫山县不同地形的土地利用差异划定基本分区。

借鉴二级分区思想：如湖北省土地利用综合分区方案121中，二级分区基本分区单元系统是在一级分区内，主要以县、县级市、武汉市或地级市中心城区整体等作为基本分区单元。“中心城区”整体作为分区的基本单元的一部分，分区结果特别具有操作性。巫山县的土地利用综合分区可借鉴上述思想，首先按照传统的分区方法进行分区，对巫山县进行一级分区，以一级分区为基础根据巫山县的社会经济发展状况，将城镇建设用地图层作为二级分区的基本分区单元。

具体操作：(1)根据巫山县的地形地貌划定土地利用基础分区；(2)通过系统聚类分析进行一级分区，将城镇建设用地层与一级分区结果叠加，制定初步方案；(3)综合土地利用基础分区与土地利用综合分区初步方案进行叠加，调整叠加后的结果，确定最终方案。

巫山县土地利用规划编制组以国家的土地利用方针为指导，结合巫山县的土地利用现状及存在的问题，综合巫山县社会经济生态发展的定位，经过反复研究确定了规划期内(2005—2020年)土地利用的总体目标，即：(1)保护生态环境，促进土地可持续利用；(2)有效保护耕地，适当补充耕地；(3)农用地内部结构逐步优化；(4)城乡建设用地规模得到合理控制，结构不断优化。

根据巫山县土地利用所确定的目标及土地利用分区的意义，巫山县在土地利用分区过程中主要应达到以下几点目标：(1)指导区域内的土地合理利用指导；(2)城乡建设用地规模得到合理控制；(3)保护生态环境。

资料来源：邹士鑫. 县级土地利用分区研究：以重庆巫山县为例[D]. 重庆：西南大学,2010.

思考：土地分区利用如何与区域经济协调发展？

第十二章　土地规模利用

【内容提要】

本章主要包含以下内容:

1. 土地规模利用的基本理论;
2. 土地经营规模的原则、方法;
3. 土地实现规模经营的途径;
4. 农用地及城市土地规模利用。

【引导案例】

阜宁县壮大“田老板”队伍 实现土地规模化经营

阜宁县针对每年有20多万农业人口外出打工而家中的责任田无人耕种的情况,以“明确所有权,稳定承包权,搞活使用权”为原则,适时引导外出农民与常年在家、劳力较多的“田老板”签订田地代管协议。

此外,为缓解本地土地资源相对不足的矛盾,还有300多名“田老板”到上海、南京、苏州等大中城市的郊区,或者到沿海的国有农场及地多人少的地区租赁了2.2万亩土地。“田老板”的应运而生,解决了撂荒、粗放经营等问题,促进了农业生产的规模化、专业化,涌现了3 800多家上规模的专业种植大户和300多家各类农产品加工企业。

土地规模利用是为了提高土地利用效益而采取的一种土地利用方式,它是以增加一定面积的土地来追求用地效益最大化的土地利用方式。为了达到最佳土地利用效益,可以通过增加或减少用地规模实现,即土地利用的适度规模。

第一节　土地规模利用原理

一、土地规模报酬原理

土地规模,通常是指经营主体占有并实际使用的土地面积,或投入某一项目使用的土地面积。农业生产中,由于土地面积的扩大,一定投入所带来的报酬或经济效益将发生变化。这种由于土地规模变动引起的经济效益变化,称为土地规模报酬。

土地规模报酬一般存在三种情况:(1)土地规模报酬递增,即土地规模扩大的幅度小于规模报酬的增长幅度;(2)土地规模报酬不变,即土地规模扩大幅度等于规模报酬的增长幅度;(3)土地规模报酬递减,即土地规模扩大的幅度大于规模报酬的增长幅度。

在长期生产过程中,一般土地变化的规律是在土地规模比较小的情况下,是规模报酬递增,土地规模扩大到一定程度时,规模报酬不变,超过这个限度的时候,就会出现规模报酬递减。土地规模利用,就是尽可能地使土地利用处于报酬递增的阶段,至少也应该是处于报酬不变的阶段,而不是处于报酬递减的阶段。

二、土地规模经济原理

（一）土地规模经济的内涵

土地规模经济是指由于土地利用规模的扩大而产生的单位土地面积收益的增加,或单位产品成本的下降。如果土地利用规模扩大导致其单位土地面积收益减少,或单位产品成本上升则称为土地规模不经济。

如图 12－1 所示,LAC 曲线是一条随着土地经营规模变动而变动的长期平均成本曲线,在 *AM* 阶段曲线向右下倾斜,说明平均成本随着土地经营规模的扩大而下降,属于规模经济阶段;在 *MB* 阶段曲线向右上倾斜,说明平均成本随着经营规模的扩大而上升,属于规模不经济阶段。显然,规模小于 *OM′*时,应该扩大土地经营规模来提高收益水平;当规模大于 *OM′*时,则应该适当减小土地经营规模才能提高收益水平。因此,与产品平均成本最低点 *M* 相对应的经营规模 *OW* 称为最佳土地经营规模或者适度土地经营规模。

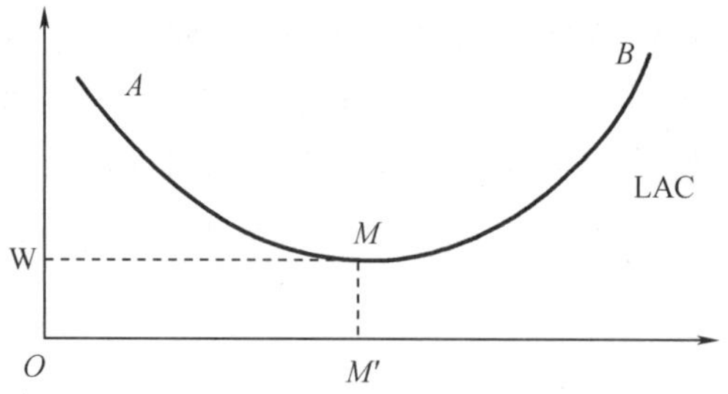

图 12－1　土地规模经济和土地规模不经济

土地利用涉及的现实的规模经济问题的内容十分丰富:(1)土地利用户规模经济问题,不仅存在于微观的企业层次,还与大片土地的综合开发城市用地规模等区域性问题有关;(2)规模扩大所带来的经济利益,并不一定就是利润的增加,它还可能是企业的劳动生产率、土地生产率的提高,或者宏观经济效益和社会效益的提高;(3)规模扩大所带来的经济利益,并不一定属于某一个特定的企业,它可能属于一个产业或者一个地区的全部企业,甚至属于一个地区的全体居民。

（二）土地规模经济的产生

1. 内部规模经济和内部规模不经济

内部规模经济,是指企业经营实体规模扩大而在企业内部产生的效益。在生产阶段,规模经济是因为生产设备的不可分性。

首先,是单个生产设备的不可分性,使得大规模生产能够提高生产设备的利用率和利用效率。例如,农业机械必须在一定面积土地上才能进行正常作业,当土地经营规模较小时,农业机械往往得不到充分的利用。同时,土地规模的狭小,也会使农机的无效作业增加,影响其生产效率。规模的扩大,为农业机械更为充分和高效地利用创造了条件。当然,并不是所有的生产要素都是不可分割的。例如,化肥、农药等生产要素的投入是可以分割的,因此,常常表现为“中性规模”的投入(即固定规模报酬现象)。一般来说,不可分割的生产要素往往是一些固定生产要素,例如农业机械设备等。因此,从财务上看,规模经济表现为固定成本不可分割造成的分摊成本的降低。

其次,是各生产要素间相互联系的不可分性。包括:(1)大规模生产有利于进行分工协作,从而提高劳动效率;(2)大规模生产可以减少管理人员的比例,从而降低管理成本;(3)大规模生产为充分利用产品生产的互补性、副产品的综合利用等创造条件,从而提高效益。

在购销阶段,规模经济是因为企业规模的扩大可以降低平均交易成本。首先,大规模企业在与对手进行谈判时,可以凭借规模的优势获得相对有利的购销价格;其次,大规模企业,可以在市场信息收集、监督合同执行等方面,节约平均交易费用;再次,大规模企业,由于大量运输,也可节约平均运费。

与内部规模经济相对的是内部规模不经济。内部规模不经济是指,一个生产经营单位在规模扩大时由自身内部所引起的收益下降。例如,因规模过大而使得管理不便,管理效率降低;规模扩大造成的内部通信费用的增加;规模扩大后需要设立专门的购销机构,引起购销成本的增加等。

2. 外部规模经济和外部规模不经济

外部规模经济,是指整个行业的规模扩大和产量增加而使得个别生产经营单位得到的经济利益。例如,整个行业的发展,可以使得个别生产经营单位得到修理、服务、运输、人才供给、科技情报等方面的有利条件,从而使得个别生产经营单位减少成本支出。

与外部规模经济相对的是外部规模不经济。外部规模不经济是指整个行业或者整个区域的规模扩大和产量增加而使得个别生产经营单位成本增加、收益减少。例如,整个行业的发展,可能使得招工困难、动力不足、交通运输紧张、地价上涨以及引起严重的环境污染等,从而使得个别生产经营单位减少了收益。

3. 外部性“内部化”导致的规模经济

外部性,是指一项经济活动给第三者或者社会带来的影响。如果这种影响降低了第三者的福利水平,就是外部不经济;相反,如果这种影响提高了第三者的福利水平,就是外部经济。

其实,所谓的外部性,是相对于一定范围而言的,在一个较小的范围内形成的外部性,在相对的范围扩大后外部性问题就成了“内部”的了,这个过程就是“内部化”过程。对于土地利用、房地产开发项目来说,扩大土地利用规模无疑可以使得一部分外部性问题“内部化”,从而产生规模经济效益。

首先,外部经济问题“内部化”后,原本虽然客观存在但是不对土地开发利用者的经济效益产生正面影响的因素，现在被纳入经济效益的计算范围，自然可以提高土地开发利用者的经济效益。

其次，外部不经济问题“内部化”后，直接效果是增加了土地开发利用的成本。但是，这往往也为土地开发利用者解决外部不经济问题创造了条件。而外部不经济问题的解决，一般又可以改善土地开发利用区及其周围地区的整体环境，从而对土地开发利用的经济效益产生正面影响。

三、集聚经济原理

集聚经济是指各种产业和经济活动在空间上集中产生的经济效果，以及吸引经济活动向一定地区靠近的向心力，是促使城市形成和不断扩大的基本因素。集聚经济总是与规模联系在一起，但又与其不同，规模经济发生于单个企业内部，而集聚规模经济产生于众多产业和经济活动，在空间上呈一定规模的集中，以及因此带来的交互外部性。

韦伯在 1909 年发表的《工业区位理论：区位的纯粹理论》中第一个提出了集聚和集聚效应的概念。韦伯的工业区位论的核心是“成本决定论”。韦伯理论的核心是通过对交通、劳动力和集聚因素相互作用的分析和计算，找出工业产品生产成本最低的点，以此作为工业企业地点的理想区位。所谓集聚效应，是指某些工业部门向某地域集中所产生的一种大于所追加的运费或劳动力费用，从而使产品成本降低的效果。韦伯的集聚效应只考察了成本节约，因而只是产生于厂商内部的一种规模经济。马歇尔在 1920 年《经济学原理》中提出外部经济的概念。马歇尔在韦伯的基础上更进了一步，表明行业内厂商的集中产生外部性，可以降低该行业的成本，带来整个行业的优势。马歇尔认为产业空间集聚的作用是：第一，促进专业化投入和服务的发展；第二，为具有专业化技能的工人提供了集中的市场；第三，使公司从技术溢出中获益。

产生集聚经济的原因是多方面的。人口集中扩大了市场需求的规模，同时也为产品多样化提供了可能，企业从中获得更高的利益，而这种集中所带来的文化交流与促进，能够提高生活质量，最终提高区域经济效益；大城市中各种类型劳动力的共存，使企业可以享受容易募集到所需人才和劳动力的好处；生产的互补性会促使这些产品的需求者趋向集中于同一地域；企业之间存在着广泛的交易关系，相邻集中会使得企业间交通、通信费用大大节约，从而产生很大的集聚效益。公共产品，如美术馆、大剧院、交通设施、通信设施等都存在规模经济，城市越大，越有利于经营，也就越能提供良好的服务。这种公共服务质量的差距，促使人口向大城市集中。

与集聚经济相对的是集聚不经济。空间集聚在为企业、居民、行业乃至整个城市带来集聚效益的同时，由于空间限制，人口密度、建筑密度都在增加，会产生各种各样的额外费用，尤其是包括时间成本、拥挤成本在内的交通成本的增加。城市变大，城市居民的平均上下班时间延长，整个城市的上下班成本急剧增大。同时，城市居民消费的农产品通常是由周围的农业地区供给的，城市变大后供给区域的扩大造成农产品的运输成本增加。而且，城市规模达到一定的程度后，必然会发生交通拥堵，这使得交通成本进一步增加。这也是目前人们选择在大城市中居住不得不付出的代价。

第二节　农业土地规模利用

一、农业土地经营规模

(一)农业经营规模与农业土地经营规模

1. 农业经营规模

农业经营规模一般是指农业生产单位中生产力要素的聚集程度和组合关系,也就是土地、劳动力、资金等要素结合起来发挥作用的范围和数量界限。农业经营规模是一个综合概念,可以表现为单个农业生产要素的规模,例如土地经营规模、劳动力经营规模、资金经营规模等;也可以表现为多种生产要素综合作用的规模,例如产值规模、产量规模等。

2. 农业土地经营规模

农业土地经营规模一般是指农业生产经营单位的土地或耕地的数量,经常以某一经营单位的土地面积或耕地面积来衡量,有时也以劳均经营的土地面积或耕地面积来衡量。在农业经营规模中,农业土地经营规模具有特别重要的意义,这是由土地是农业生产不可缺少的重要生产资料的性质所决定的。一方面是因为农业生产只能在具有一定肥力的土地空间上从事;另一方面则是因为土地规模决定着其他生产要素的投入规模。

(二)农业土地经营规模的影响因素

1. 生产工具

生产工具是反映生产力状况的决定性因素;生产工具又是影响农业企业或其内部生产单位的决定性因素之一。农业企业或其内部生产单位的耕地面积,应当至少能够保证由拥有一整套生产工具的一组劳动者所形成的一个作业班子,能够充分发挥其效能,特别是能够在有限的农时内完成关键性的作业,不误农时。随着现代化农业设备使用的增多,农业企业或其内部生产单位的耕地面积也应当相应地有所扩大。

2. 土地

在一个地区之内,土地的集中程度、各个地块面积的大小、地形是否平坦、居民点分散或集中、土地的肥沃程度等因素,都会影响农业企业的规模。例如,土地比较集中、各个地块的面积较大、地形平坦而便于耕作、居民点比较集中等,则农业企业的规模必然会较大,反之则必然较小。

3. 人地比例

一个国家或地区范围内的人地比例或劳地比例,特别是农业人口和农业劳动力与土地的比例,必然会影响到农业经营单位的规模。例如,美、加、澳、新等国人少地多,农场的规模便相当大,日、荷等国则与此相反。中国在实行农户经营制的条件下,人地比例对于农户经营规模的影响,也是十分明显的。

4. 农业经营者的能力

事在人为，因人而异。农业经营单位的主要经营者知识的广度和深度、管理能力、责任心、干劲等差异甚大，从而使得在其他条件不变时，有效的实际经营规模往往相差甚大。

（三）我国农业土地规模利用现状

1978 年农村经济体制改革之后，我国普遍实行了家庭联产承包责任制，确立了以家庭经营为基础的双层经营形式。这种“耕者有其田”的土地分配方式在当时有效地激发了农民群众的生产积极性，促使长期处于贫困状况的农民温饱问题以及农产品短缺问题得到了基本解决。但就农业土地经营规模而言，人多地少的实际国情和土地承包中的平均化倾向，形成了一种以农户为经营实体的普遍的超小规模状况。据调查，在原生产队中，按人平均承包的生产队占 70.1%，按劳平均承包的占 7.7%，按人劳比例承包的占 22.2%；承包后农户的平均土地经营规模仅有 0.53 万～0.63 万平方米，远远小于美国、西欧各国的家庭农场规模，比日本的农户土地经营规模（1.1 万平方米）还要小；而且地块零碎，每个农户的土地平均被分割为 9.7 块，使土地实际经营规模比土地经营面积数字显示的规模更小。20 世纪 90 年代进行的第二轮承包，由于延续了按人口平均分配的原则，农地小规模经营的格局并没有改变。

为了解决这些问题，我国一些地区自 20 世纪 80 年代就开始农业土地经营规模的探索。21 世纪以后，我国土地规模利用出现了新的社会背景：首先，我国颁布了《中华人民共和国农村土地承包法》，为促进我国扩大农业土地经营规模提供了制度保障；其次，我国加入了 WTO，农业竞争压力增大，国际化程度提高，也为扩大农业经营规模增添了动力；最后，“三农”问题突出，我国提出了现代农业建设的国家战略，培育农业经营组织，扩大经营规模，提高农村土地流转效率，成为改革中面临的重大课题。

二、农业土地适度规模经营的必要性

在市场经济国家，农业土地经营规模的扩大一般是随着工业化的进展而出现的。因为工业化的进展，一方面为农民扩大土地经营规模提供了经济动力，另一方面又为扩大土地经营规模创造了条件。

（一）农业土地规模经营的必然性

1. 农业现代化的要求

高度分散、过小规模的生产经营方式不利于吸纳先进技术和采用现代设备，阻碍了技术进步发展及生产要素的使用效率增加。土地过于狭小一方面影响了机械作用的效率，使用机械耕作很困难；另一方面使得多种机械作业难以施展，从而限制了农业机械类型的增加。加之小块土地经营农户经济实力差、资金少，科技文化素质低，新工艺、新技术、新产品的推广应用都会遇到阻碍。实现农业规模经营会增强农户的经济实力，使经营者更加重视农业科学技术成果的采用，降低劳动强度和生产成本。

2. 提高农业国际竞争力的根本途径

加入 WTO 后,我国农业是面临冲击最大的一个行业,无论是农产品市场占有率、市场竞争力,还是国际市场竞争中的地位都处于劣势。我们应审时度势,化压力为动力,积极推进规模经营,加快改造传统农业的步伐。我国目前农村中的一家一户的分散经营的传统经营方式根本不能与国际规模社会化大生产竞争。我国许多农产品在品质、营养、安全性等方面都达不到国际市场的质量标准,致使我国许多农产品走不出国门。要保护我国农业,提高我国农业竞争力,就要实行规模经营,使土地相对集中,适应市场变化,与国际市场接轨。规模经营有利于增加对农业生产的资金投入和设备投入,强化农业内部的积累机制,提高农业的自我发展能力,将我国的传统农业改造为现代化农业。

3. 工业化和城市化发展的必然选择

随着工业化的进展,小规模农业经营与非农产业之间的劳动生产率差距越来越大,造成农民的收入显著低于非农产业的从业者,农民为了缩小收入差距,提高农业劳动生产率而扩大土地经营规模。而农业剩余劳动力也逐渐转移到非农产业,劳动力工资开始上涨,劳动相对于资本变得越来越昂贵,促使农业实现以资本替代劳动的机械化。而大规模经营在市场竞争中处于有利地位,农民为了摆脱小规模经营在市场竞争中的不利地位,享受购销阶段的规模经济也会选择扩大土地经营规模。

(二)农业土地规模经营的条件

1. 劳地比降低

劳地比降低扩大农地经营规模的前提条件。要降低劳地比,一是要增加可耕地面积,二是要减少农业劳动力。前者只有在有荒可开、有地可造的地方才是现实的;后者则是通过农业劳动力在非农部门就业的增加来实现的,是降低劳地比的普遍的现实的途径。

2. 农业机械化水平的提高

农机化水平的提高,必然要求扩大土地经营面积,同时也为以少量的家庭劳动力经营较大规模的土地提供了可能。

3. 经营者素质的提高

这些素质包括经营者知识的广度和深度,管理能力、责任心等。国内外的实践都证明,在其他条件相同时,经营者素质对成功的规模经营影响相当大。

4. 农业社会化服务的加强

较大规模经营的成功与否,在相当程度上取决于农业产前、产中、产后的社会化服务状况。这种服务的项目越广泛,质量越高,农业土地适度经营规模的实现可能性也越大。

三、实现农业土地适度规模经营的途径

(一)农业土地适度规模的特点

农业土地适度规模经营,是指在我国现行的土地制度和经营条件下,能够取得最佳土地规模效益的农业土地经营规模。农业土地适度规模经营所要求的土地规模并不是固定

不变的，它是一个相对的、动态的尺度。农业土地适度规模经营具有以下特点。

1. 地区性

由于各个地区的条件各不相同，具有各不相同的农业土地适度经营规模。例如，土地资源的丰缺程度决定着适度土地经营规模的数量级。从世界范围来看，美国、加拿大等土地资源丰富的国家，农业企业土地经营规模处于较大的数量级上，而日本、韩国等土地资源相对匮乏的国家，农业企业土地经营规模处于较小的数量级上。中国的情况也是如此，土地资源丰富的东北地区，与人多地少的江南稻区相比，各自的土地适度经营规模不可能相同。

2. 动态性

农业土地经营规模的适度值是多种自然因素和经济条件综合作用的结果，随着时间的推移，各种条件的变化，适度值也必然会随之变化而呈现出动态性。以经济发展而言，工业化水平的提高，农业劳动力的转移，农业现代化的实现，都必然影响到农业土地经营规模的适度值。

3. 层次性

农业土地、农业机械、农业劳动力等生产力要素的数量和质量不同，农业生产经营组织形式不同的经营单位，有各不相同的农业土地适度经营规模。这一特征要求我们在具体确定某一区域、某一生产经营单位的适度经营规模时，一定要坚持具体问题具体分析，除了考虑到它与其他区域或其他生产经营单位的共性特征之外，还必须考察其生产力要素层次的特殊性和农业经营形式的特殊性。

4. 适应性

不同经营项目的生产经营单位具有不同的土地适度经营规模。例如，经营蔬菜的农户的土地适度经营规模一般要小于种植大宗作物的土地适度经营规模；即使是同样种植大宗作物，由于作物种类不同也仍然会有较大的差异。

（二）我国实现农业土地适度规模经营的途径

1. 建立合理的农地流转机制

土地流转可以解决家庭联产承包经营中平均分配土地造成的土地规模过小问题，打破原有一家一户分散经营的小农经济格局，实现土地规模经营，产生规模效益。土地流动的基础条件就是在坚持土地公有制的前提下，通过明晰产权，恢复土地的商品属性和资本属性，实行集体经济组织最终所有权与农户承包权、经营权分离。

我国扩大农业土地经营规模的实践，首先在沿海地区或大城市郊区出现，就是因为这些地区非农产业发展迅速，工业化的进展快于其他地区。因此，在具体的实践中，我们必须注意两个问题。

首先，尊重农业土地经营规模扩大的经济规律，坚持农民自愿的原则。土地规模经营的形成有其自身的经济机制，我们的实践不能超越这种经济机制。同时，农民作为独立的商品生产者，有权选择经营方式和经营规模，各层次的决策者必须尊重农民的意愿和选择。适度规模经营，是土地生产要素在比较利益驱动下流动和重组的结果，以农民具有扩大土地经营规模的经济动力为前提。

其次,必须注意实现农业土地规模经营的条件。一方面,当条件不具备时、决不能人为地去扩大土地经营规模;另一方面,当条件已经具备时,就应不失时机地采取相应的对策和措施,促进农业土地经营规模的扩大。

从空间上讲,农业土地适度经营规模实现条件的形成是不平衡的。经济相对发达的沿海地区或大城市郊区条件首先成熟,可以先发展;而另一些地区,目前尚不具备条件可以缓发展。总之,要视具体情况而定,决不能一刀切。从时间上看,条件的发育是有一个过程的,这就决定了中国农业规模经营的渐进性。就全国而言,由农户小规模经营过渡到较大规模经营是一个相当长的过程,决不能一蹴而就。

2. 完善农村土地流转市场

发展农业规模经营,促进农村土地的合理流转是基础。中国农地流转市场存在明显的进入门槛,即使进入后流转农户也不能通过流转市场实现完全调整,而且农资设备、劳动力(特别是人力资本)市场的不完善程度也很严重。农地流转市场发挥了将土地这种“不能移动”的要素移动起来的功能,从而优化了生产要素比,最终提高了农业生产效率。因此,让农户敢于流转就要降低流转市场的成本,让农户易于流转。

完善农村土地流转市场是促进土地集中连片、实现规模经营的根本途径,为农地规模经营提供可能。完善农村土地流转市场应做到以下几点:一是农村土地资本化。农村土地资本化就是要通过从国家购买农地发展权的途径,明确变更农地使用性质时所带来的收益,用来补偿因土地权利变化而对农民造成的利益的损失。二是培育土地流转中介组织。通过土地流转中介组织的建立,可以减少土地交易的费用。农村土地银行可以将其吸收来的零散土地通过整理的方式进行开发,储备在土地银行中,再根据市场的需要,将储备的土地放贷给需要用地的经营者。三是构建土地承包经营权流转市场框架。构建清晰的土地流转市场框架,分清责任主体,能够顺利推进流转的进行,建立土地流转市场的服务主体,清楚土地流转的监管主体,充分发挥各部门的监管作用。

第三节　城市土地规模利用

2019 年,我国城镇化水平已达到 60.6%,但仍低于发达国家 86% 的水平。如何获得最大的城市规模效益? 本节结合我国的实际,考察城市规模与土地利用效益之间的关系。

一、我国的城市土地规模效益

城市规模是指在城市地域空间内集聚的物质与经济要素在数量上的差异及层次性。它主要包括人口规模、经济规模、土地利用规模这三个相互关联的有机组成部分。一般认为,土地利用上的城市规模效益来源于两个方面:一是随着城市规模的扩大,人均创造的 GDP 不断提高的结果;二是随着大城市规模的扩大,人均占用的土地面积不断节约。城市规模越大,人均用地也就越节约。

从表 12 - 1 可以看出,超大城市的 GDP 最高,特大城市和Ⅰ、Ⅱ型大城市的地均 GDP

仅相当于中等城市的 2 倍，中等城市的地均 GDP 是Ⅰ型小城市的 1.3 倍，而Ⅰ型小城市的地均 GDP 又是Ⅱ型小城市的 1.5 倍。可见在土地利用上，城市规模效益显著。显然，这些分析仅仅反映了城市集聚经济所带来的经济效益，而没有考虑城市集聚不经济所造成的外部成本。一般来说，直接享受集聚经济效益的是企业，而直接负担集聚不经济成本的是消费者。所以，与经济效益相比，外部成本的估计要困难得多。

表 12－1　2018 年我国不同规模城市的经济效益比较

城市规模等级	超大城市	特大城市	Ⅰ型大城市	Ⅱ型大城市	中等城市	Ⅰ型小城市	Ⅱ型小城市
城市人口规模/万人	1 000 以上	500 ~ 1 000	300 ~ 500	100 ~ 300	50 ~ 100	20 ~ 50	20 以下
地均 GDP /（万元/平方千米）	190 912 （506）	141 126 （374）	167 133 （443）	175 358 （464）	74 803 （198）	56 969 （151）	37 754 （100）
人均 GDP /（元/人）	172 465 （282）	142 610 （233）	154 483 （252）	84 421 （138）	67 174 （110）	81 781 （134）	61 220 （100）
人均用地 /（平方米/人）	88 （45）	99 （51）	97 （49）	92 （47）	94 （48）	143 （73）	196 （100）

说明：①各指标均为全国地级以上城市 2018 年的实际数；括号内为以 20 万以下的Ⅱ型小城市的数据为 100 时进行比较得出的比较数。②根据《中国城市统计年鉴 2019》有关数据计算得出；统计范围仅包括市辖区，均不含市辖县；城市人口按照市辖区户籍人口数计算。

王小鲁等人在《优化城市规模，推动经济增长》一文中，不仅计量分析了城市规模总效益，还推算了包括政府负担部分和居民负担部分在内的外部总成本，从而得到了城市规模净效益随城市规模的扩大而变化的情况。如表 12－2 所示，城市规模为 100 万～400 万人时，都可以获得较大的规模净效益；城市规模为 200 万人时，规模净效益最大，大约相当于城市 GDP 的 19%；城市规模小于 200 万人，则规模净效益随着城市规模的扩大而递增，超过 200 万人之后，则规模净效益随着城市规模的扩大而递减。①

综上来看，在我国存在着城市规模效益，但城市的规模扩大不是无限的，它存在一个最佳合理的规模，在这样的规模下，城市土地利用效益最大。为了获得最大的城市规模效益，必须努力实现城市的适度规模。

表 12－2　我国城市的规模效益和外部成本

城市规模 /万人	规模总效益 /%	外部总成本 /%	政府负担外部成本 /%	居民负担外部总成本 /%	规模净效益 /%
10	11.25	11.79	4.87	6.92	－0.54
20	18.28	12.94	4.30	8.64	5.34

① 王小鲁，夏小林. 优化城市规模，推动经济增长[J]. 经济研究，1999(9)：22－29.

表 12－2(续)

城市规模 /万人	规模总效益 /%	外部总成本 /%	政府负担外部成本 /%	居民负担外部总成本 /%	规模净效益 /%
30	22.92	14.14	4.18	9.96	8.78
50	29.13	16.32	4.24	12.08	12.81
100	37.95	20.77	4.72	16.05	17.18
200	46.83	27.66	5.75	21.91	19.17
300	51.91	33.31	6.70	26.61	18.60
400	55.41	38.29	7.58	30.71	17.12
600	60.18	47.07	9.18	37.89	13.11
800	63.41	54.87	10.65	44.22	8.54
1 000	6582	62.04	12.04	50.00	3.78
1 200	67.73	68.76	13.36	55.40	－1.03
1 500	69.98	78.23	15.26	62.97	－8.24

注:①无论效益还是成本,都是相对值,即其占 GDP 的百分比;②有关规模效益和外部成本的内涵和推算方法参照《优化城市规模,推动经济增长》。

二、适度城市规模的确定

(一)集聚经济与城市规模的关系

集聚经济与城市规模有强烈的关联性,一般情况下,呈正相关,但随着城市规模的扩大,也会产生集聚不经济。在市场经济条件下,现实的城市规模就是由以上的集聚经济和集聚不经济的平衡关系所决定的,如图 12－2 所示。如果我们用城市居民人均效用水平的变化来反映集聚经济和集聚不经济的综合作用的结果,那么在其他条件完全相同的情况下,城市居民的人均效用水平就会随着城市规模的扩大而呈现如下的变化:开始时随着城市规模的增大而增加,到达一定城市规模后,集聚不经济逐步增强,不断削弱集聚经济的作用,甚至超过集聚经济作用。城市人均效用水平最高时的规模,就是最佳城市规模。①

当城市规模扩大到已经超过适度城市规模时,增加城市的数量,使现有城市人口分流到其他城市,无疑可以提高现有城市人口的效用水平。但是,在市场经济的条件下,存在着城市规模过大化的趋向。当城市规模较大时,人口流入城市,因为城市规模扩大效用水平会降低。而人口流出城市,因为城市规模缩小效用水平会上升。所以,人口流入城市,会因为效用水平的下降,而发生向其他城市的流出,使得城市规模回到原来的均衡水平。由此可知,大于适度城市规模的城市规模是稳定的市场均衡。

① 何芳.城市土地经济与利用[M].上海:同济大学出版社,2004:103.

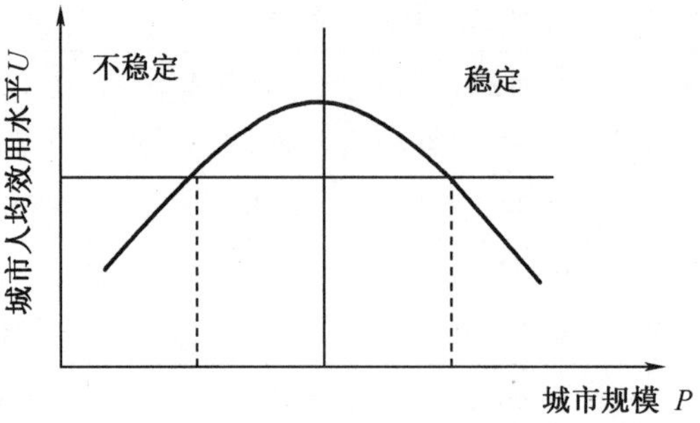

图 12－2　城市规模与城市人均效用水平关系图

市场经济不存在对这种状况进行自我修正的机制，因此，我们必须正确理解我国城市发展中，“严格控制大城市规模，合理发展中小城市，积极发展小城镇”的基本方针，不能绝对化。在注意克服大城市过于膨胀带来的集聚不经济，即所谓的“城市病”问题的同时，不能因为要控制大城市的规模，而单纯追求城镇数量的扩大，而应关注城镇体量的增长，尽快达到适度规模，实现最大的规模效益。

（二）城市规模与土地利用效率

城市化不可避免要占用大量土地，但城市化与耕地保护不仅仅是占用与被占用的关系，从长期发展来看，城市规模越大，土地利用越集约，经济效益越高，公共设施的利用率也就越高。这实质上是城市集聚效应作用的结果。从市场经济的效益评价标准来看，相对于其他城市类型，大城市的效益更具有比较优势。统计分析表明，大城市的经济效益、社会效益、土地利用等综合效益都比较高，如表 12－3 所示。

表 12－3　城市土地利用统计分析表

城市规模/万人	人均用地/平方米	人均 GNP/元	百元固定资产实现利税/元
>200	52.2	5 894	17.7
100～200	71.2	4 329	15.3
50～100	74.5	4 386	12.9
20～50	79.5	3 035	10.2
<20	87.5～111.75	1 769	13.4
合计		3 057	13.7

资料来源：陈伟民，蒋华园. 城市规模效益及其发展[J]. 政策财经科学，2000(4)：67－70.

集聚意味着在单位面积土地上的资本、技术、人力投入的增加，土地集约利用强度增大。从人均用地面积来看，城市规模的扩大存在明显的规模效益。这是因为，城市规模的扩大造成的人口集中导致对土地需求的增加，使城市土地的价格上升。在市场机制的作用下，企业会做出尽可能节约土地的经营决策。土地价格的上升，意味着相对于资金、劳动等其他生产要素而言，土地变得越来越昂贵。一方面，为了追求利润最大化，企业会选择技术方案,尽量用其他相对便宜的生产要素代替越来越昂贵的土地,实行土地的集约化经营。另一方面,为了获得总益的平衡,单位建筑密度会提高,建筑层数会增加。因此,城市规模越大,土地经营集约度就越高,人均土地的利用也就越节约。对小城镇应积极扶持其成长,尽快达到适度规模,只有这样,才能有效节约土地,把过高的小城市人均用地指标降下来,降到与国情相符,土地承载力可接受的范围。

三、房地产开发和土地规模利用

(一)公共设施的不可分性与土地规模利用

房地产开发项目投资内容多样,并不是所有的投资都是可以无限细分的,总会有其中的一部分属于整个项目的公共部分。正是这个公共部分的存在,使得在房地产开发中土地规模的扩大,可以获得规模效益。

公共投资部分所完成的一般都是开发项目中的公共设施。在居住小区,它们可能是商店、医院,也可能是学校。在科技小区,它可能是一个科研单位,可以共同使用的科技情报中心。如果一个房地产开发项目用地规模过小,没有土地建设必需的公共设施,或者不能使建成的公共设施获得最大限度的利用,那么土地规模的扩大,就可以增加开发的经济效益。以居住小区的开发为例,在附近没有可以共用的公共设施的情况下,如果一个新建的居住小区没有土地来建设商业、医疗、娱乐等最基本的公共设施,那么小区的住房价格必然会降低,从而影响开发的经济效益。同样,虽然在小区内建设了商业、医疗、娱乐等最基本的公共设施,但是因为小区规模过小,提供服务的收益不能维持公共设施自身的正常运转,那么就会因为公共设施投资和维持费用的分摊成本过高而影响开发的经济效益。

因此,在房地产开发中,存在一个能够满足开发项目功能发挥所需的基本公共设施建设的要求,并使得基本公共设施得以充分利用的最低的合理用地规模。以居住小区开发为例,其合理用地规模主要受以下三个方面因素的制约。

第一,所设置的居住区级商业、文化娱乐、医疗公共设施的经济性和合理的服务半径。所谓合理的服务半径,是指居住区内居民到达居住区公共服务设施的最大步行距离,一般为 800 ~1 000 米,在地形起伏的地区还应适当减少。

第二,城市道路交通方面的条件。为了适应现代城市交通发展的需要,城市干路的合理间距一般为 700 ~1 000 米,因而城市干路所包围的用地往往是决定居住区用地规模的一个重要条件。

第三,居民社区活动和管理方面的影响。居民在居住区里不仅仅是一个居住的问题,还要满足他们参加社区文化生活、得到社区服务、接受社区行政管理的要求,这要求居住区的用地规模应该与最基层的社区管理机构的管理能力相适应。

此外,开发土地规模的扩大,使新的或者更好的公共设施的建设成为可能,从而增加开发项目的价值,也可以提高开发的经济效益。例如,一个居住小区原本因为开发用地规模小,不可能建立学校这样的公共设施,现在用地规模扩大了,可以建立小学校,这就极大地方便了小区的居民。自然,小区的房产也会因为便利程度的提高而增值。

（二）开发过程中的外部性与土地规模利用

房地产具有在区位上有差异，与特定土地固定相连，一旦建成无法移动等特点，房地产开发必须与整个城市形态的规划、设计、城市改造及城市基本建设相结合，这些特点决定着房地产开发过程中存在外部性。对于房地产开发项目来说，扩大土地利用规模可以使得许多外部性问题“内部化”，从而提高房地产开发的经济效益。

1. 外部经济“内部化”带来的经济效益

在公共设施附近开发房地产项目，会给房地产带来外部经济，使得这一部分房地产因为环境的改善而升值。当开发用地的规模扩大到这一部分土地之后，原来不属于开发商的这部分升值，自然就提高了开发商的经济效益。还有，人口的聚集必然形成一定的市场需求，例如对日常用品的需求。在开发规模较小时，这种需求只能作为一种外部经济，给周围的商业设施带来利益。当开发规模扩大到一定程度时，就可以结合着商业设施一起进行房地产开发，把这种需求利用起来，从而提高开发的经济效益。

2. 外部不经济“内部化”带来的经济效益

房地产开发的外部不经济，具有项目区和周围环境互相影响的特点。交通拥挤、环境污染、影响周围建筑物的采光、日照等外部不经济，势必使得开发项目的周围地区的房地产贬值，使得整个地区的价值档次下降，这样实际上也会反过来影响开发房地产的价值。许多外部不经济的产生原因是开发土地规模过小，例如，污水引起的环境污染，可能是开发土地规模太小，建设处理系统或者输送管道系统的分摊成本过高的缘故。土地开发规模扩大后，由于可以充分利用，降低了分摊成本，就可以建设处理系统，改善开发项目及其周围整个区域的环境品位，从而使开发项目的房地产增值，提高开发的经济效益。而在一些因为外部性的存在使得单独开发的效益很低的旧城区，把本来独立的棚户、破落住宅和工厂圈定在同一个改造区内进行大规模的综合开发，更是一个通过外部性问题的“内部化”实现规模经济效益的行之有效的方法。

房地产的价值不仅取决于其建筑结构状况，也取决于邻近房地产的状况。在城市旧区中，如果周围的环境不利于房地产价值增值，那么房主和房地产商单独建造、改善或修理房屋也将得不到合理的市场报酬。为了打破这种恶性循环，必须采取集体行动，通过扩大开发规模使外部性问题“内部化”。政府的措施是确定特定的城区为“被改造旧区”，进行整个城市旧区的综合改造和开发。实行整个城市旧区综合开发后，开发的资本收益率得到提高，就可以把具体的综合改造和开发交由一个大型开发企业来进行，政府自然也就不必为旧区改造支付巨额财政开支。

【核心概念】

土地利用规模，内部规模经济，外部规模经济

【问题与探索】

1. 分析土地规模经济的来源。

2. 分析土地规模报酬变化的三种情况。
3. 农业土地规模经营的条件是什么？
4. 如何区分集聚经济和规模经济？
5. 城市土地规模与利用效率的关系是什么？
6. 实现农业土地适度经营规模的途径是什么？
7. 试分析适度城市规模的确定。

【案例分析】

黑龙江望奎："大农机"演活土地规模经营"大戏"

自2004年3月以来，黑龙江省绥化市望奎县在省有关部门的支持下，共投资1 923万元，组建16个农机作业合作社，装备80马力以上拖拉机82台，大型农具173台(件)，联合收割机19台，建设场库棚16处。经过两年的运营，农机作业合作社在促进农业增产、农民增收，加快土地流转，提高标准化作业水平和加快新农村建设上发挥了重要作用。用"大农机"演活了土地规模经营"大戏"。

该县为切实发挥合作社在农业生产中的重要作用，对农机作业合作社实行了三级联管责任制。在县、乡、村各级人民政府与村民委员会之间签订了农机作业合作社管理责任状，确定乡镇长和村委会主任为合作社管理的第一责任人。为防止农机作业合作社私自将机具卖掉，合作社机具下摆到位后县农机监理站随即登门服务，统一为机车办理落户手续，16个合作社的82台拖拉机、19台联合收割机全部落户挂牌，有效防止了私自变卖机具现象的发生。依据生产运营实际，该县还统一制定了农机作业合作社财务、生产、培训、安全、质量、维修、保养等10多项规章制度，尤其是在财务、机务和生产上实行了"四统一"的管理办法。为了提高农机作业合作社的从业人员素质，切实发挥大型机具的应有效能，该县坚持利用农闲季节举办培训班，对合作社的管理、财务、驾驶操作人员进行全面的技术培训。几年来，已举办培训班3期，培训人员达120多人次。

大型农机作业促进了土地规模经营与农村劳动力转移。该县在不改变土地承包权的前提下，放活了土地使用权，积极引导土地流转，并通过加大宣传发动力度，加快发展二、三产业，扩大对外劳务输出等措施，推动土地逐步向产粮大户、农机大户有偿流转。目前，该县农户种地最多的约1 000亩，每个合作社所在村都有400亩以上的种粮大户，为大型机械深松联合整地拓宽了发展空间。农业机械化程度的提高，使大量的劳动力从土地中解放出来，从事养殖业等第二、第三产业或外出打工。望奎县红光村组建农村作业合作社以后，有将近50%的劳动力从土地中转移出来，全村外出打工人员达到300多人，养猪人员100多人，年增收200多万元。

大型农机作业提高了农业生产的质量和社会综合效益。大型农机具的推广和使用，使多年来用小四轮作业的耕地得到了彻底耕暄，解决了土地荒、瘦、硬问题，打破了犁底层，加深了耕作层，提高了土壤蓄水保墒和抵御自然灾害的能力。如今，每个乡镇都建设了千亩以上的农机标准化生产示范园区，大力推广大豆大垄高台密植新技术，亩均比常年增加80

斤左右。

农村作业合作的组建，不仅改变了过去那种只种地不耕翻的问题，同时也壮大了集体经济。莲花镇宽五东村利用集体股份在合作社分得的红利，为村民上了养老保险，村民年满 60 岁就可以领取养老金，使农民也享受到了退休待遇。

思考：土地规模利用给农村带来了哪些变化？

第十三章　土地集约利用

【内容提要】

本章主要包含以下内容：

1. 报酬递减规律的形成；

2. 土地集约利用的途径；

3. 农用地及城市土地规模利用。

【引导案例】

多措并举推进节约集约用地工作

合肥市是国家级节约集约用地试点，节约集约用地评价排名多年保持省内地级市第一。2012—2016 年，合肥市的 6 个县(市)先后成功创建全国国土资源节约集约模范县，受到自然资源部通报表彰。2017—2020 年，连续 4 年获得落实国务院大督查土地利用计划指标奖励。在 2019 年自然资源部对全国各地级市节约集约利用整体评价排名中，合肥市位居 288 个地级市的第 29 位，80 个中部城市第 4 位，省会城市第 10 位，省内地级市第 1 位。在全国国家级开发区 2019 年土地集约利用监测统计结果排名中，合肥出口加工区、合肥综合保税区、合肥经济技术开发区、合肥高新技术产业开发区名列前茅。

理念先行 引领节约集约

在决策层面，合肥市将节约集约用地思想自觉化为各级领导干部的行为准则。把节约集约用地作为“立市之本”来夯实，作为“城市文化”“城市名片”来培育。在宣传层面，通过宣传专栏、宣传周、口袋书、国土讲堂等形式，让节约集约用地理念深入千家万户。

制度跟进 保障节约集约

近年来，合肥市边探索、边实践、边规范，建立健全一系列制度机制。建立土地管理委员会集体决策制度。自然资源管理由部门层面上升为党委政府层面，提高了决策的科学性，促进了节约集约用地，建立了节约集约用地目标考核制度。在具体操作方面，建立了工业项目用地规模预核定、划拨土地使用权最低价款、土地利用“双向约束”、阳光地产等制度，精准把控最容易产生土地粗放利用的各个环节。

规划统筹 促进节约集约

合肥市切实发挥规划对节约集约用地的统筹管控作用，确立“1331”城市空间发展战略，以公共交通引导城市组团式发展；坚持“多规合一”的空间管制制度，科学划定永久基本农田红线、城镇开发边界和生态保护红线，控制城市无序蔓延；重点突破，点线面结合，完成城镇低效用地再开发利用专项规划、城市地下空间开发利用规划、滨湖新区及三大开发区节约集约用地专项规划、土地整治专项规划。

措施创新 推动节约集约

运用城乡建设用地增减挂钩政策，采取“整村推进”土地综合整治，实现农业生产、生态景观和人居环境的全面提升；利用集体建设用地建设租赁住房试点政策，盘活存量集体建设用地、闲置农房与空闲宅基地，既实现了新市民的住房需求，又为集体经营性用地入市进行了初步探索；在开发园区建设中设立投资强度、产出强度、建设强度等供地门槛，推广标准厂房模式，工业用地集约度显著提升。城市综合体与轨道车辆段综合开发利用，有力提高了新区建设品质与土地综合承载力。

存量盘活 助力节约集约

合肥市将存量建设用地再开发利用作为重点工作推进，坚持严控增量、盘活存量，认真开展“批而未供、供而未用”土地清理和闲置土地处置工作。

通过推进土地节约集约利用，合肥市土地利用指标明显优化，土地利用监管成效突出，节约集约用地评价结果更优。

资料来源：洪曙光，孙莉莉，郭佳佳. 多措并举推进节约集约用地工作[N]. 安徽日报，2022－11－05(6).

所谓“土地集约利用”，就是在土地上合理增加物质与劳动投入，以提高土地收益的经营方式。“土地报酬递减规律”就是通过对土地投入与产出关系的研究，来回答土地投入达到何种程度能够取得土地最高收益这一问题的。随着人口的增长，社会经济的发展，人类对土地的需求也日益增加。但土地的供给，尤其是耕地的供给非常有限，原来的粗放经营难以满足人类的需求，所以实行集约利用，提高土地的利用效益是必然选择。

第一节　土地报酬递减规律

土地报酬递减规律是指在一定的科学技术水平和生产条件下，对土地某项投入的增加超过一定限度后，总报酬的增加就会出现递减趋势。受土地集约利用报酬递减规律的影响，土地利用集约度不能无限制地提高，当对土地投入的资本、技术和劳动力达到经济报酬递减点时，此时土地边际效益等于边际产出，这一临界点就是土地利用集约边界，这时的土地利用为理论上的集约利用，没有达到集约边界的土地利用为理论上的粗放利用。

土地报酬递减理论是研究土地集约利用的经典理论，土地报酬递减规律的客观存在，在其他要素保持不变的情况下，土地收益将随某一投入量不断增加出现由递增到递减的现象，土地收益随投入增加反而呈现出递减的效果，这显然不是土地集约利用的最终目标。

一、土地报酬思想及演变

（一）土地报酬递减规律的认识

自人类利用土地从事生产劳动的时候起，土地报酬递减规律就客观上存在了。但是人类发现这一规律的历史并不长。最早注意这一现象的，是生活在17世纪中叶的威廉·配第，他发现一定面积的土地的生产力有一个最大限度，超过这一限度之后，土地生产物的数量就不可能随着劳动的增加而增加了。

对土地报酬递减规律的内涵进行详细表述的，要首推18世纪法国重农学派后期代表人物杜尔阁。他在18世纪70年代所写的短评中谈道："撒在一块天然肥沃的土地上的种子，如果没做任何土地的准备工作，这将是一种几乎完全损失的投资。如果只添加一个劳动力，产品产量就会提高；第二个、第三个劳动力不是简单地使产品产量增加一倍或两倍，而是增加五倍或九倍，这样，产品产量增加的比例会大于投资增加的比例，直到产量增加与投资增加的比例达到它所能达到的最大限度时为止。""超过这一点，如果我们继续增加投资，产品产量也会增加，但增加得较少，而且总是越来越少，直到土地的肥力被耗尽，耕作技术也不会再使土地生产能力提高时，投资的增加就不会使产品产量有任何提高了。"但杜尔阁没有把这段文字明确定义为"规律"。

中国经济学界的研究者认为，首次正式提出"土地报酬递减规律"的是英国威斯特，他在1815年所写的《资本用于土地》一书中说道："劣等土地之所以必须日渐耕垦，就在于'土地报酬递减律'之故。"他还对报酬递减律规定了一个明确的内涵："在耕作改进的过程中，原生产物数量的增加将耗费日益增大的费用，或者换句话说，土地纯产品和它的总产品的比例是持续递减的。"在前半句，威斯特指的是边际产量，在后半句，则指的是平均产量，但威斯特没有明确提出这些概念，这也许是当时学术界还不完全清楚"边际产量"和"平均产量"的区别之故。

（二）土地报酬递减规律思想的中期演变

据研究，最早系统地提出"土地肥力递减规律"的是马尔萨斯。他曾从三个不同的角度来阐述这一规律，其中最典型的观点是"按耕作进展的比例而增加的年产量，和以前的平均增加额比较起来，必然是逐渐地并不变地减少下去的"。马尔萨斯的这一结论和杜尔阁的结论有所不同：(1)杜尔阁是从微观角度，如某个农场或一个生产单位来分析问题的，马尔萨斯是从宏观角度，如全社会的农业来分析问题的；(2)杜尔阁的分析是限制在一季、一种作物的生产过程内，而马尔萨斯的分析是人类整个社会生产过程；(3)杜尔阁的分析对象是对同样土地的同种作物的不同量的劳动投入所带来的产量变化，而马尔萨斯的分析对象是不同年代、不同土地、不同作物的不同投入所带来的产量的平均变化；(4)对这一规律的认识，杜尔阁较全面，他不仅看到了土地报酬的递减，还看到了在此之前的报酬递增，而马尔萨斯只看到报酬递减，而没有看到在此之前的递增。正因为对这一规律认识的片面性，导致了马尔萨斯后来的"人口论"的出笼。

资产阶级古典经济学家大卫·李嘉图1817年在其《政治经济学及赋税原理》一书中，把土地报酬递减当成产生地租的原因。他说："如果优良土地的存在量远多于日益增加的人口所需要的生产粮食量，或者是在旧有地上可以无限地使用资本，且无报酬递减现象，那么，地租便不会上涨，因为地租总量是由于追加的劳动量所获报酬相应地减少而产生的。"并认为，"如果在同一块土地上连续追加投资，总收获量不是递次减少，而总是成比例递增的话，那么社会对农产品的全部需求尽可能在优等地上连续追加投资而取，就不需要从优等地过渡到耕种劣等地，也就不会产生级差地租了。"实际上，级差地租并不是耕作顺序由好地向劣地扩展造成的，而是由于同量的投资所产生的收获量不同。级差地租Ⅰ就是由于同量的劳动投入不同等级的土地，其产出量不同所致；而级差地租Ⅱ是由于在同一块土地上连续追加投资，每次追加投入的产出量不同造成的。

（三）土地报酬递减规律思想的发展和完善

19世纪初以前，西方经济学者把报酬递减规律局限在农业范围内，再加上当时的实验手段和认识手段有限，对"土地报酬递减规律"的认识是比较片面的。19世纪初以后，其他领域科学技术的迅猛发展，为全面认识这一规律提供了实验上、数学上、经济学上的条件。及至20世纪中叶，一些科学家、数学家和经济学家已从以下五个方面进一步丰富和完善了"土地报酬递减规律"思想。

（1）西尼尔（N. W. Senior）在1836年给这个规律的内涵添加了"农业生产技术保持不变"这一重要条件。这一条件可以说是"土地报酬递减规律"得以成立的最基本条件。因为许多学者没有注意到西尼尔已加上了这个条件，因而仍然否认"土地报酬递减规律"的存在。

（2）引入了"若干生产要素投入量保持不变"作为报酬递减律发生作用的前提条件。美国经济学家克拉克（J. B. Clark）在他1900年出版的《财富的分配》一书中把生产中的要素分为不变类和可变类，而可变类只是一种（这样便于分析问题）。在边际报酬达到最高点以前，不变要素的比重大于变动要素的比重，也就是说，变动要素的功能全发挥出来了，而不变要素的功能只有效地发挥了相应的一部分。所以，随着变动要素投入的增加，变动要素的总体生产率就大幅度上升，其边际生产率是递增的，直到边际生产率达到最高。边际生产率达最高点后，变动要素和不变要素的比重就趋于平衡，也就是说，不变要素的功能就逐渐发挥殆尽。所以，尽管总产量是上升的，但变动要素的边际产量是递减的。当边际产量为零时，总产量也正好达到最高点。如果还要增加变动要素，因其增加过多，与不变要素不成比例，妨碍不变要素发挥作用，总产量反而下降。

要理解上述思想，就需要重新认识不变要素。从表面上看，不变要素自身没有变化，但其内部能真正对生产发挥作用的成分或部分却由于可变要素投入量的变化而变化。这才是辩证唯物主义的观点，变是绝对的，不变是相对的。从上述分析，还可得出一个新结论，即土地的报酬一直是增加的，变动因素的报酬才有递增和递减过程。

（3）研究报酬的领域，从农业生产部门回到了农业生产单位。最先从农业生产单位来研究土地报酬递减律的是配第和杜尔阁，后来，斯密、马尔萨斯和威斯特都是从部门生产的角度来研究报酬或肥力递减规律的。到19世纪末,坎南(E. Cannan)挖掘出杜尔阁的报酬递减规律思想。克拉克和马歇尔(A. Marshall)引进生产函数后,这才又把生产单位视作研究报酬变化的基点。

(4)把报酬作为不变生产要素的生产率(如单位面积产量),演变成可变生产要素的生产率。在相当长的时间里,人们说到报酬递增或递减时,都是指总产量或者单位面积产量。当时,研究者们还没有意识到研究可变生产要素的生产率的重要意义。后来,布赖克(J. D. Black)在他的《生产经济学导论》一书中,提出了总产量曲线、平均产量曲线,特别是边际产量曲线的概念和图解,突出了变动要素生产率曲线,使报酬运动曲线趋于完整,为合理配置资源提供了理论依据。

(5)把报酬递减规律从农业领域推广到一般生产领域。美国经济学家克拉克在他1900年出版的《财富的分配》一书中说道:“这个规律是无所不包的,整个经济生活都受到它的支配。在古典著作中对于所谓农业报酬的研究,给我们指出了有关这个规律的一个狭小部分,但这个原则有广泛应用的范围。”现代西方经济学已把土地报酬递减规律扩大到一切生产事业和消费活动的几乎无所不包的领域,而统称为“报酬(收益)递减规律”。

(四)马克思主义土地肥力和土地报酬变化规律的观点

“土地报酬递减规律”一提出,就被一些资产阶级经济学家作为为本阶级利益服务的工具,滥加发挥和运用。马克思主义者针对他们的非科学和反科学的论点进行了批驳。马克思在论述地租问题时曾明确指出:“只要处理得当,土地就会不断改良。土地的优点是,各个连续的投资能够带来利益,而不会使以前的投资丧失作用。不过这个优点同时也包含着这些连续投资在收益上产生差额的可能性。”马克思这段话包含两个意思:一是土地利用得当,其肥力会不断提高;二是对土地连续追加投资,这些投资所取得的收获有提高和降低两种可能性。恩格斯提出了“人类支配的生产力可以无限提高土地收获量”的结论。他指出:“我们可以假定耕地面积是有限的。但是在这个面积上使用的劳动力却随着人口的增加而增加;即使假定收获量并不是永远和花费的劳动量同比例增加,但是我们还有第三个要素——科学。而对科学来说,又有什么是做不到的呢?当地球上的土地才耕种了三分之一,而这三分之一的土地只要采用现在已经是人所共知的改良耕作方法,就能使产量提高五倍甚至五倍以上。”

之后,列宁也对“土地肥力递减规律”做了大量研究。列宁在批判德国的大卫时说:“大卫却继续把这个规律奉为农业的特征。这就产生了不可思议的糊涂观念,因为在科学技术条件不变的情况下,就是在工业中追加投资也要受到极大的限制。可见,我们得出的并不是普遍的规律,而是极其相对的规律,相对地说不上是一种规律,甚至说不上是农业的一个重要特征。”列宁还指出,19世纪的全部历史,用极为不同国家的大量资料确凿地证明:技术进步的暂时趋势使土地肥力递减的普遍规律完全不发生作用,技术的进步可以使相对(有时甚至是绝对)减少的农村人口为日益增多的总人口生产越来越多的农产品。

到了20世纪70年代末和80年代初,中国经济理论界在多年研究的基础上对此“规律”形成了三种有代表性的观点。

第一种观点是完全否定这个规律的存在。这种观点认为马尔萨斯的“土地肥力递减规律”和当代的“报酬递减规律”是同一规律的不同名称,是替剥削阶级辩护的一种经济理论。认为经济史上单位面积土地农产品产量的提高就足以否定“土地肥力递减规律”或“报酬递减规律”。这种观点还认为,“报酬递减规律”把“技术水平不变”作为条件本身就是错误的,不能用这种静止的观点来研究报酬变化规律。

第二种观点可简称为“现象说”。这种观点认为在现实生活中存在报酬递减现象,但这种现象只在一定条件下存在,而不是任何情况下都存在的。因此不能把它作为农业生产的基本规律。

第三种观点认为,在一定范围和一定限度内,报酬递减规律是客观存在的。这是科学实验和生产实践所证明了的。但这条规律只是极其相对地、有条件地适用于技术不变的情况,不能作为具有普遍意义的规律。

二、报酬递减规律的理论基础

自19世纪中叶起,以李比希(J. Lieug)为代表的一批自然科学家,开始从自然科学的角度来探索农业生产要素的投入和产出的关系。经历了一个世纪左右,他们取得了大量的实验数据,最终以生产函数的形式描述了土地报酬变化的规律。在这长达100年的研究过程中,他们的结论也经过了由片面到全面、由肤浅到深入的过程。

当李比希发现矿质肥料在植物生长过程中的作用之后,就提出了“最小因子律”。他认为,一方面,作物产量的多少受所施元素的最小因子的制约;另一方面,作物产量与养分之间有一种线性关系,即产量与养分呈正相关。许多农民因期望获得好收成,就大量施入矿质肥料,结果,事与愿违。

根据这种情况,李比希这一理论被修改成“最佳因子律”,这一新理论认为,作物产量开始和养分成正比直线上升,在养分达到某一量时,作物产量达到最高点,然后作物产量和作物养分的比例呈直线下降的关系。

随着农业科学实验的发展,人们又逐渐发现李比希的所谓直线上升或直线下降的趋势和科学实验结论不符。这些观点归纳起来有两种:一种是,产量上升呈对数曲线,也就是说养分的边际产量在一开始最大,后来则逐步降低。持这种观点的有著名的德国植物生理学家密希利施,他收集了几百份实验结果,并对其中的数据用最小二乘法回归出一条一条的对数曲线,他就是从这些曲线得出结论的。另外一种是,产量上升呈S形,是由逻辑曲线演变而成的。这种观点和今天人们的看法一致,即当养分刚投入时,边际产量很低,随着投入量的增加,边际产量逐渐上升,在达到边际产量最高点后,边际产量转而下降,直至为零,这时,总产量达到最高点。

后来又有人对密希利施的资料重新进行整理分析,发现这一观点本身并没有错(即使现在拟合出的一些生产函数也有是对数曲线的),只是由于在某种养分投入量很低的情况下,其作用很容易为其他因素所影响,因此边际产量递增阶段表现得不明显;另外,有些要素在施用量很小的情况下,土壤中已经含有的量就相对较大了,以至于已经超过了边际产量边增阶段。所以,根据养分施用量和产量所回归出来的曲线,已经是该生产函数曲线的后半段了。

得出上述结论的实验,都是以变动一个生产要素而其他生产要素固定不变为前提的。如果变动生产要素不只是一个,而是两个或三个时,这时所得的产量曲线怎样呢?沃里尼(E. Waliny)做了这方面的实验,他同时变动土壤含水量、光照和施肥三个因素,结果所得的产量曲线是一条向上弯曲的曲线,表现出递增的趋势。

中华人民共和国成立后,中国的农业科学家也为探索这一规律做了大量的实验。如中国农科院土壤肥料研究所20世纪70年代末在山东、河北等9个实验点获得的数据,西北农业大学合理施肥课题组1973—1975年冬小麦N、P水平配合实验所获数据,中国科学院南京土壤研究所、广东省农科院土肥所等在这方面的实验中所获取的数据,通过处理后,回归出的函数曲线与报酬递减律的理论曲线几乎完全一致。

到目前为止,国内外大量的同类实验都无一例外地证明了实物形态的报酬递减规律的客观存在。

三、土地报酬递减规律的定量分析

农业生产的函数关系可以表示为

$$y=f(x_1,x_2,x_3,\cdots,x_n) \quad i=1,2,\cdots,n$$

式中 Y——产量;

f——函数关系;

x_i——投入的各种生产要素数量。

为了研究生产要素的最佳投入量,人们常把其他生产要素固定在某一水平上,而只研究其中一种生产要素与总产量的关系。这时,这种关系的函数表达式为

$$y=\varphi(x_i)$$

式中 y——总产量;

φ——新的函数关系;

x_i——某一生产要素的投入量。

这个函数表明:当某一变动生产要素的投入量为 x 时,所生产出的产量为 y。通过这一函数式,还可以求出生产要素的平均产量(AP)、边际产量(MP)以及生产弹性(EP)。

平均产量(AP) $=y/x$,它表示平均每单位生产要素所生产出来的产量。

边际产量(MP) $=\Delta y/\Delta x$,Δx 表示变动生产要素的增加量,Δy 表示在相应情况下总产量的增加量,二者之比表示每增加一单位某种生产要素所增加的总产量。

其中,$\Delta x=x_{i+1}-x_i$,$\Delta y=y_{i+1}-y_i$,$i=1,2,\cdots,n-1$。如果 φ 函数是连续函数,那么边际产量还可通过其一次导数求得,即

$$MP=\frac{\mathrm{d}y}{\mathrm{d}x}$$

研究报酬变化规律,主要是研究边际产量。

生产弹性 $EP=\dfrac{MP}{AP}=\dfrac{\Delta y}{\Delta x}\cdot\dfrac{x}{y}$ 或 $EP=\dfrac{\mathrm{d}y}{\mathrm{d}x}\cdot\dfrac{x}{y}$,它表示报酬的变化强弱及变化方向。

总产量、平均产量、边际产量的变化用图形表示如图 13－1 所示。

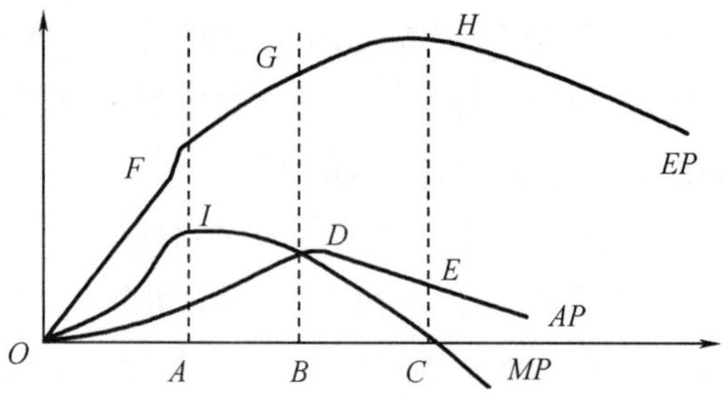

图 13－1　土地投入产出阶段分析

图 13－1 所表示的内容如下。

（1）生产要素 x 在从 O 点增加到 A 点这段区域内，边际产量递增，直到最高点 I；总产量也递增，直至达到该曲线拐点 F；并且这两条曲线都是上凹的；平均产量虽也平缓增加，但未达到最高点。用数学式表示如下：

当 $0<x<A$ 时，

$$\begin{cases}\dfrac{dy}{dx}>0\\[2ex]\dfrac{d^2y}{dx^2}>0\end{cases}$$

当 $x=A$ 时，

$$\begin{cases}\dfrac{dy}{dx}>0\\[2ex]\dfrac{d^2y}{dx^2}=0\end{cases}$$

由于在这段区域中，总产量和平均产量均未达到最高点，因此对任何一项投资生产活动，其生产要素的投入量都不应停止在"$0<x\leqslant A$"的范围内。

（2）当投入的生产要素从 A 点继续增加至 B 点时，边际产量递减，其曲线下凹，并向下延伸；总产量以递减的速度增加时，曲线下凹但仍向上延伸。当投入量增到 B 点时，平均产量曲线达到最高点并与边际产量曲线相交。

B 点可通过 $MP=AP$ 求出，即通过 $\dfrac{dy}{dx}=\dfrac{y}{x}$ 求得。不过这一点没有实际意义。

（3）当投入量从 B 点继续增加至 C 点时，平均产量开始递减，但其数值高于边际产量（在 B 点之前，平均产量虽也增加，但其绝对值小于边际产量），即 $AP>MP$。当投入量增至 C 点时，边际产量减至零，总产量达到最高点。用数学式表示为

当 $A<x<C$ 时，

$$\dfrac{dy}{dx}>0$$

$$\dfrac{d^2y}{dx^2}>0$$

当 $x=C$ 时，

$$\frac{d^2y}{dx^2}=0,y_{max}$$

如果不考虑价格因素，只考虑实物形态的报酬，那么 C 点就是最佳投资点，因为这时的总产量最高。

如果要考虑生产要素的价格和产出物的价格（即要最佳经济效益）时的最佳投资点，则可按下述方法求得：

①当该生产函数是点函数时，用 $\Delta y/\Delta x=Px/Py$ 可找到最佳投入量。式中 Px 代表生产要素的单价，Py 代表产出物的单价。

②当该生产函数是连续性函数时，用 $dy/dx=Px/Py$ 可求得最佳投入量。

通过上述方法求得的 x 值肯定在（$A<X<C$）范围内。

（4）超过 C 点以后，再追加投资，边际产量可能为零，也可能为负数；总产量的绝对数可能不变，也可能减少，但二者都不可能再增加。所以，无论是从实物量角度，还是从价值量（经济效益）角度考虑，投入量都不应超过 C 点。

第二节 土地集约利用

人们利用土地资源，就要在土地上投入劳动（劳力）和资本（物资），而每单位土地上所投劳动和资本的多少称为集约度。随着人口的增长和社会经济的发展，所需农产品越来越多，因而土地的稀缺性就会更加突出地显示出来，这样，对土地实行集约经营将成为必然趋势。实行集约经营，就是要增加对单位土地面积上变量资源的投入，以提高土地利用的集约度。因而，人们通常把单位土地面积上使用高比率的变量投入（劳力、资本）的经营称为集约经营，而把单位土地面积上使用低比率的变量投入的经营称为粗放经营。可见，集约经营还是粗放经营的实质意义是指生产手段或经营手段相互之间，即一方的土地利用手段（劳力与资本）和他方的土地利用手段之间所存在的对比关系而言的。但是，集约与粗放仅具有一种相对和相反的意义，由于所采用的比较标尺不同，二者的确切界限就不易确定，而且实行集约经营只是一种必然趋向，但不能认为集约经营就是合理经营，集约度越高越好。

一、土地集约利用的内涵

早期，人类对土地的利用是采取粗放的经营方式，即广种薄收，其标志是土地的投入和单产很低。土地集约利用是针对粗放式土地利用而言的，土地集约利用概念最早源于李嘉图等古典政治经济学家在地租理论中对农业用地的研究，认为土地集约利用是在一种农业利用土地上增加投入（资本、劳动），以获得土地的最高报酬，其核心是土地产出高效化。马克思在《资本论》中指出，所谓耕作集约化，无非是指资本集中在同一土地上，而不是分散在若干毗连的土地上。1924 年，美国著名经济学家 Richard. T. Ely 在《土地经济学原理》中指出，对已利用的土地增加劳力和资本，这种方法称为土地集约利用。由于受土地利用报酬递减规律的影响，土地利用集约度不能无限制地提高，当对土地投入的资本、技术和劳动力达到经济报酬递减点时，土地边际效益等于边际产出，这一临界点就是土地利用集约边界，此时的土地利用为理论上的集约利用，没有达到集约边界的土地利用为理论上的粗放利用。

有关土地集约利用的理解最初多强调土地投入强度，忽略了土地结构的影响。随着研究的深入，学者们以布局合理、结构优化和可持续发展为前提，寻找最优集约度或最佳集约度。土地集约利用通常指在单位面积的土地上，通过增加合理的物质和劳动投入、改进技术和改善经营管理水平等途径，从土地利用协调度、土地利用贡献度和土地利用承载力等方面进行综合考查，运用政府管理和市场调节两种手段，以提高土地的使用效率和利用效益，实现土地的经济效益、社会效益和生态效益相互协调统一的土地利用方式。

土地集约利用是一个动态变化的过程。随着经济飞速发展和技术不断进步，区域土地集约利用程度会发生变化，土地集约利用是有限度的，并非土地利用越集约越好，它受土地利用的经济效益、社会效益、土地环境的承载能力、土地开发容量以及对相邻地区影响等因素的限制。土地集约利用度是指在生产过程中，单位面积的土地上投放的资本和劳动的数量。在其他条件不变的情况下，单位面积土地上投放的资本和劳动的数量多少与土地利用集约度的高低成正比。按照生产要素投入构成差异，土地集约利用可分为资本集约型、劳动集约型和技术集约型三种。当单位土地面积上投入的资本较多时，这种土地集约利用形式称为资本集约型；当单位土地面积上投入的劳动较多时，这种土地集约利用形式称为劳动集约型；当单位土地面积上投入的技术较多时，这种土地集约利用形式称为技术集约型。目前，关于土地集约利用的研究主要分为农用地的集约利用和城市土地的集约利用。

二、土地集约利用的影响因素

影响土地集约利用的因素较多，首先土地集约利用必然受到土地本身自然属性的影响，不能超过土地自然生态属性的极限；其次，也受到当时土地利用的社会、技术等环境的影响，归纳起来主要有以下几个方面。

1. 社会对土地产品的需要程度

如果社会对土地生产的产品需要不能得到满足，意味着人口相对产品来说比较多，土地稀缺，产品的价格会不断提高，而土地面积相对来说不变，生产者在固定面积土地上加大劳动投入或资金投入仍有利可图，那么他们肯定会加大投入，即提高土地利用集约度。事实也证明社会对产品的需求与土地集约利用水平呈正相关。

2. 科学技术发展水平和投入的能力

如果有提高土地集约利用的现实需求，而劳动价格又比较高时，只能采用技术集约利用。这个前提就是要具备相应的科学技术发展水平和经济实力。否则，没有这个技术，想提高集约水平也提高不了。

3. 土地本身的质量、位置条件和交通状况

土地的质量是有差异的，一般来说，肥沃的土地把投入转化为收益的能力更强。也就是说土地集约利用受到土地转化力的影响。所谓转化力，是指在一定技术经济条件下，土地对人类给予的各种投入的承受能力和产出能力。如果土地的转化力达不到集约利用的

要求，强制性地增加单位面积土地上的技术、劳动投入，其产量不仅不会得到提高，还有可能下降。

4. 根据利用的类型，通常城市土地利用集约度高，农用地次之，牧地最低

农用地的集约度低于城市用地的集约度，主要是由于土地利用的方式、目的不一样，农用地是用土地的肥力来种植农作物从而收获农产品，而城市用地主要是利用土地的承载功能，在城市土地上建设房屋，相对来说，建设房屋时单位土地面积上的投入远远高于农用地上的投入，尤其在人口密度很高的发达城市建设高层建筑时集约度的差距更大，因此城市用地的集约度一般高于农用地的集约度。

总的来说，土地集约利用水平是由所有影响因素互相作用的结果，而有时候某一因素又会起着比平时更大的作用，比如粮食紧张时会让贫瘠的土地集约利用，而当粮食很充分时会让肥沃的土地处于开发或利用不充分的状态，甚至抛荒。

三、土地集约利用原理

（一）土地利用中的“集约度”

所谓土地利用中的“集约度”，就是指单位面积土地上所投资本和劳动的数量。投入资本和劳动越多，集约度越高，反之则越低。集约度直接反映了土地利用的水平。

集约度同时也反映着土地自身受容力的高低。土地受容力指在一定经济条件下，土地资源与其他生产资源最佳配合比例时所能受容其他变量资源的数量。受容量多，则受容力大。受穷力大的土地，土地利用的集约度就大。受容力小的土地，集约经营的潜力就小。不同区域的土地利用集约度差别很大，城市的商业用地往往为高度集约用地。农村的农用地集约度相对较低，森林和草场集约度更低。

（二）土地集约利用的类型

根据投入生产要素的密集程度不同，土地集约利用一般分为以下三种类型。

（1）劳动集约利用

劳动集约利用指在单位面积土地上投入较多的劳动去获得较多的产量和收入的方式。这比较适合农业剩余劳动力较多而资本、土地相对较少的情况，它可以通过加大劳动投入获得更多收益。具体可以实行精耕细作，提高复种指数和土地利用率，也可以兴修农田水利，改良土壤，提高土地质量，改善土地利用条件。

（2）资金集约利用

资金集约利用指通过在单位面积土地上投入较多的生产资料代替劳动，或是较少的劳动力拥有较多的生产资料，进行高度现代化的生产。它通常适合在经济比较发达、农业投资较为宽裕、农业劳动力工资水平较高的条件下采用。

（3）技术集约利用

技术集约利用指在单位面积土地上采用较多先进的科学技术来获取产品的增加，提高土地生产率。技术集约型又分为基础技术集约、应用技术集约和管理技术集约等。基础技

术集约既包括农业基础技术，如遗传育种、生物工程等投入的增加，也包括对农民进行的技术知识和理论培训等智力投资活动的增加。应用技术集约则是采用更先进的实用技术，如综合防治病虫害、节水灌溉等技术投入增加。管理技术集约是采用更先进的经营管理制度和方法，加强经济管理，节约成本支出，获得更高的纯收益。一般来说，这是一种投资较少而经济效益较高的方式。

从人类利用土地的历史发展角度来看，早期生产技术水平较低，生产的物质条件较差，采取劳动集约比较适合；随着生产技术越来越先进，经济越来越发达，采取技术集约与资金集约比较适合。当然这些都是相对的，如果为了获得相同的收益，劳动者的成本较低，就采用劳动集约型；反之，如果技术、资金投入的成本较低，就采用技术集约型、资金集约型。

第三节　土地集约利用的途径

土地集约利用是社会经济发展的必然趋势，土地报酬递减规律为土地集约利用提供了重要的理论依据。

一、正确地认识土地投入

前面已讲过，所谓变动生产要素和不变生产要素都是相对的。正因为如此，从宏观角度来考虑，可以把一定面积的土地作为不变因素，而把其他所有投入（包括固定资金和流动资金）都当成变动生产要素。例如，兴修水库，把水库数量或容量作为一定面积土地上的变动生产要素的投入也是可以的。因为，水库数量与一定面积上的粮食产量有一定关系。除此以外，修建道路、购买大中型农业机械等，都具有这方面的性质。我们把这些固定资产投入当作土地的变动性投入，有着重要的现实意义。

第一，我们要想获得土地利用的高效益，就要有大量的投入。在投入达到最佳点之前，这些投入会引起递增的报酬。例如，中国现在若在水利面多投些资，对中国的粮食增产会有明显的作用。

第二，如果某项固定资产投入已达到最佳点，就不应再增加这种投入了。如一些农场的大中型农业机械的购置数量过多，不仅浪费了资金，同时又挤占了必要的流动资金，从而导致总产量不仅没有增加，反而下降。

第三，在现实经济活动中，应把所有投入（包括固定资产的投入）作为一个整体纳入变动生产要素类，按照报酬递减规律的思想，求得这些投入的最适量。

二、农业土地集约利用

（一）农业土地集约利用的内涵

所谓农业土地集约利用，是指在一定面积土地上，集中投入较多的生产资料和劳动，使用先进的技术和管理方法，以求在较小面积的土地上，获得高额产值和收入的一种农业经营方式。根据土地报酬递减规律，在要素投入第一阶段，增加土地投入会引起报酬的递增，但在此阶段内,可变要素投入不足,不变要素潜力没有充分挖掘,没有达到土地的集约利用,是一种粗放经营的形式。在第三阶段,增加土地投入会引起总报酬的减少,可变要素投入过多,超出了土地的承受能力,是一种土地的过度利用。只有在第二阶段,可变要素投入与不变要素投入比例在数量上协调,发挥了土地的潜力,这才是集约经营。要获得土地利用的高效益,就要有大量的投入,如果某项固定资产投入已达到最佳点,就不应再增加这种投入了。

土地报酬递减规律的前提条件是保持技术水平不变,但在现实中科学技术或社会制度的重大变革,使土地利用在生产资源组合上进一步趋于合理,从而提高土地的利用效率和效益。只有不断发展科学技术,并在土地利用的实践中进行技术创新,才能不断提高土地集约利用的适合度,从而不断提高集约化水平,促进各类用地利用效率和效益的不断提高。

(二)农业土地集约利用的必然性

农业土地的集约利用是一个历史产物,是社会经济发展到一定阶段的产物,是农业经营的世界性趋势。在早期,一方面有大量可供开垦的土地,人均占有农业用地的数量多;另一方面生产力水平较低,资金积累少,而且科学技术落后,限制了在一定面积土地上投资和劳动的增加,也就只能采取粗放经营的方式。随着社会的发展,人口越来越多,需求不断加大,要在有限的土地面积上得到满足,就只有靠不断增加对土地的投入,即集约经营来实现。现代发达的科学技术和更加雄厚的资本积累给集约经营提供了现实条件。

我国是一个人均土地不足 8 000 平方米、人均耕地只有 900 平方米的国家,为了满足社会对各种农产品日益增长的需求,只能走集约经营的道路,在提高单位面积产量上下功夫。但有人出于对土地报酬递减自然现象的忧虑,主张随着农业集约经营水平的提高,投入的绝对量要越来越少,以免得不偿失,反而达不到投入的预期效果。这只是一种良好的愿望。实际上,当前我国土地利用的情况,总的来看还不是投入过多超越了合理集约度的界限,而是不少地方出现了投入不断减少和掠夺地力的现象,这才是土地肥力下降和农业产量增长不快的主要原因。

(三)我国农业土地集约利用的途径

我国土地总体集约利用度不高,挖掘潜力很大。实现农业用地集约利用主要有如下途径。

1. 提高复种指数

复种指数是指一年内农作物播种面积与土地面积之比。它能体现一年内单位土地面积上的平均种植次数,反映复种程度的高低。如某农场有耕地 1 000 亩,全年农作物总播种面积为 1 500 亩,则复种指数为 150%,复种面积为 500 亩。我国耕地的复种指数已经很高,达 155% 左右,而美国和欧盟仅为 88%。根据中国种植制度区划,全国平均复种指数理论上可以达到 195%,这说明仍有提高的可能。当然复种指数也不是越高越好,复种指数过高可能导致土地质量下降,不利于农业的可持续发展。

2. 加强农田水利建设

水利是农业的命脉,我国水资源缺乏,严重制约了农业的发展。农田水利基本建设,要以基本农田的水利建设为重点,健全和完善农田排灌系统,加大中低产田改造力度,建设高产稳产的基本农田。重点完善防洪、除涝工程体系,加强农田灌溉、排涝能力,有计划地修建水库和大中型引水工程,增加蓄引水能力。要加强节水灌溉设施建设,积极推广旱作农业,建设一批节水增效示范工程及旱作节水示范基地。

3. 加大农业科技投入

现代农业与传统农业不同,它是建立在全面应用科学技术上的。我国农业科技水平较低,降低了农业的潜在发展能力。针对科技创新和储备能力不足、科技成果转化率较低、科技基础条件薄弱和高层次创新人才匮乏等问题,在农村,应加强农业科学技术的应用、推广和培训,提高农民的科学文化水平;指导农民科学种田、集约经营、科学施肥;大力推广和普及节水灌溉技术,改善农业生态环境。

4. 优化经营管理,提高农业整体素质

对农业产业结构进行宏观管理,以需求为导向,合理设置生产结构。改革与完善耕地保护制度,调动农民的积极性。发展特色农业、高科技农业,发展农副产品深加工,推进农业产业化经营,提高农业土地利用综合效益。建立农产品市场,提高农业把握市场的能力,降低经营风险。

三、城市土地集约利用

(一)城市土地集约利用的内涵

城市土地集约利用的概念是从农业土地集约利用借鉴而来,城市土地集约利用原指在城市土地上增加相关投入,以期获得土地的最高报酬,一般用单位面积土地上的资本和劳动投入来衡量土地与资本、劳动的结合程度。但随着城市土地资源利用的不断深入和有关研究的逐步深化,城市土地资源集约利用的内涵和外延也在不断深入和拓展。

目前中国城市土地多是粗放利用,浪费很大。大量住宅楼也是低层建筑,不少还是平房。"房地产热"导致了大量的闲置土地。单位土地面积所居住的人口与城市的大小呈正相关,也就是说,城市越小,人均占地越多;城市越大,人均占地越少。城市规模过小,土地利用效率和基础设施投资效益就难以发挥。但是城市规模过大,又有许多"大城市病"妨碍土地利用效益的正常发挥。所以,就城市建设用地利用来说,也有一个城市规模效益问题。在中国,应适当控制大城市,适度发展中小城市,城镇适当集中,建立合理的城市规模结构,充分发挥城市规模效益,节省城市建设用地。

(二)我国城市土地集约利用的途径

随着经济的发展,我国城市在规模和数量上都得以迅速增长,而农业用地则急剧减少。城市土地粗放利用问题日益突出。因此,城市土地必须走集约利用的道路。影响城市土地集约利用的因素既包括自然地理与环境、城市区域空间发展、城市经济模式、城市人口与规模、土地使用制度与市场，还包括土地利用结构和布局的优化等。那么可以在这些因素方面，提升城市土地的集约利用水平。

1. 编制合理的城市规划

城市规划对提高土地集约利用水平有积极的作用。城市规划根据城市的自然、经济和社会条件，确定城市空间结构、基础设施建设规模、公共服务体系、交通体系建设等方面的内容。科学的城市规划既要满足当前的发展需要，又要为今后的发展留有余地，要注重对土地资源的节约集约利用。

2. 城市土地空间利用

一是严格控制城市中心区的规划和建设。在城市中心区不能过度开发住宅而应重点发展金融、商贸、旅游业等新兴第三产业和高新技术产业，以拓展中心城市功能，改善城市环境，提高城市的品位和地价，避免造成存量土地资产的浪费。

二是充分发挥城市立体效应，提高土地容积率。通过提高容积率，在有限的用地面积上增加更多的城市活动空间来提高土地的相对供给能力。积极发挥城市立体效应，适当提高容积率是城市化加速发展过程中的必然选择。首先充分利用城市地上空间，主要是通过建造高层建筑物，特别是临街、城市中心区、繁华地段的高层建筑物来实现城市公用设施、工业用地、绿化的立体化。其次充分利用地下空间，开发地下停车场、地下交通网、地铁、地下公路隧道、地下步行系统和地下街道、地下商业窗口及综合服务设施等来提高土地容积率，其在节约能源和资源等方面明显优于地上空间开发，前景乐观。

3. 控制城市增量建设用地，盘活存量建设用地

挖掘城市土地利用潜力，做好旧城区改造建设，清查和充分利用闲置土地。实施旧城改造，对城市建成区内的低层、低密度旧房屋地段进行重点改选，完善配套设施，改善居民居住环境，以提高建筑容积率和居住人口密度。对城市建成区内的闲置、废弃地，应及时由政府收回进行储备或另行安排使用，对濒临破产或资不抵债的企业，应结合企业改革、改组，实行企业兼并、联合、转让等形式，盘活土地资产，充分挖掘城市用地潜力，发挥存量土地资产效益，走城市用地内涵式挖潜的发展道路。

【核心概念】

土地集约利用，土地报酬递减规律

【问题与探索】

1. 土地利用中如何运用土地报酬递减规律？
2. 土地集约利用的必然性。
3. 简述土地集约度的影响因素。
4. 土地集约利用的类型有哪些？
5. 农业土地集约利用的途径有哪些？
6. 城市土地集约利用的途径有哪些？

【案例分析】

第29个全国土地日之际,专家学者表示——土地节约集约利用势在必行

2019年6月25日是第29个全国土地日,主题为“严格保护耕地 节约集约用地”。专家学者在召开的节地中国学术研讨会上表示,当前土地利用已步入存量时代,存量土地开发潜力巨大,节约集约利用将是大势所趋。

农村建设用地浪费现状堪忧

说起我国基本国情,“人多地少”肯定是其中一条。其中“地少”大致有三个方面含义:人均占有量少、优质耕地少、耕地后备资源少。我国陆地国土面积为960多万平方千米,居世界第三位,但细算下来,优质耕地、人均耕地、后备耕地都不多。

而且,在我国城镇化进程中,建设用地规模扩张过快。2000年至2012年,我国城镇建设用地增长了70%,城镇建成区人口密度大幅下降。目前,城镇工矿建设用地中处于低效利用状态的有5 000平方千米,占全国城市建成区的11%。

中国农业大学土地科学与技术学院教授朱道林曾参与一项调查,结果显示全国超六成省份的商业服务用地第三产业增加值低于全国平均水平,整体产业效益偏低,半数以上省份工矿仓储用地产业效益低于全国平均水平,整体产业效益不高。

浙江大学土地与国家发展研究院教授叶艳妹对农村建设用地的浪费情况颇为关注。她展示出一组数据,2006年至2015年,农村人口向城市转移了1.9亿,但农村建设用地不仅没有相应减少,反而增加了25 500平方千米,农村人均建设用地高达325平方米。

土地利用向内涵提升转变

朱道林表示,长期以来的粗放型经济发展模式造成了我国城市土地利用效率普遍较低的现象,因为经济增长对建设用地依赖性较强,城镇土地低效、粗放扩张比例较高。

自然资源部开发利用司副司长表示,我国经济高速增长阶段形成的产业结构正在发生深刻变化,建设用地作为经济发展的基本生产要素,其配置必须相应调整。

从建设用地结构上看,多年来工矿仓储用地供应在建设用地供应总量中占比始终在20%以上。现在,生产性服务业日趋活跃,战略性新兴产业持续兴起,盘活城镇低效用地,优化用地结构,可以为新兴产业发展释放空间。

同时,节约集约用地也是推进生态文明建设的根本要求,因为节约资源是保护生态环境的根本之策。节约集约用地就是要以有限的土地承载经济的长期增长,缓解对生态环境的压力。

此外,一个不容忽视的现实是外部环境的倒逼。一方面,城市里可供开发的土地越来越少,摊大饼式的无序扩张导致城市半径越来越大,人们生活交通成本越来越高。另一方面,随着近年来房价一路高歌猛进,地价也水涨船高,人们居住、生产需要的土地成本越来越高。现在已经到了一个转折期,必须盘活存量土地,科学划定城市开发边界,使土地利用

由外延式扩张向内涵提升转变，让低效用地产生更大收益。

资料来源：黄晓芳. 第 299 全国土地日之际，专家学者表示：土地节约集约利用势在必行[EB/OL].(2019-06-25)[2022-01-15]. http://www.gov.cn/xinwen/2019-06/25/content_5402874.htm.

思考：土地集约利用对我国经济发展的作用。

第十四章　土地利用规划与可持续利用

【内容提要】

本章主要包含以下内容：

1. 土地利用规划的必要性；

2. 我国土地利用规划体系；

3. 土地可持续利用。

【引导案例】

建瓯市土地利用总体规划调整完善前后布局优化对比

耕地与基本农田布局对比。结合永久基本农田划定，加强优质、集中连片耕地保护。一是基本稳定微小调整，在保持原有基本农田总体布局基本稳定的基础上，对现有基本农田进行局部的微小调整与补划；二是优先保护高标准农田，保证高产稳产的优质耕地优先划入永久基本农田保护区；三是保证达到永久基本农田目标规模，同时质量不能降低。调整后的基本农田在全市的各乡镇均有分布，本次调整增加了中心城区的永久基本农田面积和耕地保护率。划定后耕地平均质量等别有提升，布局更加集中连片；同时与山体、河流、林地等天然生态边界，在各组团之间、组团与中心城区之间形成绿色空间，构建了全市的生态保护屏障。

建设用地布局对比。第一，城乡建设用地布局。统筹优化城镇用地，用经营城市的理念不断拓宽城市框架，推进城镇化进程。在充分衔接建瓯市城市规划、建瓯市产业规划、建瓯市园区规划等相关规划的基础上，对原规划布局进行调整，基本满足各部门、各乡镇至2020年的用地需求，并进行了适度预留。衔接城区城市总体规划，做大做强建瓯市中心城区，以点带面，带动全市域城镇发展，形成"一个中心、两个城市发展主轴、四个中心镇、八个一般镇"的发展格局，明确城镇化的发展方向、目标任务、布局形态和机制体制。始终秉持"产业兴旺、生态宜居、乡风文明、治理有效、生活富裕"的要求，加快实施乡村振兴战略，推动农业全面升级、农村全面进步、农民全面发展。推进水美城市建设向乡村延伸，建设生态美、环境美、经济美、人文美融合发展的"四美"精品示范村，打造美丽乡村升级版。第二，基础设施及其他建设用地布局。交通用地布局：适应铁路、航道港口、公路的需求，实施建设"东出西进"的交通发展战略，构建快速便捷的交通网络体系，逐步形成以高速公路为主体，普通公路干线网、农村公路网互补充的综合、智慧、绿色、平安交通运输体系，基本实现交通现代化。水利用地布局：统筹安排水利发展布局，保障水资源可持续利用，努力形成保障民生、服务民生、改善民生的水利发展格局。加快高铁新区水厂及输配水管网建设，尽快启动城区水厂选址扩建工作,加快14个乡镇集镇水厂及供水管网改造建设,加快实施并完成城市第二水源工程,基本建成炮台峡水库,不断提升全市城乡供水普及率。能源用地布局:以创建新能源示范城市为抓手,做好选址确定后的中石油西气东输天然气管道三线工程建瓯段的用地规划保障。推动建瓯(三峡)48 MW 筹岭风电场、80 MW 迪口风电场项目建设;加强电网规划和建设;新建、扩建和改造一批乡镇变电站和电网工程。其他用地布局:规划期间,其他建设用地的调整完善,主要是为了保障风景名胜用地及配套设施的用地需求,加快推进全域旅游配套基础设施建设,主要以云际山公园、陈家山大峡谷、北苑茶文化旅游、仁山体育旅游、归宗岩北津湖旅游、蟹龙岗旅游、川美生态旅游等旅游配套设施为主,提升风景区档次,优化旅游景区环境。

生态保护用地布局对比。为了保护生态、环境、国土安全等,推进土地生态环境体系建设,统筹人与自然和谐发展,推进建瓯市生态安全网络共建,加强国土资源综合整治,防止环境污染、水土流失和突发性地质灾害,增强经济社会可持续发展能力。本次规划调整依据生态红线划定成果,对限制建设区、禁止建设区范围进行调整。

资料来源:何新花.土地利用总体规划调整完善前后对比分析[J].现代农业科技,2019(22):254-255.

可持续发展是人类自身的需要和必然选择,土地的可持续利用是经济和社会持续发展的最基本因素之一,其总目标是在不断改善土地生产能力的条件下,持续满足人们对各类土地的需求。遵循自然规律和经济规律,解决生态环境问题,处理好长远和当前、全局与局部关系,促进生态效益、经济效益与社会效益的协调统一,对土地利用结构和布局进行调整,使自然资源的多样性充分、合理、有效地挖掘利用,就要做好土地规划利用。

第一节　土地利用规划的必要性

一、土地利用规划的概念

(一)土地利用规划的含义

土地利用规划是指按照事先编制的土地利用规划利用土地。

土地利用规划,则是指一个国家或地区根据经济社会发展需要和土地资源的实际状况,从长远和全局出发,对一定时期内城乡各类土地的利用所做的综合协调和统筹安排,以实现土地资源的合理永续利用,促进经济社会全面、协调、可持续发展。

简单地说,就是未来行动的方案。土地利用规划就是对未来一定时期内土地资源的开发、利用、整治、保护进行综合平衡,做出统筹安排。

土地利用规划可做广义和狭义两种理解。广义的土地利用规划包括土地利用总体规划和土地利用年度计划。狭义的土地利用规划只包括土地利用年度计划。土地利用总体规划又称土地利用的空间规划,重点在土地利用的空间布局。而土地利用年度规划则侧重于土地利用数量结构的设计。二者之间既有联系,又各有侧重。一般而言,土地利用总体规划是对一定区域土地利用中长期的布局和安排,土地利用年度规划是该区域土地利用的具体的近期的安排。土地利用年度计划应以土地利用总体规划为依据,土地利用总体规划则要靠土地利用年度计划实现。

在市场经济条件下,土地利用规划是政府干预土地利用活动,优化土地利用结构,促进土地合理利用,实现土地利用目标的重要手段。目的是查清土地利用的现状,合理配置土地资源,适时调整土地利用结构,为提高土地利用效率提供组织条件。

(二)土地利用规划的性质

1. 系统性

土地利用规划是一个系统工程,编制所有的土地利用规划都对这个大系统进行综合分析,要依据当地的自然、经济、社会三个子系统所包含的诸多因素、因子进行全面分析研究,诸多因素、因子相互联系、相互作用、相互制约,在不同程度上影响和制约土地利用,只有在全面分析和研究的基础上才可能找出土地利用的规律和问题,也才能做出合理、科学的土地利用规划。

2. 综合性

土地利用总体规划是对所有的土地、土地利用的所有措施进行规划,所以土地利用规划是综合性的规划;此外,土地利用规划的目标也是综合性的,它不但注重土地的经济效益,而且必须注重土地的生态效益和社会效益,最终目标是实现三大效益的最佳组合;土地利用规划的方法也是综合性的,诸多层次的规划、各种不同尺度空间的规划所采用的方法均是综合平衡的方法;所有的土地利用规划实施的措施都是综合性的。

3. 协调性

土地利用规划是对土地利用约束性、控制性的决策。在决策中往往为了整体的利益、长远的利益,影响到局部的利益、暂时的利益,土地利用规划就是协调各种利益;我国土地所有制度,是国家所有和农民集体所有两种所有制,而土地的使用制度则是国家、集体、个人三者均有使用权,在土地利用规划中往往会因为调整土地使用权带来某一方面的利益损失,造成一些矛盾,土地利用规划要充分协调各方面的利益:我国在土地利用中部门用地,部门需求与土地供给能力之间存在矛盾,土地利用规划就是要协调各部门之间用地的矛盾;某些部门或个人把自己所取得的土地使用权改变作为其他用途并从中获利,也会带来一些问题和矛盾,土地利用规划要合理地解决这些矛盾。诸如此类的问题还有许多,这些问题在编制规划中必须反复地进行协调,通过协调得到相对满意的解决。

4. 实施性

土地利用规划是落实国民经济与社会发展规划的一种措施,是从空间上具体落实该措施的布局规划。规划的实施性是检验规划编制成功与否的主要标准。规划的实施性强化了规划的权威性。规划的实施要针对规划的内容制定规划实施方案,拟定规划实施的具体办法,建立规划动态监测制度,为规划的调整和修编提供依据。

5. 控制性

所有土地利用规划的目的都是控制土地利用。土地利用规划的内容一是从数量与结构上进行调整;二是从空间和布局上进行调整。调整的结果,就是按照规划来控制利用有限的土地资源;规划的作用,就是指明具体地块的具体用途和管制措施。管制措施具体告诉这块土地能干什么、不能干什么,都十分明确。规划的控制性,表现出土地利用规划的科学性和可操作性。

二、土地利用规划的必要性

土地利用规划是土地的自然属性、经济特性和现代社会经济发展的要求。土地利用规划的必要性表现在以下几个方面。

(一)土地的自然属性要求实行土地利用规划

土地面积的有限性决定了人类利用土地的活动必须合理安排。土地总面积的有限性产生了对土地需求的竞争性。人类必须对人口增加和人均土地产品需求增加的趋势做出准确的预测并寻求出路,解决土地供给有限和需求增长无限之间的矛盾。以此为目标,制定未来一定时期内土地利用活动的方案,实行利用规划。

土地位置固定和质量差异的特性,决定了土地必须实行利用规划。只有对土地利用做出合理的空间布局与结构设计,才能充分利用不同位置和不同质量的土地,达到土地资源最佳利用和最优配置的目标。由于事实上没有足够的、位置适当的土地充分满足人类对土地各种用途的需求,因而使土地资源的利用规划更为必要和迫切。

(二)土地的经济特性要求实行土地利用规划

首先,土地经济供给的稀缺性要求土地实行利用规划。土地经济供给稀缺性是在土地位置固定性、土地质量差异性和土地报酬递减规律的基础上产生的。如果没有土地位置的固定性和土地质量的差异性,没有土地报酬递减规律的作用,土地的经济供给就不会出现稀缺。土地经济供给的稀缺性产生土地利用活动中成本和效益问题。如何合理利用一块土地,如何在土地多种适宜性中确定一种利用方式,必须经过有规划地安排,才能达到成本与效益上的比较优势。否则,就难以使土地利用符合整个社会经济发展的要求,无法实现社会经济发展的长远目标。土地经济供给的稀缺性,即适合某种用途的土地数量的有限性,与土地具有多种适应性的特性叠加,就更加突出了土地利用规划的必要性。

其次,土地利用方向难以改变的性质也要求实行土地利用规划。如果在土地多种用途中选择了与社会经济发展要求相悖的土地利用方式或考虑不周,那么在改变土地利用方式以适应社会经济发展要求时造成损失就不可避免了。因此,必须在土地多种用途中做出有预见的选择,实行土地利用规划,才能掌握土地利用方式的合理性、持久性,避免土地利用方式非合理变更造成的不良后果。另外,对不合理的土地利用实行必要的调整,也必须通过规划、计划安排,以减轻这种变更对其他土地利用活动的冲击,避免新的不合理安排所带来的更大损失。

（三）土地的供求矛盾要求实行土地利用规划

正确处理土地资源供给和需求的关系要求两种平衡：一是供需总量平衡，二是供需结构平衡。土地资源供需关系的两种平衡，决定了调整供需、促进平衡的复杂性。通常可以通过减少供给和刺激需求促进供大于求转为供求平衡，或通过增加供给和抑制需求促进供小于求转为供求平衡。在供给和需求的复杂关系中要实现平衡，必须科学预测土地资源供需总量及其结构的变化，对土地资源的开发与利用做出预先的计划安排。

（四）市场机制的有限性要求必须实行土地利用规划

市场配置土地资源具有巨大的优越性。然而由于市场机制自身的缺陷，不能够解决市场失灵的问题。一方面在土地利用的市场配置中存在着利益冲突。微观经济主体在资源使用决策时，考虑更多的是自身利益、局部利益和短期利益，较少考虑长远利益和全局利益。另一方面在土地利用中存在着外部性问题。土地利用不可避免地存在对他人产生不利影响的外部性问题，单纯的市场配置不能解决土地利用的外部性问题。另外市场调节的滞后性以及公共产品的存在使得市场机制不能发挥作用，所以需要政府来进行调节。因此，作为国民经济管理重要组成部分的土地管理，必须适应国民经济发展的要求，实行土地利用规划，保证国民经济各个部门对土地的需求，促进各个部门持续、协调、稳定地发展。

第二节　中国土地利用规划管理

20 世纪 80 年代中期以来随着经济体制改革的深入，中国的土地管理体制改变了过去分散管理、政出多门的状况，实现了城乡土地的统一管理，为土地资源规划利用奠定了良好的基础。自 1986 年《中华人民共和国土地管理法》出台之后，开始了以保护耕地、保障建设用地为核心的第一轮的土地利用规划，初步确定了土地利用规划的基本程序、内容和方法，建立了五级土地利用规划体系；1996 年启动以耕地总量动态平衡为核心的第二轮土地利用规划，确定了指标加分区的土地利用模式，发布了土地利用规划编制的相关规程和审批办法管理；2005 年启动了以节约和集约用地为核心的新一轮土地利用规划修编；2018 年 3 月，国家机构改革将原来分散的空间规划职能整合到自然资源部；2019 年 1 月，中共中央全面深化改革委员会第六次会议明确将主体功能规划、土地利用规划、城乡规划等空间规划融合为统一的国土空间规划，实现“多规合一”，并全面启动国土空间规划编制。

2019 年修改的《中华人民共和国土地管理法》第十八条规定：“国家建立国土空间规划体系。编制国土空间规划应当坚持生态优先，绿色、可持续发展，科学有序统筹安排生态、农业、城镇等功能空间，优化国土空间结构和布局，提升国土空间开发、保护的质量和效率。经依法批准的国土空间规划是各类开发、保护、建设活动的基本依据。已经编制国土空间规划的，不再编制土地利用总体规划和城乡规划。”

一、中国土地利用规划体系的构成

目前中国土地利用规划由长期的土地利用总体规划和中期、年度的土地利用计划构成。

土地利用总体规划是总体性、长期性、战略性、指导性的计划。它以全部土地资源为对象，考虑土地利用活动的各个方面，包括土地资源的开发、利用、整治、保护，全面协调土地利用中土地供需的矛盾，对长远的土地利用结构、布局和土地利用方式提出战略性的指导方针，并对具体的土地用途做出规定，它是土地利用中期计划与年度计划的依据。土地利用总体规划是一个多层次的规划体系，按照行政区域可分为全国土地利用总体规划、省级土地利用总体规划、地市级土地利用总体规划、县级土地利用总体规划以及乡镇级土地利用总体规划五级。各级土地利用总体规划的主要内容基本相同，但各有侧重。全国、省、市(地)三级规划，涉及范围大，宏观指导性较强。县乡级土地利用总体规划具有微观性，其核心是划定土地利用分区，明确各类土地利用区的用途及使用规则。各级土地利用总体规划之间密切联系，上级规划是下级规划编制的依据，下级规划是上级规划的落实。除按行政区域编制土地利用总体规划外，根据需要也可按自然区划或经济区划编制跨越行政区的区域土地利用总体规划。

中国土地利用中期规划是以五年为期的规划，它是年度土地利用计划的依据。中期规划根据土地利用总体规划确定的目标和规划指标，考虑国民经济和社会发展中期计划对土地资源供给的要求，对土地利用结构和布局变化情况做出预测，从而确定中期土地利用目标、任务以及采取的措施。中期计划也可分为国家、省、地市、县和乡镇五级计划。年度土地利用计划着重研究中期计划五年期间经济的年度波动，预测土地需求结构的变化，采取具体措施，调节土地供给，引导土地利用活动按中期计划的目标进行。这样，既可满足当年国民经济发展的要求，又可逐步实施中期计划，从而保证长远的土地利用总体规划目标的最终实现。中国土地利用规划体系如图 14－1 所示。

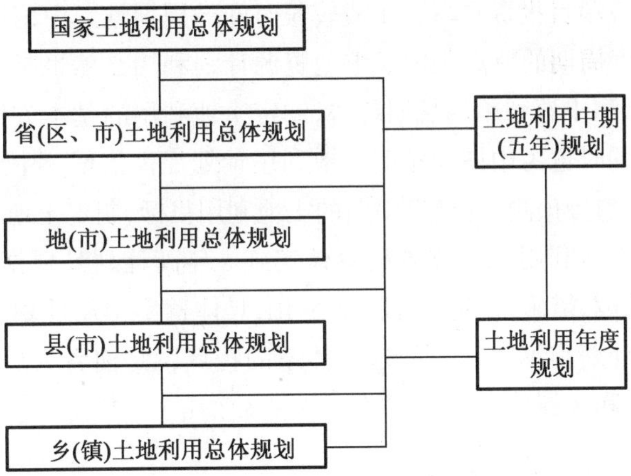

图 14－1　中国土地利用规划体系

而从横向看，国土空间规划分为总体规划、专项规划和详细规划三种类型。总体规划是对区域国土空间保护、开发利用、政治修复、治理等在空间和时间上做出的总体安排，是详细规划的依据、相关专项规划的基础。专项规划是对资源利用、生态修复、环境治理、国家公园、基础设施建设等设计空间利用的专门安排，是总体规划在特定领域、特定区域的延伸和补充，具有针对性、转移性和从属性。详细规划是对具体的地块用途和开发建设强度等做出的实施性安排，是开展国土空间开发保护活动、实施国土空间用途管制、核发城乡建设项目规划许可、进行各项建设等的法定依据。

二、中国土地利用规划体系的特点

（一）土地利用规划是国民经济和社会发展计划的重要组成部分

国民经济和社会发展计划体系有空间规划和非空间计划两个系列，它们互为补充。空间规划系列中最高层次是国土规划，其任务是协调经济发展同人口、资源、环境的关系；土地利用总体规划与城镇体系规划、环境规划等组成空间规划系列中第二个层次；第三个层次为各类土地利用区域，如城市、村镇、农业、林业、风景名胜区、自然保护区等的规划。非空间计划系列最高层次是国民经济计划；其次是各部门发展计划；第三个层次是各种自然资源的利用计划，如土地利用计划、水资源利用计划、矿产资源利用计划等。国民经济计划决定各部门发展计划，各部门发展计划对各种资源计划提出要求，各种资源计划解决国民经济发展中各部门对资源的需求。紧缺的土地资源作为国家的重要财富，其利用必然涉及国民经济全局，影响社会经济活动的各个方面。因此把土地资源的分配和利用同资金、物资、劳动力等统一进行综合平衡，把土地利用规划和计划列入国民经济和社会发展计划是必然的。

（二）土地利用规划是由长期、中期、年度计划构成的完整体系

规划时限的确定是经济计划具有不同周期的必然结果。如政府预算、农业生产等具有年度性变化；重大建设项目投资具有 5 年或较长时间的周期性。中国国民经济计划具有长期、中期（5 年）和年度周期的特点决定了土地资源计划利用必然也是相应如此分期。土地利用总体规划分析预测土地利用的长期趋势，制定土地利用的基本方针和政策。它影响土地利用的长期发展，同时也为中期和年度土地利用计划提供依据。中期（5 年）土地利用计划是对中期（5 年）的趋势预测，它确定中期的土地利用目标，制定土地利用的基本任务和管理措施，它是长期的土地利用总体规划的具体实施。年度计划是根据中期计划的目标，调整当前的土地利用政策、措施，以适应年度的变化，具体落实中期计划。中国土地利用总体规划、土地利用中期计划和年度计划的这一体系的特点就是前者为后者的基础和指导，后者为前者的具体落实和实施。

（三）土地利用规划实行分级管理

中国地域广阔，自然、经济状况的地域差别很大，中央机关不可能详细掌握基层土地利用的具体情况，因此，必须按不同行政辖区分级管理。中国土地利用规划是按国家、省、城市、县和乡镇五级分级管理。从大的范围看可分为国家和地方两个基本层次。每级的土地利用规划都是就本区内土地利用目标、任务和土地利用结构、布局所做的不同时限的计划，

每级都包括长期的土地利用规划和中期、年度土地利用计划。

(四)土地利用规划是指令性与指导性相结合的计划体系

在国家、省、县各级规划中,在长期、中期和年度土地利用规划中,既有指令性指标也有指导性指标。如耕地保有量涉及全国人民的吃饭问题,在计划中耕地面积的保有量必须定为指令性指标,其他有些指标则可用指导性的。当然,随着经济体制改革和计划体制改革的发展,计划管理由直接控制改为间接宏观调控,由指令性计划为主改为指导性计划为主,土地资源的规划用地也将随之逐步改革。但必要的指令性计划、必要的直接控制还不能完全取消。坚持指令性与指导性相结合的土地利用规划模式是符合中国国情和土地管理发展方向的。

三、中国土地利用规划管理的方式

土地利用规划管理是指各级政府及规划主管部门组织实施依法批准的土地规划,以达到资源的合理配置和优化的目的所采取的一系列手段和措施。中国是以社会主义市场经济为基础的,实行全民所有和集体所有两种形式的土地公有制度,土地利用计划管理体制具有自己的特色。

中国的土地利用规划管理包括土地利用总体规划和年度土地利用计划的编制、审查、实施、修改和监督检查等。土地利用总体规划编制前,土地主管部门应当对现行规划的实施情况进行评估,开展基础调查、土地调查成果资料收集、重大问题研究等前期工作。

(一)土地利用情况基础调查

由于土地资源有限,管好、用好现有土地,杜绝土地资源的浪费特别重要。为此土地规划编制一定要查清土地资源,对其数量、质量、分布和开发利用条件进行调查、监测、统计、分析,摸清家底。调查既为开展国土空间编制提供了基础数据,也是各级规划确定与下达目标任务的基本依据,还是对国土空间规划实施情况进行监测、评估、预警的直接依据。

我国现行自然资源调查包括全国国土调查、变更调查和专项调查等三种类型,并逐步由国土调查转向自然资源调查。全国国土调查是指国家根据国民经济和社会发展需要,对全国各类土地进行的全面调查。我国已于1997年和2009年完成了两次全国土地调查,并于2017年10月启动了第三次全国国土调查。变更调查是在全国国土调查的基础上,根据土地利用现状及权属变化情况,随时进行城镇和村庄地籍变更调查和土地利用变更调查,并定期进行汇总统计。专项调查是指根据自然资源管理需要,在特定范围、特定时间内对特定对象进行的专门调查,包括林地资源调查、湿地调查、矿产资源调查、耕地后备资源调查、国土动态遥感监测和勘测定界等。

(二)土地利用规划编制和审批

按照《中华人民共和国土地管理法》的规定,各级人民政府应当依据国民经济和社会发展规划、国土整治和资源环境保护的要求、土地供给能力以及各项建设对土地的需求,组织编制土地利用总体规划。规划期限由国务院规定。编制国土空间规划应当坚持生态优先,绿色、可持续发展,科学有序统筹安排生态、农业、城镇等功能空间,优化国土空间结构和布局,提升国土空间开发、保护的质量和效率。

土地利用总体规划编制原则是:(1)落实国土空间开发保护要求,严格土地用途管制;(2)严格保护永久基本农田,严格控制非农业建设占用农用地;(3)提高土地节约集约利用水平;(4)统筹安排城乡生产、生活、生态用地,满足乡村产业和基础设施用地合理需求,促进城乡融合发展;(5)保护和改善生态环境,保障土地的可持续利用;(6)占用耕地与开发复垦耕地数量平衡、质量相当。具体编制程序如下。

第一步,由国务院提出土地利用总体规划编制或修编的任务和规划期限。

第二步,地方各级人民政府开展土地利用总体规划编制或修编的前期工作,其中主要包括对目前正在实施的土地利用总体规划进行评价,土地利用基础数据的收集、分析,规划主要指标的测算等。

第三步,国务院土地行政主管部门根据国民经济和社会发展的要求,以及各地上报的规划建议,经过测算和综合平衡,提出全国土地利用总体布局、结构设想及主要控制指标,分解下达到各级地方人民政府,指导各级地方人民政府编制土地利用总体规划。

第四步,各级地方人民政府编制(修编)土地利用总体规划草案,在广泛征求意见的基础上修改完善,报有批准权的上级人民政府批准实施。

土地利用年度计划,根据国民经济和社会发展计划、国家产业政策、土地利用总体规划以及建设用地和土地利用的实际状况编制。土地利用年度计划的编制审批程序与土地利用总体规划的编制审批程序相同,一经审批下达,必须严格执行。

(三)土地利用规划的实施

土地利用规划管理的另一个关键是使正确的计划决策和体现这些决策的计划方案得到贯彻与实施。

目前我国土地利用总体规划和土地利用年度计划的执行,主要体现在农用地转为建设用地的审批和基本农田保护中。根据2019年修订的《中华人民共和国土地管理法》规定,国家实行土地用途管制制度,使用土地的单位和个人必须严格按照土地利用总体规划确定的用途使用土地,未经批准,不得改变土地利用总体规划确定的土地用途。国家编制土地利用总体规划,规定土地用途,将土地分为农用地、建设用地和未利用地。严格限制农用地转为建设用地,控制建设用地总量,对耕地实行特殊保护。城市建设用地规模应当符合国家规定的标准,充分利用现有建设用地,不占或者尽量少占农用地,并实行建设用地总量控制。

(四)土地利用计划的监督检查

土地利用计划的监督检查就是通过发现土地利用规划执行过程中不断出现的新情况、新问题,及时修订和完善原计划,使计划更加符合客观经济规律的要求,适应国民经济和社会发展的需要,从而加强规划的科学性。对土地利用计划贯彻执行的监督检查,包括对计划的编制、上报、下达和执行、统计等的全部过程的检查监督。通过对计划全面的监督检查,可以综合分析和评价计划管理的质量,总结计划管理的成功经验,寻找计划管理失效的原因、教训,从而改进和提高计划管理的水平。检查监督的作用主要体现在四个方面:(1)保证计划的准确性;(2)促进计划的贯彻实施;(3)评价计划管理的质量,为改进和提高计划管理水平打好基础;(4)对违反土地利用规划和计划的行为,依法予以纠正和查处。

土地规划管理体制的有效运行,要求建立土地利用计划管理信息系统。利用统一的、完善的土地利用规划管理信息系统,及时、准确地反馈土地利用的情况及其变化,这是编制土地利用计划,正确做出计划决策的重要基础,也是及时采取调节手段,制定实施规划措施的重要依据,同时还是检查监督土地利用规划执行情况并进行科学土地统计的重要手段。土地利用计划管理信息系统是土地管理信息系统的一部分。

第三节 土地可持续利用

由于人类社会的发展,人类对地球环境的影响步入了全球环境的时代。最近数十年,一系列重大而紧迫的全球环境问题不断出现,诸如大气臭氧层耗损、温室气体不断增加、植被破坏与生物多样性迅速减少、水土流失、土地退化与沙漠化、淡水资源短缺、环境污染等等,使人们深深感到,人类在创造辉煌文明的同时,又正在破坏自己赖以生存的环境。地球环境全面恶化,人类的前途和命运正在受到威胁。人类经过长时间的思索,一种全新的发展观——“可持续发展”被提了出来,并迅速被世界各国广泛接受和认可。可持续发展的新的发展思想,使世界各国看到了从根本上解决长期困扰人类的资源、环境与发展问题的希望。

1992 年在巴西里约热内卢召开了联合国环境与发展大会,大会颁布了具有划时代意义的《21 世纪议程》,将可持续发展确立为人类社会的共同发展战略,在世界各国引起了强烈反响。实施可持续发展战略,涉及自然、社会、经济的各个方面,而到目前为止可持续发展作为一个完整的理论体系,还处在形成过程之中。

一、土地可持续利用的概念及内涵

(一)土地可持续利用的概念

20 世纪 90 年代,可持续发展由理论探讨转变为社会实践。土地可持续利用是可持续发展思想应用于土地科学而产生的新名词。在生态与环境质量日益恶化的今天,资源的可持续利用受到国际社会的普遍重视,其中尤其突出的是土地资源的持续开发利用问题。国际上一些土壤学家和土地评价专家将可持续发展的概念引申到土地利用,提出了可持续土地利用管理的概念。可持续土地利用管理的思想是由印度农业研究会、美国农业部和美国 Rodale 研究中心在 1990 年 2 月共同组织的首次国际可持续土地利用系统研讨会上正式确认的。这次会议主要讨论了不同地区的可持续土地利用系统的现状和问题,并建议建立全球可持续土地利用系统研究网络。

1991 年 9 月在泰国举行了“发展中国家可持续土地利用评价国际研讨会”，1993 年 6 月又在加拿大召开了“21 世纪可持续土地利用管理国际研讨会”，两次会议都出版了论文集，许多学者从自然、环境、经济和社会等各个方面探讨了土地可持续利用评价的指标和方法。

1993 年，联合国粮食与农业组织（FAO）发表了《持续土地利用管理评价大纲》，提出的土地可持续利用的概念、基本原则、评价标准和评价程序成为指导全球研究的纲领性文件，在土地可持续利用研究上具有里程碑的意义。大纲指出，持续土地利用管理同时应考虑：（1）保持和提高土地的生产力；（2）降低生产风险；（3）保护自然资源的潜力和防止土壤与水质的退化；（4）经济上可行；（5）社会可以接受。这五个目标构成了可持续土地利用管理的基本框架。如果不能满足持续性的五个条件中的任何一个，则认为这种土地利用方式是非持续性的。

我国许多学者则从生态、经济、社会、空间、技术、人地协调与时代伦理等诸多方面对土地可持续利用的内涵进行了深化和拓展。谢经荣和林培认为土地可持续利用是“能够满足当前和未来人们粮食需求和社会协调、平衡发展的土地利用结构和实施”[①]。周诚认为土地持续利用的含义是“使有限的土地持续地满足人们增长的需求”[②]。傅伯杰等认为土地可持续利用就是“实现土地生产力的持续增长和稳定性，保证土地资源潜力和防止土地退化，并具有良好的经济效益和社会效益，即达到生态合理性、经济有效性和社会可接受性”[③]。刘书凯、曲福田将土地可持续利用定义为“在特定的时期和地区条件下，对土地资源进行合理的开发、利用、治理、保护，并通过一系列的合理利用组织，协调人地关系及人与资源、环境的关系，以满足当代人与后代人生存发展的需要”[④]。

综上来看，土地可持续利用就是实现土地生产力的持续增长和稳定性，保证土地资源潜力和防止土地退化，并具有良好的经济效益和社会效益，即达到生态合理性、经济有效性和社会可接受性。土地可持续利用包含两层含义：一是土地资源本身的高效持续利用；二是土地资源与社会其他资源相配合共同支撑经济、社会持久发展。

（二）土地可持续利用的内涵

土地可持续利用主要体现在土地利用中的“数量”和“质量”的永续性，在综合考虑土地资源和环境资产的跨代配置的基础上，逐步提高土地生产能力和承载能力，为社会的可持续发展提供永续的土地利用条件。（1）以生态环境效益为前提，保护自然资源和土地资源的生态环境，尽量减少对环境的破坏；（2）以经济效益为中心，通过科学开发利用，不断提高土地资源的利用效率和利用效益；（3）以资源效益为基础，协调好多种自然资源之间的关

① 谢经荣，林培. 论土地持续利用[J]. 中国人口·资源与环境，1996(4)：13－18.

② 周城. 中国大陆经济、社会的可持续发展战略与土地资源的可持续利用[J]. 中国土地科学，1996(6)：4－5.

③ 傅伯杰，陈利顶，马诚. 土地可持续利用评价的指标体系与方法[J]. 自然资源学报，1997，12(2)：112－118.

④ 刘书凯，曲福田. 土地经济学[M]. 北京：中国农业出版社，2004：191.

系,提高资源综合效益;(4)以社会效益为目的,促进社会稳步、可持续发展。

1999 年 FAO 与联合国环境规划署(UNEP)合作出版了《可持续土地资源管理综合规划指南》,提出综合土地管理发展的本质以及一种建立在政府和公民相互合作关系基础上的土地资源可持续管理综合规划方法,将可持续发展的思想贯穿于整个规划过程,保证土地资源的可持续利用。

二、土地可持续利用的内容

土地可持续利用要求土地的利用既要满足当代人的需求,又要不影响人类今后的长远需要。土地资源与其他资源相比,是最能体现可持续发展战略理论的一种资源。土地的可持续利用本身就是由土地的特性所决定的,也就是说土地具有可持续利用的特性,人类应很好地适应土地的这一特性。人类的生产活动只有适应这一特性,人类社会的可持续发展才有保障。具体地讲,土地可持续利用包括以下几方面内容:

(1)在资源数量配置上与资源的总量稀缺性高度一致。土地具有稀缺性,土地的供给在一定时期内相对于需求是有限的,因而有限的资源必须分配到社会效益、生态效益和经济效益都很高的项目上,并要安排好组合比例关系。

(2)在资源的质量组合上与资源品质相适应。不同生产项目对土地资源的品质要求不同,而丰度高、品位高的土地资源极其有限,因而应把优质的土地资源安排到对资源品质要求高的生产项目上。

(3)在资源的时间安排上与资源的时序性完全相当。土地资源虽然不可再生,但后备资源的开发可以适当增加可利用土地资源,因而应考虑资源开发利用的延续性,避免资源集中过量消耗而导致资源供给断档。

(4)土地资源配置应当考虑各地区差异,反映各地区特点,激发各地区发展活力。要考虑构造有序的区域配置机制,建立区际资源流动的规则。这在我国当前西部大开发中应认真考虑。

总之,土地可持续利用,要求土地资源配置在数量上具有均衡性,在质量上具有级差性,在时间上具有长期性,在空间上具有全局性,从而实现自然持续性、经济持续性和社会持续性的统一。

三、中国土地可持续利用的重点

土地是特殊重要的自然资源,也是经济社会活动不可替代的支撑空间。土地利用影响到经济社会的方方面面,因此假若没有明确的战略或战略上的失误将会引发一系列的严重后果。尽管我国已经开始以可持续利用作为土地利用的指导思想,但是我国土地利用存在的诸多问题还是极其令人担忧。土地资源对区域经济社会可持续发展的瓶颈作用日益明显,而且未来土地利用还面临着人口持续增长、生态与环境脆弱制约以及工业化和城市化快速发展进程中用地需求增大的严峻挑战。可见,实现中国土地资源的可持续利用正面临着发展与保护的双重任务、供应与需求的双重矛盾、资源利用与生态保护的双重压力①。因而迫切需要制定一个全面的、系统的土地利用战略，用来引领土地可持续利用方向。

根据中国实施可持续发展战略的总体要求，结合土地利用的现实情况以及前人研究的成果，中国土地可持续利用战略总体目标是：在保障农业综合生产能力的基础上，注重土地集约高效利用和区域间的优化配置，杜绝土地资源的浪费，实现土地利用方式由粗放利用向集约利用的根本转变，促进经济发展和社会进步，进一步加强生态与环境保护和建设，保障必要的生态建设用地，统筹区域城乡土地利用结构与布局优化，为中国国民经济持续、快速、健康发展提供可靠的土地资源保障，实现粮食安全、集约高效、结构优化、生态环境改善、协调发展等目标。

（一）耕地保护

耕地是粮食生产的载体，是粮食安全的根本保障。耕地保护是关系我国经济和社会可持续发展的全局性战略问题。党中央、国务院历来十分重视耕地保护，珍惜和合理利用土地，切实保护耕地是必须长期坚持的一项基本国策。保护耕地的核心在于加强基本农田保护和建设。耕地保护的理念也要逐步由单纯的数量保护转向数量、质量和生态的全面保护。我们要在不影响社会、经济全面正常发展的前提下，保证人均占有粮食不减少。这就要求我们在今后相当长的时间内，不断增加粮食总产量。增加粮食总产量的途径有两种：一是提高单位面积产量，二是扩大耕地面积。科学家的研究表明，高产地区的粮食单产的提高潜力已非常有限，但我国的耕地总量又很难有大的增加。土地可持续利用的战略重点只有放在改造中低产田上。我国三分之二的耕地是中低产田，而这部分土地又大多分布在丘陵和山区，那里的经济还比较落后，改造中低产田，可以达到多重目的。

（二）改善生态环境

水土流失是破坏土地资源最突出的因素，水土保持要从生物措施和工程措施两方面进行。一是加强植树造林，森林在保持水土和生态环境方面有着巨大的作用，要花大力气保护现有森林，有计划地采伐，边采伐边育新，保持现有森林生态不再遭受破坏，造林过程中注意乔、灌、草的结合，因地制宜、因害设防。二是加强水土保持和防护林工程建设，工程设施也是水土保持的重要手段，梯田具有保水、保土、保肥作用，还能提高抗旱能力，此外谷坊、鱼鳞坑也有很好的保水作用。

（三）防治土地污染

土地污染的防治，应贯彻以防为主，防治结合的方针。治理污染源、防治土地污染与水污染并重。本着谁污染谁治理的原则，建立监督惩罚机制，加强执法力度。

土地污染源有工矿企业排放的“三废”物质和农业生产中使用的化肥农药。通过企业内部适当的工艺措施，将“三废”物质进行综合利用和回收，化害为利，减少排放量，符合国

---

① 刘彦随，郑伟元. 中国土地可持续利用论[M]. 北京：科学出版社，2008.

家的排放标准。大力推广生物防治技术,逐步减少农药残留,推广平衡施肥法,防止地下水的硝态氮污染。

在土地污染的治理方面:一是采取适当的耕作措施,增加土壤中的有机质含量,通过有机胶体和矿物胶体对重金属和农药残毒的吸附作用,减轻有害物质对农作物的毒害;二是采取化学措施,通过在土壤中增加抑制剂,使土壤中有害物质向有利方向迁移转化。

(四)优化土地资源配置

土地利用优化配置是针对土地资源经济供给的稀缺性以及土地利用过程中的不合理性提出的,目的是将一定的土地利用方式与土地的适宜性、社会经济性进行适合比配,形成合理的土地利用结构,以最大限度地提高土地的综合效益,包括统筹区域土地资源优化配置和统筹城乡土地资源优化配置。

统筹区域土地资源优化配置要根据不同区域经济功能定位、自然禀赋条件等的不同,将全国土地利用进行区域化的功能定位,并对土地资源进行科学的、合理的分区配置和调控,促使区域土地利用指标、用地布局与土地资源的承载力和适宜性相适应。

统筹城乡土地资源优化配置应着眼于城乡转型发展的趋势、新时期中国新农村建设的战略选择及其对城乡土地利用调整的客观需求,通过农村居民点的空间重组、组织重组和规划引导,改变以往村镇工农业生产和居民建房分布散乱、质量不高的状况。促使农民居住向城镇集中,村镇工业向园区集中,农田向适度规模经营集中,加速农村工业化和城镇化,满足新农村建设所需的生产型、产业型、生态型用地的优化配置,提高城乡经济社会发展水平,增强农村自我发展能力。

(五)加强土地资源综合管理

土地资源开发利用涉及面广、工作量大,既要考虑资源与环境的整体效益,又要顾及局部的单位与个人利益,既要满足当代人的需要,又不能减低后代对土地资源的需要,因此,仅靠单一的管理手段很难奏效。在土地资源的管理中,应综合运用行政的、法律的、经济的、技术的手段,并使它们有机结合在一起,达到土地可持续利用的效果。

加强土地利用动态监测和信息化管理。充分利用现代科技手段,对土地利用进行动态监测,及时、准确地掌握土地利用动态变化情况,并逐步建立各级土地利用规划管理信息系统。充分利用网络技术进行土地利用监管。进一步完善自然资源网站建设、政务专网网站和局域网建设,实现网上政务信息公开和远程查询,努力做到政务公开、便民高效,接受社会监督,不断提高效率和服务水平。

建立土地资源可持续利用技术体系。进一步完善土地资源可持续利用评价指标体系,形成土地资源可持续利用评价技术规程,使其成为考核每一种土地利用和各地区土地管理工作的指南。加强土地资源可持续利用技术的研制,如引进土地复垦的景观设计技术,开发和推广土地生态恢复和生物复垦技术,完善土地工程复垦技术;加强土地整理和生态建设规划设计技术开发;完善以小流域、农户和村庄为单位的土地资源可持续利用技术模式等。

【核心概念】

土地利用规划，土地计划利用体系，土地可持续利用

【问题与探索】

1. 试述土地利用规划的必要性。
2. 中国土地规划的特点是什么？
3. 土地利用规划与土地市场供求变化存在哪些矛盾？
4. 土地可持续利用包括哪些内容？
5. 当前哪些因素影响了土地的可持续利用？
6. 保护耕地在土地可持续利用中有什么意义？

【案例分析】

落实国土空间规划制度，促进土地资源可持续利用

——新《土地管理法实施条例》系列解读之一

新《土地管理法》落实党中央、国务院关于建立“多规合一”的国土空间规划制度的改革精神，将“经依法批准的国土空间规划是各类开发、保护、建设活动的基本依据”写入法律，首次明确了国土空间规划的法律地位，并对国土空间规划与土地利用总体规划、城乡规划之间的衔接做出规定。2021 年 7 月 2 日发布新修订的《土地管理法实施条例》（以下简称新《条例》），进一步细化落实新《土地管理法》关于建立国土空间规划体系的要求，明确了国土空间规划编制、实施的具体路径。

一、进一步明确土地开发、保护、建设活动应当坚持规划先行，强化空间规划意识

以规划引领经济社会发展，是党治国理政的重要方式，是中国特色社会主义发展模式的重要体现。习近平总书记说过，规划科学是最大的效益，规划失误是最大的浪费，规划折腾是最大的忌讳。《中共中央国务院关于建立国土空间规划体系并监督实施的若干意见》已经明确，国土空间规划是国家空间发展的指南、可持续发展的空间蓝图，是各类开发保护建设活动的基本依据。

新《条例》进一步规定，土地开发、保护、建设活动应当坚持规划先行。土地是国土空间的载体和重要组成部分，按照“把每一寸土地都规划得清清楚楚后再开工建设”的要求，新《条例》特别强调在土地管理领域应当强化空间规划意识，发挥好国土空间规划的统筹布局作用，对土地开发、保护、建设活动做出科学安排。坚持先规划、后实施，严禁违反国土空间规划进行开发建设活动。国土规划一经批复，就具有法律效力，任何单位和个人不得随意修改、违规变更，坚决防止出现换一届党委政府改一次规划的现象。坚持按法定条件和程序修改规划，严格审批。对国土空间规划编制实施过程中的违规违纪违法行为，要严肃追究责任。

二、进一步明确在国土空间规划中落实“三条控制线”的要求，构建空间管控边界

党的十九大报告明确要求：“完成生态保护红线、永久基本农田、城镇开发边界三条控制线划定工作。”2019 年 3 月 5 日，习近平总书记参加十三届全国人大二次会议内蒙古代表团审议时强调，要坚持底线思维，以国土空间规划为依据，把城镇、农业、生态空间和生态保护红线、永久基本农田保护红线、城镇开发边界作为调整经济结构、规划产业发展、推进城镇化不可逾越的红线。新《条例》按照党中央、国务院决策部署，坚持底线思维、保护优先，首次将划定落实“三条控制线”写入法规，规定国土空间规划应当细化落实国家发展规划提出的国土空间开发保护要求，统筹布局生态、农业、城镇等功能空间，划定落实生态保护红线、永久基本农田和城镇开发边界。

“三条控制线”以底线约束方式体现了科学有序统筹布局生态、农业、城镇等功能空间的要求。生态保护红线是生态安全底线，对在生态空间范围内具有特殊重要生态功能的区域，必须实行强制性严格保护。永久基本农田是粮食安全底线，在严守耕地红线的基础上，必须对保障重要农产品供给、达到质量要求的耕地实行永久特殊保护。城镇开发边界体现了国土安全底线的要求，划定可以集中进行城镇开发建设、以城镇功能为主的区域边界，框定总量，限定容量，防止城镇无序蔓延。目前，以资源环境承载能力和国土空间开发适宜性评价为基础，全国自然资源系统正在牵头开展“三条控制线”划定和落地。下一步，要运用全国统一、多规合一的国土空间基础信息平台，切实落实好以“三条控制线”为基础分类分空间的管控措施。

三、进一步明确国土空间规划中关于土地管理方面的内容，细化空间约束指标

近年来，全国自然资源系统持续加快推进“五级三类”国土空间规划编制工作。新《条例》修订案进一步明确了国土空间规划编制实施的内容、要求、目标等，规定国土空间规划应当包括国土空间开发保护格局和规划用地布局、结构、用途管制要求等内容。建立全国统一、责权清晰、科学高效的国土空间规划体系，首先要按照整体谋划新时代国土空间开发保护格局的要求，在资源环境承载能力和国土空间开发适宜性评价工作基础上科学布局。

落实最严格的耕地保护制度和节约用地制度是国土空间规划编制实施的重要目标。新《条例》修订案特别细化了土地管理有关的规划指标，规定国土空间规划应当明确建设用地规模、耕地保有量、禁止开垦的范围等要求，统筹基础设施和公共设施用地布局，综合利用地上地下空间，合理确定并严格控制新增建设用地规模，提高土地节约集约利用水平，保障土地可持续利用。这一规定既细化了国土空间规划中土地管理方面的底线约束、控制性指标，又指明了土地开发、保护、建设活动必须遵循的基本目标，即提高土地节约集约利用水平，保障土地可持续利用。

国土空间规划制度的建立实施，是党中央、国务院做出的重大改革部署。新《土地管理法》和新《条例》迈出了空间规划改革在法律制度顶层设计方面的第一步。今后，我们要继续按照党中央、国务院决策部署，坚定不移地推进和实施“多规合一”，形成“一本规划、一张蓝图”，建立统一的编制审批体系、实施监督体系、法规政策体系和技术标准体系，构建统一的基础信息平台，形成全国国土空间开发保护“一张图”。同时，抓紧推进《国土空间开发保护法》《国土空间规划法》等法律、法规和配套政策的制定，加快构建上下协调、科学有序的

国土空间法律制度体系，为坚持以人民为中心、实现高质量发展和高品质生活，促进国家治理体系和治理能力现代化、实现“两个一百年”奋斗目标和中华民族伟大复兴中国梦提供更高质量、更有效率、更加公平、更可持续的国土空间。

资料来源：李文谦. 落实国土空间规划制度，促进土地资源可持续利用：新《土地管理法实施条例》系列解读之一[N]. 中国自然资源报，2021-08-13(6).

思考：土地利用规划与可持续利用的关系。

参考文献

[1] 毕宝德. 土地经济学[M]. 8 版. 北京:中国人民大学出版社,2020.

[2] 董藩,徐青,刘德英,等. 土地经济学[M]. 北京:北京师范大学出版社,2010.

[3] 王克强,王洪卫,刘红梅. 土地经济学[M]. 上海:上海财经大学出版社,2011.

[4] 曲福田. 土地经济学[M]. 4 版. 北京:中国农业出版社,2018.

[5] 张裕凤. 土地经济学[M]. 北京:科学出版社,2019.

[6] 许月明. 农村土地利用[M]. 北京:中国农业出版社,2009.

[7] 许月明. 农村土地管理政策与实务[M]. 北京:金盾出版社,2009.

[8] 卢新海. 城市土地管理与经营[M]. 北京:科学出版社,2006.

[9] 刘书楷,曲福田. 土地经济学[M]. 北京:中国农业出版社,2004.

[10] 黄贤金,张安录. 土地经济学[M]. 北京:中国农业大学出版社,2008.

[11] 刘潇然. 土地经济学[M]. 开封:河南大学出版社,2012.

[12] 蒙吉军. 土地评价与管理[M]. 北京:科学出版社,2011.

附录 《土地利用现状分类》(GB/T 21010—2017)

土地利用现状分类和编码表

一级类		二级类		含义
编码	名称	编码	名称	
01	耕地			指种植农作物的土地,包括熟地,新开发、复垦、整理地,休闲地(含轮歇地、休耕地);以种植农作物(含蔬菜)为主,间有零星果树、桑树或其他树木的土地;平均每年能保证收获一季的已垦滩地和海涂。耕地中包括南方宽度<1.0 m,北方宽度<2.0 m固定的沟、渠、路和地坎(埂);临时种植药材、草皮、花卉、苗木等的耕地,临时种植果树、茶树和林木且耕作层未破坏的耕地,以及其他临时改变用途的耕地
		0101	水田	指用于种植水稻、莲藕等水生农作物的耕地。包括实行水生、旱生农作物轮种的耕地
		0102	水浇地	指有水源保证和灌溉设施,在一般年景能正常灌溉,种植旱生农作物(含蔬菜)的耕地。包括种植蔬菜的非工厂化的大棚用地
		0103	旱地	指无灌溉设施,主要靠天然降水种植旱生农作物的耕地。包括没有灌溉设施,仅靠引洪淤灌的耕地
02	园地			指种植以采集果、叶、根、茎、汁等为主的集约经营的多年生木本和草本作物,覆盖度大于50%或每亩株数大于合理株数70%的土地。包括用于育苗的土地
		0201	果园	指种植果树的园地
		0202	茶园	指种植茶树的园地
		0203	橡胶园	指种植橡胶树的园地
		0203	其他园地	指种植桑树、可可、咖啡、油棕、胡椒、药材等其他多年生作物的园地
03	林地			指生长乔木、竹类、灌木的土地,以及沿海生长红树林的土地。包括迹地,不包括城镇、村庄范围内的绿化林木用地,铁路、公路征地范围内的林木,以及河流、沟渠的护堤林
		0301	乔木林地	指乔木郁闭度≥0.2的林地,不包括森林、沼泽
		0302	竹林地	指生长竹类植物,郁闭度≥0.2的林地
		0303	红树林地	指沿海生长红树植物的林地

表(续1)

一级类		二级类		含义
编码	名称	编码	名称	
03	林地	0304	森林沼泽	以乔木森林植物为优势群落的淡水沼泽
		0305	灌木林地	指灌木覆盖度≥40%的林地,不包括灌丛沼泽
		0306	灌丛沼泽	以灌丛植物为优势群落的淡水沼泽
		0307	其他林地	包括疏林地(树木郁闭度≥0.1、<0.2的林地)、未成林地、迹地、苗圃等林地
04	草地			指生长草本植物为主的土地
		0401	天然牧草地	指以天然草本植物为主,用于放牧或割草的草地。包括实施禁牧措施的草地,不包括沼泽草地
		0402	沼泽草地	指以天然草本植物为主的沼泽化的低地草甸、高寒草甸
		0403	人工牧草地	指人工种植牧草的草地
		0404	其他草地	指树木郁闭度<0.1,表层为土质,不用于放牧的草地
05	商服用地			指主要用于商业、服务业的土地
		0501	零售商业用地	以零售功能为主的商铺、商场、超市、市场和加油、加气、充换电站等的用地
		0502	批发市场用地	以批发功能为主的市场用地
		0503	餐饮用地	饭店、餐厅、酒吧等用地
		0504	旅馆用地	宾馆、旅馆、招待所、服务型公寓、度假村等用地
		0505	商务金融用地	指商务服务用地,以及经营性的办公场所用地。包括写字楼、商业性办公场所、金融活动场所和企业厂区外独立的办公场所;信息网络服务、信息技术服务、电子商务服务、广告传媒等用地
		0506	娱乐用地	指剧院、音乐厅、电影院、歌舞厅、网吧、影视城、仿古城以及绿地率小于65%的大型游乐等设施用地
		0507	其他商服用地	指零售商业、批发市场、餐饮、旅馆、商务金融、娱乐用地以外的其他商业、服务业用地。包括洗车场、洗染店、照相馆、理发美容店、洗浴场所、赛马场、高尔夫球场、废旧物资回收站、机动车、电子产品和日用产品修理网点、物流营业网点,以及居住小区及小区级以下的配套的服务设施等用地
06	工矿仓储用地			指主要用于工业生产、物资存放场所的土地
		0601	工业用地	指工业生产、产品加工制造、机械和设备修理及直接为工业生产等服务的附属设施用地
		0602	采矿用地	指采矿、采石、采砂(沙)场,砖瓦窑等地面生产用地,排土(石)及尾矿堆放地
		0603	盐田	指用于生产盐的土地,包括晒盐场所、盐池及附属设施用地
		0634	仓储用地	指用于物资储备、中转的场所用地,包括物流仓储设施、配送中心、转运中心等

表(续2)

一级类		二级类		含义
编码	名称	编码	名称	
07	住宅用地			指主要用于人们生活居住的房基地及其附属设施的土地
		0701	城镇住宅用地	指城镇用于生活居住的各类房屋用地及其附属设施用地，不含配套的商业服务设施等用地
		0702	农村宅基地	指农村用于生活居住的宅基地
08	公共管理与公共服务用地			指用于机关团体、新闻出版、科教文卫、公用设施等的土地
		0801	机关团体用地	指用于党政机关、社会团体、群众自治组织等的用地
		0802	新闻出版用地	指用于广播电台、电视台、电影厂、报社、杂志社、通讯社、出版社等的用地
		0803	教育用地	指用于各类教育用地，包括高等院校、中等专业学校、中学、小学、幼儿园及其附属设施用地，聋、哑、盲人学校及工读学校用地，以及为学校配建的独立地段的学生生活用地
		0804	科研用地	指独立的科研、勘察、研发、设计、检验检测、技术推广、环境评估与监测、科普等科研事业单位及其附属设施用地
		0805	医疗卫生用地	指医疗、保健、卫生、防疫、康复和急救设施等用地。包括综合医院、专科医院、社区卫生服务中心等用地；卫生防疫站、专科防治所、检验中心和动物检疫站等用地；对环境有特殊要求的传染病、精神病等专科医院用地；急救中心、血库等用地
		0806	社会福利用地	指为社会提供福利和慈善服务的设施及其附属设施用地。包括福利院、养老院、孤儿院等用地。
		0807	文化设施用地	指图书、展览等公共文化活动设施用地。包括公共图书馆、博物馆、档案馆、科技馆、纪念馆、美术馆和展览馆等设施用地；综合文化活动中心、文化馆、青少年宫、儿童活动中心、老年活动中心等设施用地
		0808	体育用地	指体育场馆和体育训练基地等用地。包括室内外体育运动用地，如体育场馆、游泳场馆、各类球场及其附属的业余体校等用地，溜冰场、跳伞场、摩托车场、射击场，以及水上运动的陆域部分等用地，以及为体育运动专设的训练基地用地，不包括学校等机构专用的体育设施用地
		0809	公共设施用地	指用于城乡基础设施的用地。包括供水、排水、污水处理、供电、供热、供气、邮政、电信、消防、环卫、公用设施维修等用地
		0810	公园与绿地	指城镇、村庄范围内的公园、动物园、植物园、街心花园、广场和用于休憩、美化环境及防护的绿化用地
09	特殊用地			指用于军事设施、涉外、宗教、监教、殡葬、风景名胜等的土地
		0901	军事设施用地	指直接用于军事目的的设施用地
		0902	使领馆用地	指用于外国政府及国际组织驻华使领馆、办事处等的用地